高等职业教育公共管理与服务类专业系列教材

社会工作方法

第 2 版

主　编　芮　洋　吴克报　刘　炯

副主编　溥存富　张梦林

参　编　郑　轶　李飞虎　王小丽　杨启秀

主　审　周良才

机械工业出版社

本书以培养社会工作职业能力为核心、以任务为驱动、以学生为主体、以教师为主导,强化社会工作价值观培养以及社会工作方法与技能的训练,具有较强的可操作性。本书包括社会工作职业认知、个案工作、小组工作、社区工作和社会行政等5个模块,共10个项目,含34个任务。每个项目含项目概述、背景介绍、任务描述、任务实施和任务引导等环节,并以知识链接、案例阅读、课间休息、课外阅读、课堂练习和拓展训练等形式巩固所学内容,拓宽知识领域。

本书开发的理论依据是当代高职教育前沿课程理论和教育部基于工作过程导向的课程开发指导方针,主要面向高职高专和应用型本科院校公共管理与服务大类专业(如社区管理与服务、民政服务与管理、现代家政服务与管理、社会工作等专业)的学生,也可作为助理社会工作师、社会工作师、高级社会工作师、民政系统管理人员、非政府组织(NGO)工作人员等自我进修和提高的参考读物。

本书配有电子课件等教师用配套教学资源,凡使用本书的教师均可登录机械工业出版社教育服务网 www.cmpedu.com 下载。咨询可致电:010-88379375,服务QQ:945379158。

图书在版编目(CIP)数据

社会工作方法/芮洋,吴克报,刘炯主编.—2版.—北京:机械工业出版社,2023.9(2025.4重印)

高等职业教育公共管理与服务类专业系列教材

ISBN 978-7-111-73665-3

Ⅰ.①社… Ⅱ.①芮… ②吴… ③刘… Ⅲ.①社会工作—工作方法—中国—高等职业教育—教材 Ⅳ.①D669.9

中国国家版本馆CIP数据核字(2023)第151689号

机械工业出版社(北京市百万庄大街22号 邮政编码100037)
策划编辑:张美杰　　　　　　责任编辑:张美杰　单元花
责任校对:张亚楠　李　婷　　封面设计:鞠　杨
责任印制:李　昂
河北宝昌佳彩印刷有限公司印刷
2025年4月第2版第4次印刷
184mm×260mm・16.25印张・348千字
标准书号:ISBN 978-7-111-73665-3
定价:49.00元

电话服务　　　　　　　　网络服务
客服电话:010-88361066　　机　工　官　网:www.cmpbook.com
　　　　　010-88379833　　机　工　官　博:weibo.com/cmp1952
　　　　　010-68326294　　金　书　网:www.golden-book.com
封底无防伪标均为盗版　　　机工教育服务网:www.cmpedu.com

前言

党的二十大报告提出："完善社会治理体系。健全共建共治共享的社会治理制度，提升社会治理效能""畅通和规范群众诉求表达、利益协调、权益保障通道""建设人人有责、人人尽责、人人享有的社会治理共同体"。

2023年《政府工作报告》中也指出："加强和创新社会治理。推动市域社会治理现代化，完善基层治理，优化社区服务。支持社会组织、人道救助、社会工作、志愿服务、公益慈善等健康发展。"

多年来，民政部门在社会工作人才培养、评价制度建设和社会工作实务等方面进行了有益的探索，为我国社会工作职业化、专业化奠定了基础。同时，发展社会工作，加强社会工作人才队伍建设，也是新形势下转变民政管理和服务方式，提高民政服务专业化水平的重要保证。

本书是重庆城市管理职业学院社会工作教研室在"培养高素质技能人才"职业教育目标指引下进行教学改革的部分成果。写作目的在于，让学生在理解社会工作职业的基础上，能够热爱民政社会工作，争取早日胜任民政社会工作。为达到此目的，编者做出如下尝试。

（1）广泛收集写作素材。一是根据主编的社会工作行业实践经验，收集相关素材；二是积极调动相关专业毕业生的积极性，请他们提供一线工作感受和案例资料，并对教材内容的取舍提出宝贵意见；三是吸收国内外社会工作学新近研究成果；四是以学生实训、实习等资料作为补充。其中第二点最为重要，是本书与实际接轨的坚实基础。

（2）广泛召集编写人员。参与本书编写的人员，都是在社会工作、社区建设与管理等方面教学、科研与社会服务经验比较丰富，对民政社会工作行业的街道、社区等运作非常熟悉的颇具创造力的青年教师。

（3）深入研究高职教育。本书编者认为，高职院校及应用型本科院校的学生同样应该掌握学科理论，问题的关键是理论与实践如何接轨，如何提高学生的实操能力，缩短上岗适应期、磨合期，提高学生的职业能力和就业竞争力。

（4）努力架构全新模式。本书有5个模块，共10个项目、34个任务，以培养社会工作职业能力为核心，以任务为驱动，以目标为引导，强调并强化社会工作实务技能。本书在内容上也有许多突破：贴近民政社会工作实际，突出现代社区管理与服务；大多材料真实系统，案例经典有趣。

本书由重庆城市管理职业学院芮洋、吴克报、刘炯担任主编，溥存富、张梦林担任副主编。所有编写人员均为重庆城市管理职业学院教师，具体编写分工如下：芮洋编写模块一、模块四项目八和附录，杨启秀编写模块四项目七的任务二，郑轶、刘炯编写模块二，溥存富、吴克报编写模块三，李飞虎、张梦林编写模块五，王小丽编写模块四项目七的任务一。

在编写过程中，重庆城市管理职业学院民政与社会治理学院周良才教授审阅了全稿，并对本书的编写提出许多宝贵的意见或建议，在此谨致真诚的谢意！

编　者

二维码索引

序号	名称	二维码	页码	序号	名称	二维码	页码
1	社会工作概念解析		3	9	小组前的准备工作		109
2	社会工作价值观		17	10	小组工作技巧		131
3	社会工作理论		22	11	社会策划模式		147
4	社会工作项目档案管理实务		38	12	社区工作流程		151
5	实施计划		66	13	发展社区网络的技巧		162
6	结案与评估		73	14	社会工作督导的功能与内容		212
7	个案管理		76	15	社会工作服务机构财务管理基础		219
8	小组工作模式		87				

目录

前言
二维码索引

模块一 社会工作职业认知

项目一 社会工作解析 2
　任务一　解析社会工作概念 3
　任务二　认识社会工作者 10

项目二 社会工作者素质提升 13
　任务一　遵循社会工作伦理价值 13
　任务二　提升社会工作理论水平 19
　任务三　掌握社会工作方法 26

模块二 个案工作

项目三 个案工作解析 30
　任务一　解析个案工作概念 30
　任务二　区分个案工作与心理咨询 33
　任务三　掌握个案工作模式 41

项目四 个案工作开展 50
　任务一　申请与接案 50
　任务二　诊断与预估 56
　任务三　制订计划 60
　任务四　实施计划 65
　任务五　结案与评估 72

模块三 小组工作

项目五 小组工作解析 78
　任务一　鉴别"小组" 79
　任务二　运用小组工作模式 84

项目六 小组活动举办 92
　任务一　领受小组任务 92

任务二	策划组建小组	97
任务三	开展小组活动	115
任务四	控制小组进程	122
任务五	结束及评估小组	127

模块四 社区工作

项目七 社区工作解析 136
- 任务一 解析社区及社区工作概念 137
- 任务二 选择社区工作模式 144

项目八 社区工作开展 150
- 任务一 了解和认识社区 150
- 任务二 计划介入 155
- 任务三 建立关系 158
- 任务四 动员和组织社区居民 161
- 任务五 社区工作评估 163

模块五 社会行政

项目九 社会行政解析 170
- 任务一 了解社会行政的由来 170
- 任务二 分析社会行政的功能 173

项目十 社会行政过程 178
- 任务一 社会行政领导 178
- 任务二 社会行政决策 187
- 任务三 社会行政计划 197
- 任务四 社会行政执行 207
- 任务五 社会行政效率与评估 213

附录 230
- 附录Ⅰ 社会工作基本表格 230
- 附录Ⅱ 个案工作相关表格 232
- 附录Ⅲ 小组工作相关表格 238
- 附录Ⅳ 社区工作相关表格 245

参考文献 250

模块一 / Module 1

01 社会工作职业认知

社会工作（Social Work）是以利他主义为指导，以科学的知识为基础，运用科学的方法进行助人服务的活动。一个完整的社会工作活动，一般由社会工作者（Social Worker）、案主（Caser）、社会工作价值观（Social Work Values）和助人活动四个部分构成。

在助人过程中，社会工作者往往承担着服务提供者、支持者、倡导者、管理者、资源获取者，以及政策影响人等多重角色。

作为一名合格的社会工作者，应该在价值（心）、知识（脑）及技巧（手）三个方面加大训练的力度。有学者将这三个方面形象地称为社会工作"铁三角"。

本模块用社会工作解析和社会工作者素质提升两个项目予以介绍。

项目一　社会工作解析

项目概述

每一个生活在社会中的个体，无论是在学习、工作还是生活中，都离不开他人的帮助。反过来，我们在得到他人帮助的同时，也会自觉或不自觉地去为他人提供帮助。所以，我们既是受助者，也是助人者。源于西方的社会工作，有许多理念和方法值得我们学习、借鉴。公共管理与服务类专业的学生需要运用社会工作的理念与方法。在本项目中，通过案例分析，学生可以了解社会工作的基本概念；了解社会工作及其学科的发展历程；在了解社会工作及其从业者的基础上，能够分析社会工作与其他助人活动的联系与区别。

项目包括：解析社会工作概念，认识社会工作者。

背景介绍

在提到"社会工作"时，人们最容易想到的是在本职工作之外所做的不获取报酬的活动，或者是做好人好事。其实不然，社会工作是现代社会发展变迁的产物，已成为一种专门的职业。"社会工作"一词由英语"Social Work"翻译而来，其渊源可上溯至人们为更好地生存而兴办的各种慈善事业，包括政府、民间及宗教团体所举办的各种助人活动。社会工作发展至今，尽管由于世界各国的政治制度、经济制度、文化传统及社会发展趋势与程度不同，各国专家学者对社会工作的界定各有侧重，但其基本的规定性理解是相同的，即根据一定的价值观念，运用专业方法帮助有困难的人走出困境的活动。

在我国，"社会工作"是近年来越来越热门的词汇。2006年，党的十六届六中全会提出，要建设规模宏大的社会工作人才队伍；2010年，《国家中长期人才发展规划纲要（2010—2020）》提出统筹推进人才队伍建设，包括党政人才、企业经营管理人才、专业技术人才、高技能人才、农村实用人才和社会工作人才。我们要培养社会工作人才，那到底什么是社会工作？它有哪些构成要素？从事社会工作的人员应该具备什么样的素质？他们又承担着什么样的角色？这些正是本项目需要阐述的问题。

任务一 解析社会工作概念

任务描述

社会工作是应用社会科学的重要组成部分，它以科学、有效地帮助有困难、有需要的社会成员为目的，在现代社会中扮演着重要角色。不同的社会工作研究者，会处于不同的研究情境，自然会有不同的研究视角。为此，从学术探讨角度而言，社会工作自其诞生之日起，便很难有一个准确的定义；但从教学角度来说，我们必须通过社会工作的实务案例，总结出社会工作的定义。

任务实施

未成年人保护工作案例

城市流浪儿童居无定所，一般都把车站、码头、涵洞等作为暂时的栖息场所；初次流浪的儿童大多以乞讨或捡破烂为生，衣食无保障，经常忍饥挨饿，生病时无人照料。在有的人看来，流浪儿童不是好孩子，他们不服管教，有家不归，甚至有人将流浪儿童与违法犯罪很自然地联系在一起。有的流浪儿童被好心人收养，但收养人心存芥蒂，流浪儿童最终因得不到应有的尊重而再次放弃家庭生活，由于缺乏保护和自救办法，他们容易成为犯罪分子的控制对象，从事违法行为。

【分析】党的二十大报告强调，"健全分层分类的社会救助体系""保障妇女儿童合法权益"。妇女儿童工作是社会工作的重要组成部分，其重要性不言而喻。社会工作和社会工作者只有深深扎根基层，不断提升自身的职业素养，用专业知识和大爱情怀为服务对象解决一个个具体而现实的问题，才能充分发挥社会工作的重要价值。

任务引导

（1）简要分析上述案例中城市流浪儿童面临的主要困境。

（2）如果你是救助管理站的社会工作者，针对流浪儿童，设计一份社会工作介入策略。

知识链接

1. 什么是社会工作

社会工作是一种将社会工作者、服务对象、问题、资源，以及社会环境等联结起来，并进行有效配合以解决问题的活动。研究者一般从以下几个方面界定社会工作。

（1）社会工作是一套科学的助人方法。在社会工作中，有爱人之心并不等于能够真正帮助别人。真正的帮助人是帮人之所需，使帮助

社会工作概念解析

有效果并且持久。要想帮人之所需，就要切实了解受助者的需要，但是实际上并不是所有的受助者在任何时候都能够讲清楚自己的需要，同时他们表述的需要并非都是合理的。于是，确定受助者的需要就离不开认真分析。

（2）社会工作是一个工作过程。社会工作是通过一系列过程来实现的。社会工作是专业的助人活动，一般说来，它包含有困难的人向社会工作者求助、社会工作者通过谈话等方式了解和确认问题、社会工作者与受助者合作共同解决问题等活动。

在社会工作已经专业化的国家和地区，社会工作发展出了一套经验性的过程模式：求助—会谈—接案—签订协议—确认工作目标—解决问题—评估—结案。

具体来说，社会工作是社会工作者不断认识问题、进行评估和选择工作方法的过程，也是社会工作者与服务对象持续合作、不断达成工作目标的过程。

（3）社会工作是一个建构过程。有学者把社会工作看作社会建构的过程，即将其看作社会工作者与服务对象在变动着的社会情境中，通过持续的互动去解决问题的过程。

显然，社会建构论者并不认为人们完全是按照既定的模式机械地行事的，而是认为人是社会行动者。社会行动者具有能动性，即他可以根据自己对外部环境意义的理解选择合适的活动做出反应。

社会工作是工作者与服务对象互动的过程，也是他们作为一个行动系统与外部社会环境进行互动的过程。实际上，参与这一互动系统的每一个人（或机构）的行动都对社会工作的发展方向、进程和结果产生影响。当然，那些主要行动者所产生的影响最大。我们可以用社会工作的过程模式来简要表述这种观点，如图1-1所示。

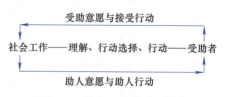

图1-1 社会工作的过程模式

这一模式反映了社会工作者与受助者是如何通过自己对问题的理解和行动选择而参与持续互动的。

总之，要给社会工作下一个确切的定义，恐怕有一定的难度。但在此，我们借用北京大学社会学系王思斌教授为社会工作所下的定义：社会工作是以利他主义价值观为指导，以科学的知识为基础，运用科学方法助人的职业化的服务活动。

2. 社会工作的构成要素

一个完整的社会工作活动，需要有四个要件。

（1）社会工作者。社会工作是一个专业，也是一种职业。从事社会工作的人在社会中形成了一个特定的社会群体——社会工作者。社会工作者是服务和帮助的提供者，是社会工作过程的首要构成部分。

（2）案主。案主也称工作对象或受助者，是指社会工作的服务对象，包括遇到困难自己不能解决并愿意接受社会工作者帮助的个人、家庭或群体。社会工作的服务对象可以分为基本服务对象和扩大服务对象两类。

（3）社会工作价值观。社会工作价值观是指社会工作者所秉持的助人观念。它包括对助人活动的看法、对自己及受助者的看法。社会工作价值观是利他主义，尊重受助者的权利和选择。

（4）助人活动。助人活动是社会工作的关键，它是助人愿望的传导者，也是助人和受助的实现过程。在助人活动中，社会工作者传输的是精心考虑过的、科学的、能够满足案主需要的信息与服务，而案主输出的则是需要和对来自社会工作者的帮助行为的理解、选择和反应。

3. 社会工作的功能

社会工作作为一种专业化、职业化与制度化的助人活动，无论是对案主还是对整个社会，都具有积极的贡献。

（1）社会工作对服务对象的功能。许多学者认为社会工作既有利于受助者，又有利于社会，并把帮助有困难的社会成员当作社会工作的基本着眼点。确实，社会工作的任务是助人，协助人们摆脱困境是它的基本功能。人们的需求是多种多样的，主要包括生存、参与社会活动和发展等方面。当他们不能依靠自己的力量去满足这些需求时，社会工作应该把它们纳入自己的工作领域。

1）救难。危难是指一个人因身体受损、经济破产等原因而危及自身生存的状态。它涉及人的正常生活乃至基本生存问题。社会工作者首先应该把救难这项任务放在自己的肩上。

2）解困。每个社会成员都会遇到困难，其中有些困难会影响人们的正常生活和工作。它们既包括物质方面的困难，又包括精神方面的困难和压力。在一般情况下，人们可依靠亲朋好友等自然支持体系解决；有时则要政府、工作单位等正式支持体系出面解决；第三条出路则是求助于非正式支持体系，即各种非政府组织，其中包括社会工作机构。

3）发展。帮助服务对象实现自身发展是社会工作的基本功能。社会工作尊重人，认为人是有潜能的，并把充分挖掘个人潜能以达到个人幸福和社会进步当作自己的工作目标。社会工作促进人的发展，既包括帮助案主自我实现，又包括帮助案主提升知识与技能、增强克服不利因素的能力、提高个人与社会协调能力等。

（2）社会工作对社会的功能。社会是由个人和社会组织所组成的。社会工作无论是在处理个人问题与困难方面，还是在处理社会组织、单位的困境方面都具有独特的作用。当个人遇到生活、学习、工作或者是情感问题时，通过社会工作者的帮助，可以走出困境、充分发展自我，实现自己的个人价值与社会价值。这样一来，社会工作既让受困者摆脱了困难，又避免了受困者因为一时的困难而危及他人。在家庭及社会组织（或单位）中同样如此。当家庭、社会组织（或单位）等出现矛盾与困境时，社会工作同样有用武之地。家庭社会工作、企业社会工作、医院社会工作等能够很好地调解矛盾，使家庭、社会组织（或单位）走出困境。这样，从理论上而言，整个社会协调发展、和谐发展的可能性就比较大。

在维持社会秩序方面，社会工作能够通过解决问题来维持社会秩序，能够通过预防问题来维持社会秩序，能够通过参与制定与修订政策来维持社会秩序。

案例阅读　钟先生案例

钟先生是一位艾滋病患者。得知他的病情之后，街坊和邻居纷纷投来异样的目光，甚至有人追问："你还有多久？""为什么不住到医院去？"……钟先生年迈的父母得知了他的情况后，一时也吓坏了，他们当即与他分开吃住。

钟先生曾在女朋友的陪伴下，去一家很有名的中医院就诊。在急诊室，医生、护士一边为他处理伤口，一边准备安排手术。为协助治疗，钟先生向医生透露了自己患艾滋病的实情。这家中医院的医生对他解释说该院是中医院，不具备相关的手术条件，请他转到附近一家专科医院进行治疗。钟先生只好在女朋友的搀扶下艰难地离开了医院。在第二家医院，钟先生不敢再透露病情。第二家医院很快为他安排了急诊手术，并安排其住院，同时为其做传染病四项检查。当主管医生拿着检查报告来到病房时，他只好承认自己携带艾滋病毒，并且已经发病。钟先生在输液快结束时按铃要求拔针，护士只是通过医院护理对讲系统告诉他自己把针头拔出来，用棉花按一按止血就行了。

【思考】

（1）你如何看待钟先生的处境？如何评价钟先生周围人（女朋友、邻居等）的行为？

（2）如果你是社会工作者，你会怎么做以改善该群体所处的环境？

课间休息

与同学讨论对"社会工作"一词的理解，并将讨论结果写下来。

课外阅读

社会工作的产生与发展

社会工作作为一个专业和学科有其自身的发展历史。只有充分理解它的历史，掌握其发展的历史过程，分析影响其发展的历史因素，才能更好地理解它的本质、现在的发展状态，以及它在现实社会中所发挥的作用，也才能预见它的未来。

一、社会工作的出现

社会工作的出现不是一个孤立的事件，而是一个连续的社会历史过程。

（一）英国的济贫立法对社会工作的影响

英国是最早完成工业革命的国家，也是最早遭受贫困问题困扰的国家。贫困问题的大范围发生也让当时的英国政府不得不正视这一问题。面对贫困问题的威胁，英国政府首先采取了立法手段来回应，于1349年颁布了一部《劳工法》，虽然这不是一部济贫法，但它的立法思想对以后的济贫立法有直接的影响。该部法案中首次提到"有劳动能力的乞丐"的概念，这一概念在以后的社会福利制度中产生了广泛的影响。

英国最完备、执行时间最长、影响最大的一部济贫立法是1601年的伊丽莎白《济贫法》。这部法律是英国第一部成文的济贫立法，包括以下内容。

（1）规定每一个教区每周应向地主征收济贫税，明确了政府在救济贫民问题上的责任。

（2）规定贫民救济应由地方教区举办，每一教区设立监察员若干人，中央政府设立监督人员。

（3）规定凡有工作能力的贫民，必须参加劳动，以工作换救济。教区设贫民习艺所，义务介绍工作，或配给原料及工具，强迫有劳动能力者从事生产。

（4）禁止无家可归及无业游民行乞游荡，设济贫所收容救济，强迫其在济贫所里工作。救济工作分为院内救济和院外救济两种，首创了机构救济和家庭式社会工作的先例。

（5）规定人们对贫穷亲属负有救济的义务。

（6）《济贫法》将贫民分成三类：①体格健全的贫民，须强迫入感化所或习艺所工作；②无劳动能力的贫民以及需要抚育幼童的母亲，令其进入救济院或施以院外救济；③失去依靠的儿童、父母无力抚养的儿童，设法领养或寄养。

伊丽莎白《济贫法》对社会工作发展具有重要意义，主要表现在以下几个方面。

（1）政府负起了社会救济的责任，并直接参与了社会救助活动的组织工作。这在某种意义上为社会工作的诞生创立了一个合法性前提。

（2）从立法的角度确立了助人自助的观念。它承袭了以前的济贫立法中关于"有劳动能力的乞丐"的概念。

（3）确定了由专门人员从事济贫救助活动。这从某种意义上可视作社会工作职业化的开端。

（4）《济贫法》所实施的院外救济也是社会工作提供服务的一种基本形式。

（二）欧美国家出现的有组织的志愿性济贫救困活动

1. 德国的汉堡制和爱尔伯福制

1788年，德国汉堡市实施了一种有特色的救济制度，即汉堡制。它规定在该市设一个中央办理处，总理全市救济业务。全市按需要设立若干区，每区设监察员一人，赈济员若干人。实施救济的原则是助人自助。其工作内容（或方式）包括：①为失业者介绍工作；②将贫困儿童送往职业学校习艺；③将患病者送往医院诊治；④对沿街乞讨者不准施舍，以取缔无业游民，并不使贫民依赖成习。汉堡制施行了13年，后来由于城市人口增长过快，救济人员不足，日趋衰微。

1852年，德国的另一个小城市爱尔伯福仿效汉堡制并加以改良，史称爱尔伯福制。其具体内容为：①将全市划分为564段，每段居民约300人；②每段设赈济员一人，由政府委派地方热心人士担任，为荣誉职务；③赈济员的工作有发放赈济款（包括经济调查）和从事段内贫穷的预防工作；④全市每14段设一赈济区，每区设监察员一人，成立赈济委员会；⑤全市设立由各区联合组成的中央委员会，作为全市最高救济机关，统一管理，每两星期开一次会。爱尔伯福制行政权力集中，监督严密，有较高的行政效率。

2. 英美的慈善组织会社

18世纪中期，受宗教理念影响，许多赋闲在家的中产阶级妇女自愿承担起访问贫困家庭的工作，后来又直接服务于改善贫民状况协会和慈善组织会社。这些中产阶级妇女被称为"友善访问员"（Friendly Visitor），其工作是志愿性的。

19世纪末20世纪初，由于失业和贫民问题日益严重，英国出现了很多民间慈善组织。但这些组织之间缺乏联系与协调，重复、浪费甚至冲突现象严重。为了解决这一问题，索里（Solly）牧师于1869年在伦敦成立了组织慈善救济暨抑止行乞会社，后改名为伦敦慈善组织会社。1877年美国水牛城出现全美第一家慈善组织会社，在随后的6年内，美国共有25个城市成立了该类会社。

慈善组织会社的实践对社会工作专业化的贡献如下：

（1）会社派友善访问员访问救济申请者，依据调查情况实施个别化处理。这种"个别化"的做法促进了"个案工作"方法的产生。

（2）会社促进救济机构、组织为解决社区问题协调合作，对社区工作的发展起到了促进作用。

3. 英美的睦邻组织运动

睦邻组织运动也称为社区改良运动，它始于1884年英国伦敦东部圣犹太教区的牧师巴奈特（Barnet）创设的汤恩比馆（Toynbee Hall）。汤恩比馆成立后，睦邻组织运动迅速推广，并引发了许多其他国家的社区改造运动，其中以美国最为明显。尤以劳拉·简·亚当斯（Laura Jane Addams）于1889年在芝加哥创办的赫尔馆（Hull House）最为有名。到1939年，全美社区睦邻服务中心已达500多所。

二、社会工作专业的出现

社会工作者在长期实践的基础上，开始对社会工作进行理论总结和社会工作专业知识体系的建设。

1. 理论方面

1898年，玛丽·埃伦·里士满（Mary E. Richmond）出版了《贫民中的友善访问：慈善工作者手册》，开始了社会工作理论总结的进程。1917年，她又出版了社会工作历史上里程碑式的著作——《社会诊断》，1922年，她再次出版了《什么是社会个案工作》。里士满的努力将人们在济贫活动中积累的实践经验提升为一套可以传播的系统专业知识，使专业教育成为可能。像里士满一样，许多学者为社会工作专业发展做出了杰出贡献，他们一起推动了社会工作专业知识体系的建立，促进了助人模式的概念化。

2. 制度方面

19世纪末期，社会服务机构开始关心其为贫民服务的质量和连续性。慈善组织会社从其成立之初就对志愿人员提供一些服务训练。1893年，在英国由济贫院和慈善组织会社建立了一个两年制的"慈善训练"学校，开创了社会工作训练和教育的先河。到1919年，美国已经建立了17所社会工作学院；1923年，其中13所被大学接纳为大学学院。随后，在美国和许多国家，各种学会或协会相继成立。

三、社会工作在中国的发展

1. 中国历史上缺乏专业社会工作

我国古代实行自给自足的小农经济，社会结构较封闭，生产方式以家庭为单位，并且受传统儒家、道家、佛家思想的影响，人们处于较为封闭的亲友圈子当中，很少向他人求助，因此无法产生专业意义上的社会工作。

2. 20世纪上半叶，社会工作在中国萌芽

20世纪上半叶，中国社会发生了巨大的变化。国内政治局势动荡，社会危机不断，外受西方帝国主义列强的经济、军事和文化的侵略，这些严重威胁着人民的生活、国家和民族的命运。西方文化的传入，使得一些传教士在20世纪初开始在中国的大学讲授社会学、社会服务等课程，一些大学的师生开始从事社会服务活动。与此同时，一些有志之士也纷纷寻求救国救民的道路，其中以晏阳初倡导并极力推行的华北平民教育运动最为典型。这些都是当时中国社会工作服务的雏形，社会工作开始在中国萌芽。

3. 1949年以后，社会工作在中国缓慢发展

1949年中华人民共和国成立，百废待兴。在这种情况下，政府通过各种社会组织和单位，并通过国家干部，以行政程序和手段向人们提供生存资源和力所能及的帮助，从而形成了靠行政框架解决社会问题的模式，排除了专业社会工作存在和发展的必要性。事实上，当时我国的一些政府部门尤其是民政系统承担了社会服务、社会工作的职能，只不过这种社会工作是行政性、非专业的。

4. 改革开放以来，社会工作在中国加速发展

改革开放以来，中国的政治、经济、文化等领域都有了巨大的变化，传统的计划体制格局被打破，取而代之的是市场体制格局，产生了新的社会问题。为了解决这些社会问题，政府一方面继续沿用或改革原有的行政框架，使得社会工作相关机构在各级各类政府机构设置起来；另一方面也在文化教育、职能转变、政企分离等方面进行了很大的改革，使得社会工作教育、相关机构、服务类型不断发展。

1979年，国家决定恢复社会学，社会工作课程作为应用社会学的一门课程也在一些大学纷纷恢复起来；1986年，国家教委决定在北京大学等学校设立社会工作与管理专业。时至今日，全国已有三百多所高校开设社会工作专业，社会工作专业教育呈现一幅欣欣向荣的景象。随着政企分离改革政策的推行和政府及群众团体职能由管理型向服务型的转变，加之民政部等部门对干部知识化、专业化要求的提出，在进行干部在职培训中讲授社会工作内容，使得行政性社会工作不断向专业社会工作转变。

20世纪90年代以来，社会工作实际上已经开始作为一种专业（或职业）出现在人们的视野中了，并且不断得到认可。2004年7月，国家劳动和社会保障部颁布了第九批国家职业标准，"社会工作者"首次被列入其中，正式成为一种新职业，走上了专业化、职业化的发展道路。几乎与此同时，以上海、深圳等城市为代表的社会工作的专业化、职业化、制度化发展已初具规模，建立了各种性质与类型的社会工作服务机构，且各具特色；其他省市纷纷借鉴经验，努力寻求自己的专业社会工作发展道路。同时，一些非政府组织（NGO）、非营利组织（NPO）在中国纷纷成立。截至2019年底，全国共有社会组织86.6万个，其中基金会7 585家、民办非企业单位48.711 2万家、社会团体37.163 8万个。（《2019年民政事业发展统计公报》）这些组织一方面从事专业社会工作，另一方面也在不断吸纳社会工作专业人士的加入。所有这些都预示着当前中国的社会工作作为一个专业、一种职业已经在加速发展，社会工作已经迎来了灿烂的春天。

任务二　认识社会工作者

任务描述

在社会工作服务过程中，工作者必须完成不同类型的工作。这些工作与案主的需要和问题有关，工作者要根据具体情况采取适当的行动。有时，工作者要担当指导与鼓励者的角色，相信案主有能力、有机会解决自身的问题；而有时，工作者又要担当更为积极主动的角色，以增强案主的问题解决能力；还有一些个案，工作者可能要代替案主采取行动。究竟要采取什么样的行动、担当什么样的角色，取决于工作者对案主情况的评估，以及工作者对自己在其中所处位置的评估。完成此任务后，你将能够了解成为社会工作者的条件，陈述在一般情况下社会工作者所扮演的六种角色。

任务实施

夏某的案例

夏某，男，30岁。因患有精神分裂症，他住进了一家精神病院，被安排在一个单独的房间里，认识他的人都说他是由于婚姻破裂而受到严重的刺激。护士说夏某自从入院以来就没和任何人说过话，一直生活在自己的内在世界里。夏某的这种情况因为一次试验性治疗发生了转变。作为试验的一部分，一名专业社会工作者被安排每天与夏某会面40分钟，目的是将其带回现实生活。社会工作者对夏某说会定期来医院看望他，并表示希望他重拾信心。在前两个星期，夏某仍然一言不发。又过了几天，他突然对社会工作者说："我认为你人很好！"社会工作者继续每天花40分钟的时间去看望夏某，她对夏某表现出友好、关心、接纳和耐心的态度，而夏某也对她的努力报以回应。半年后，夏某从精神病院回到了社区。接下来的一年里，他的表现表明他已经成功地回归了社会并且被社区居民所接纳。当他的一个好朋友偶然问他为何会产生如此大的变化时，夏某严肃地说："社会工作者太专业了，把我从困境中解救出来了，我很感谢她。"

【分析】在与案主互动的过程中，社会工作者秉持对案主友好、耐心、关怀与接纳的态度，使案主感受到社会工作者的执着。当然，社会工作者扮演了服务提供者的角色（如为案主提供辅导）、支持者的角色（如鼓励案主自立），以及倡导者的角色（如启发和引导案主转换处理问题的方式），充分激发案主的潜在能力，对案主恢复常态起到了至关重要的作用。

任务引导

（1）夏某为何能够重新回归社会？
（2）在社会工作者与夏某的互动中，夏某的感受是什么？
（3）在与夏某的互动中，社会工作者扮演什么样的角色？

知识链接

1. 社会工作者

在社会工作发展比较健全的国家，社会工作者的身份如同医生、律师一样深入人心。在我国，起初社会工作者还是一个比较陌生的概念。1991年7月，中国社会工作者协会成立，社会工作者这一概念才开始在民政部门使用。根据我国社会工作的具体情况并借鉴国际经验，可以对社会工作者做出如下初步界定：社会工作者是遵循社会工作的价值准则、运用社会工作的专业方法，从事职业性社会服务的人员。

一般而言，国际社会工作界认可的社会工作者应符合以下条件：

（1）具有社会工作执照。
（2）具有社会工作的专业教育背景。
（3）受社会工作伦理的制约。
（4）是社会工作专业组织的成员。
（5）将社会工作作为一种职业。

2. 社会工作者的角色

社会工作是由社会工作者与案主合作进行的复杂的助人过程。在这一过程中，社会工作者往往承担着多重角色。

（1）服务提供者。社会工作者首先是向受助者提供服务的人，这里的服务既包括提供心理咨询和意见咨询，又包括提供物质服务和劳务服务。

（2）支持者。社会工作者面对受助者不但要提供直接服务或帮助，也要鼓励其在可能的情况下自强自立、克服困难，即"助人自助"。因此，社会工作者应该成为受助者积极反应的支持者、鼓励者，并应尽量创造条件让受助者自立或自我发展。

（3）倡导者。在一定情况下，社会工作者应当成为受助者采取某种行为的倡导者，即当受助者必须采取新的行动，才能有助于其走出困境时，社会工作者应该向其倡导某种合理行为，并指导他们获得成功。应该指出的是，这里的倡导并不是不顾受助者接受程度的强行推动。

（4）管理者。在社会工作过程中，社会工作者应该对该过程进行有效控制，同时必须对与助人相关的诸多资源、信息进行协调、安排和管理，以实现该过程的高效率。管理者的角色不仅对社会行政工作很重要，对个案工作、小组工作和社区工作同样重要。

（5）资源获取者。在许多情况下，社会工作者为了有效助人，常常需要求助于其他社会工作者、机构，甚至政府和社会，向他人争取受助者所需要的资源，并将其传递到受助者手中。争取资源是社会工作者的责任。

（6）政策影响人。由于某些社会问题并非个人生理、心理因素所引发的，而是由社会、制度因素造成的，因此对造成这种问题的政策或制度进行变革就是必要的。社会工作者应该将其工作经验反馈给政策制定者，以避免社会问题的发生或减缓社会问题。

> **案例阅读** 王先生的案例
>
> 王先生今年40岁，因为婚姻问题来机构咨询。据王先生讲，半年多来他和妻子之间屡屡发生冲突，争吵不断。现在妻子已经很少和他说话了，两个人形同陌路，关系紧张。在最近的会谈中，王先生的情绪异常沮丧和激动。
>
> 【思考】
> （1）如果你是负责这个案例的社会工作者，你会怎么处理？
> （2）社会工作者在本案例的处理过程中，承担什么样的角色？

> **课间休息**
>
> 跟你的同学讨论以下话题：
> （1）从影视作品中，可曾看到过社会工作者的身影？若有，试举一例，与你的同学分享。
> （2）新冠疫情发生后，你从媒体那里了解到社会工作者有着怎样的表现？他们在疫情防控工作中承担着什么样的角色？

拓展训练

你对成为一名社会工作者有什么困惑和期望？在下面的空白处写下来。

1. 困惑

2. 期望

项目二　社会工作者素质提升

> **项目概述**
>
> 社会工作的研究对象及服务对象是人，但同其他专业相比，社会工作是一种将价值观内化为实践准则的道德实践。社会工作从产生、成熟并发展到今天，在道德和伦理层面经历了很多变化，但它最根本的使命和专业目标仍然是围绕社会正义、个人的独立与尊严、服务质量，以及个人能力的提升等核心要素展开的。本项目将通过案例分析，进一步阐述社会工作者在伦理价值、理论水平，以及方法技巧等方面的提升。
>
> 项目包括：遵循社会工作伦理价值、提升社会工作理论水平、掌握社会工作方法。

背景介绍

正如项目一所论述的那样，社会工作者是遵循社会工作伦理价值、运用社会工作的专业方法，从事职业性社会服务的人员。作为一名合格的社会工作者，应该在以下三个方面加大训练力度，即价值（心）、知识（脑）和技巧（手），即前述的社会工作"铁三角"，如图2-1所示。顾名思义，这三个方面的训练缺一不可。每一位社会工作者，必须树立正确的社会工作伦理价值观、不断提升社会工作理论水平，以及熟练掌握社会工作方法。在这三者当中，社会工作伦理价值居于核心位置，是社会工作的灵魂，社会工作者必须对社会工作有强烈的使命感并且要长期坚持下去；社会工作理论及方法则可以通过短期的培训或训练获得。

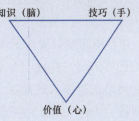

图2-1　社会工作"铁三角"示意图

任务一　遵循社会工作伦理价值

任务描述

作为一门日益成熟的专业，社会工作已经通过专业共同体来建立和推行系统、缜密的道德规定及伦理守则，用以严格约束专业人员的实践，从而保护受助者的利益，维护社会的公平与正义。

在实践中，社会工作者很少只依靠一个哲学体系（如人道主义）去指导自己的工作。通常，社会工作者面对特定的情境时会基于一个或几个特别的价值观工作。完成此任务后，你将能够用概括性的词语去界定价值观，说出实践中会运用的各种价值观体系，识别不同层次的社会工作价值观。

任务实施

李某不能出门

张某是一个有三个孩子的单亲母亲，孩子的年龄从9岁到18岁不等。最大的女儿李某18岁，是高中生。直到本学年开始的时候，她的学习成绩一直很好，但到期中她所有课程的成绩都有所下降。她似乎对上学完全失去了兴趣，过去的三个星期她根本没去学校。

张某是镇上一家企业的文员。她上午在孩子们去上学前就早早出门上班了，下午直到孩子们放学很久后才迟迟回家。张某把家管得很好，但是她没有什么朋友，总是自己待在家里。

最近张某找到本地的社会工作机构寻求帮助。她告诉社会工作者自己感到很抑郁，因为不知道该拿李某怎么办。在与张某和李某两个人交谈过后，社会工作者明白了李某厌学的原因。原来，李某不得不每晚、每个周末都留在家里，因为母亲不想自己单独在家。即使李某想跟朋友出门玩，妈妈也从不允许，因而李某在学校没有朋友。

【分析】负责该个案的社会工作者面临着几个实际的伦理问题，包括：谁是"当事人"？应该优先考虑谁的利益？是李某还是首先求助的张某？还是两者并重？即使李某并没有求助，并声称不需要帮助（工作者与她有过接触），社会工作者也要对李某采取干预措施，这符合伦理要求吗？在这一个案里，还有什么其他涉及伦理的问题？比如，社会工作者的首要职责是增进当事人的福祉，但这并不意味着为了满足当事人的需要应该忽视或损害其他人的利益。社会工作者对服务对象所负的首要责任也不应该解除其对于更大的社会以及"非当事人"的其他人的需要或问题所负有的责任。

任务引导

没有哪个专业能够让自己订立的伦理守则践踏社会的一般伦理标准。如果一个专业没能考虑一般的社会伦理，就会面临受到严厉制裁的危险，包括社会可能会废除其全部或部分专业权威。从实践的角度出发，要求专业从业人员遵从人们期望遵循的统一的伦理原则行事是不可能的。比如，社会工作者提的问题在一般性的谈话中可能被认为是不合适的，甚至侵犯了个人隐私。尽管如此，社会工作者仍然可以询问这类问题，然而在询问之前，必须确认这一信息是必需的，且自己能够保守秘密。

> **知识链接**

1. 社会工作的伦理道德

社会工作的伦理道德要求是指在实践中，专业人员必须对自身的价值观和行为进行约束，同时通过符合伦理道德规定的专业活动来最大限度地保护服务对象的利益，完成专业活动的各个目标。从大的方面来说，这些伦理道德要求是有关"应该做什么"和"不应该做什么"的伦理规定。在实践中，社会工作专业的伦理道德要求具体包括以下几个方面。

（1）在专业实践范围内，社会工作者应该优先考虑服务对象的利益，他们的专业决定必须是在充分考虑了服务对象的利益前提下做出的。

（2）社会工作者应该充分尊重服务对象的个人决定，同时极力保护服务对象的个人隐私。

（3）社会工作者任何时候都不应该利用服务对象达到个人的目的，更不能利用职务之便剥削受助者。

（4）在实践过程中，社会工作者应该将专业决定的所有信息充分告知服务对象，服务对象应该享有充分的知情权；社会工作者还必须耐心地为服务对象解释专业决定所产生的后果。

（5）社会工作者对机构和专业本身都应该有一种负责的道德承诺，即对机构的忠诚和对专业的奉献精神，努力完善专业知识，推动专业的发展。

（6）社会工作者不应该只考虑个人专业的成就与发展，而是应该站在更高的层面，将自己的专业发展同社会正义和社会发展这些崇高的道德目标联系在一起。

2. 价值观

什么是价值观？很难对此下一个准确的定义。李德顺教授把价值观概括为以下三个方面。

（1）从价值观的特殊内容和形式来看，价值观是人们关于基本价值的信念、信仰和理想系统。

1）价值是对人和事的是非、善恶、美丑的判断，是最基本的人生信仰。哲学上，价值这个词通常与存在、事实、真理相区别。世界上的一切事物，它们本身是怎么存在的，它们的客观面貌、本性、规律如何，以及我们对它们应该怎样认识，这些是知识、理论和真理等，不属于价值问题。而好坏、善恶、美丑、得失、利弊、有用无用、应该不应该、重要不重要等，这些判断讲的是事物与人的一种关系，即事物的存在和属性是不是适合人的生存和发展，是不是能满足人的某种需要。能满足人的需要的，人就认为它是好的、有用的、有意义的；不能满足人的需要的，人就认为它是不重要的、没有意义的。这些才是价值问题。

2）价值判断是以主体为尺子、因人而异的。同样一种行为，有人觉得对，有人觉得错；同样一个事物，对你来说可能非常有用，对他来说可能就一点都没用。价值判断与知识和真理不一样，1 加 1 在哪里都等于 2，但对事物的价值判断却是因人而异的。由于人的需要和能力不同，人们的价值判断就会是多元的，带有较强的主观性。

3）价值观是抽象的，不可证明的。例如，我们无法说健康和金钱哪种偏好更好。

4）价值观特有的思想形式主要是三点：信念、信仰和理想。简单地说，就是表明人们在精神上信什么、要什么、希望和追求什么。

（2）从价值观的基础和来源来看，价值观是人们生活价值状态的反映和实践经验的凝结。

人的社会存在决定社会意识。人的生活条件、生活方式、生活经历等，共同造就了人的价值观念。因此，要改变人的价值观，就要与改变人的生产方式、生活方式及生存条件结合起来。

（3）从价值观的功能上看，价值观是人们内心深处的评价标准系统。

1）价值观不是行动的具体目标，而是选择目标的"准则"。价值观是一种观念性的东西，它们是从人们的日常生活中抽象出来的，具有概括性。在现实生活中，人们直接的判断叫评价，但是用什么"尺子"来衡量它，就叫标准。价值观就是这样的一套评价标准系统。它不具体地指出什么应该做、什么不应该做，而是为判断行为的合理与否提供一般的标准。在这里，我们要把内心深处的价值观与表面的评价区别开来，用一套价值观可以做出许许多多的评价来。

2）价值观一旦形成，一般来说相对稳定。价值观本身是深层的、系统的而且相对稳定的，不会轻易改变。

3）价值观来自内心，对人的行为具有强烈的指向性。与法律等外在规范不同的是，在价值引导下的行为过程，能使个人产生愉快的心理体验，当行为与价值相悖时，就会产生不愉快的情绪体验。

3. 社会工作专业价值观

（1）敬业。这是社会工作者对社会工作专业和实践的根本态度，是社会工作专业价值的基础。敬业也是一种人生态度，是安身立命之本。社会工作专业的敬业，不仅涉及该专业的性质、信誉和科学精神，而且涉及社会工作者对工作、案主、机构和社会的关系原则。

（2）接纳。接纳意味着接受、相信和尊重，但这并不意味着社会工作者总是同意他人的观点或总是要放弃自己的观点去迎合他人。对于社会工作者而言，接纳在实践中有时是困难的，因为现实辅导服务过程中的拒绝接纳情况与接纳的原则是相矛盾的，而要处理好这种不协调状况，社会工作者需要在不断的实践中积累与提升自己。

（3）自决。自决就是让案主自我决定。在社会工作辅导服务过程当中，自决更多是针对社会工作者而言的。社会工作者由于在辅导服务中的主导地位关系，往往会替案主做决定，越俎代庖。自决就是要让社会工作者具备让案主自我选择和自我决定的素质与能力。

（4）保密。社会工作者在为案主提供辅导服务的时候会涉及案主的一些隐私，而这些隐私可能是案主不愿意被他人知道的。所以，社会工作者必须尊重每一个人的隐私权，尽可能地满足每一个人保留其隐私的需要。

（5）个别化。社会工作者所面对的服务对象不可能是千篇一律的，总是存在差异的。无论是同一个人或群体在不同时期的问题，还是不同的人或群体在同一时期的问题都不可能是一样的。这样一来,就要求社会工作者分别对待,根据不同对象的不同问题分析诊断,采取不同的方法与对策来解决问题。个别化体现了对个人的尊重。

（6）尊敬人。无论是身处困境的案主还是即将摆脱困境的案主,都是值得社会工作者尊敬的,因为尊敬人是一种最基本的社会价值观念。社会工作的另外四种价值,即个别化、自决、保密和接纳都是和尊敬人有关的。

社会工作价值观

案例阅读

价值两难

1）陈太太82岁了,是晚期癌症病人。她一直生活得比较幸福,但是目前不得不生活在剧痛之中。她相当压抑,正在严肃地考虑结束自己的生命。她应该这样做吗?

2）某对夫妇有一个患有严重认知障碍的两岁孩子,这个孩子需要医疗照顾。他们共有三个孩子,家庭的情感和物质资源正在被严重地消耗,而且家庭关系日益紧张。然而,家庭成员感到,这个孩子在家庭中将比在机构或小组之家成长更快。他们应当怎么办?

保密原则

一位大学生告诉他的精神科医生,他要杀害他的女朋友。这位医生将这一威胁告诉了学校保安,但并未告诉预期的受害者或其父母。学校保安随即逮住并询问了这名大学生,但很快他们就释放了这名大学生,结论是"他看上去很理智"。

不久以后,该大学生杀害了他的女朋友,其女朋友的父母起诉了这位精神科医生。

【思考】

在社会工作从业过程中,工作者还应遵循什么样的伦理守则?

课间休息

沉船遇险逃生记

假设你正在与一位挚爱的亲人参加海上旅行,船到达公海后遇上大风浪,船长表示必须弃船,但只可以有8个人上救生艇。你会如何选择?为什么?

1. 船长	2. 老婆婆	3. 医生
4. 智障小孩	5. 你挚爱的亲人	6. 你自己
7. 孕妇	8. 英俊的年轻人	9. 厨师
10. 患病的工程师	11. 富商	12. 水手
13. 救生员	14. 工程师	15. 牧师
16. 护士	17. 智障小孩的妈妈	18. 政府高级官员

课堂练习

价值大拍卖工作纸

将学生分为4~5组,每组分别派发一张价值大拍卖工作纸,提醒每组学生在表格里填上他们所希望购得的项目及顺序,以及每组最高会付出的价钱,见表2-1。请留意,每组只有40 000元,各项目是有底价的,且每次叫价要大于或等于1 000元。

每组完成表格后,教师主要围绕以下问题对每组的情况做出点评并组织学生讨论。

(1)选择了什么样的项目?顺序是什么?

(2)为什么做出这样的选择?

表2-1 价值大拍卖工作纸 (单位:元)

序号	项目	底价	购买的优先次序	最高价	最后成交价
1	有自己的私人空间	2 000			
2	读书成绩优良	1 000			
3	国家经济发展,社会安定繁荣	3 000			
4	得到领导的认同和赞赏	1 000			
5	顺利完成学业	1 000			
6	能为有需要的人服务	1 000			
7	能缩小社会上的贫富差距	3 000			
8	找到理想的伴侣	2 000			
9	能四处游历,体验人生	2 000			
10	拥有一些能同甘共苦的好友	1 000			
11	能有一个理想的居所	2 000			
12	人们可以享有更多民主自由	3 000			
13	平安喜乐的心境	2 000			
14	能照顾一些弱势群体	3 000			
15	拥有一个温暖和关爱的家庭	2 000			
16	能过一个自己认为有意义的人生	2 000			
17	能纠正社会上的不公正	3 000			
18	能在工作中发挥自己的作用和影响力	2 000			
19	富足的精神生活	1 000			
20	世界上没有战争与冲突,个人需要得到满足	3 000			
21	能有稳定而丰厚的收入	1 000			
22	有晋升机会	3 000			
23	找到一份自己喜欢的理想工作	1 000			

任务二　提升社会工作理论水平

任务描述

　　虽然社会工作是一种以实践为核心的专业，但是理论对这门专业来说并非可有可无。理论的建立和发展将促进实践的发展。同时，离开科学理论的指导，社会工作的实践不仅会失去方向，也会因缺乏内在的养分而失去生命力。从这个意义上说，理论在社会工作专业中的地位十分重要。

　　社会工作理论有两种：一种是本土理论（Local Theory），另一种是外借理论（Borrowed Theory）。由于其自身的学科特点，许多社会工作理论都是外借的。本任务重点介绍的系统理论即是社会工作外借理论之一。

任务实施

赵女士的案例

　　赵女士，35岁，被邻居黄婆婆带往社区中心寻求协助。根据黄婆婆透露，赵女士为最近发生的家事而感到困扰。因为丈夫欠债及在深圳有外遇的事情，赵女士与丈夫的争吵越来越激烈。丈夫最初否认，但后来又威胁说如果赵女士相逼太紧，他会搬到深圳居住；与此同时，收款公司也威胁说若作为担保人的赵女士或她的丈夫不在期限前还款，则会想尽一切方法追回欠款。来自丈夫的家用非常不稳定且不能满足生活所需，故赵女士找了一份在酒楼做清洁工的兼职，月收入3 000元，以弥补家用之不足。虽然如此，要应付额外的家庭支出，如购买换季校服或为孩子买新书，她也不得不动用信用卡透支款项，以致经济状况每况愈下。

　　赵女士的丈夫是一名装修工人，他在20多年前与表亲到香港，在香港没有兄弟姐妹或其他近亲。由于各种原因，他决定回乡娶妻。曾经有一段时间，他也经营了一些装修的小生意，且生意不错，但好景不长，他的装修生意失败了，他唯有重新做装修工人。

　　赵女士与子女从广东农村来香港已经5年多了，她十分怀念在农村的生活，那里有家庭的支持和私人生活的空间。但为了孩子的教育，她决定来香港与丈夫团聚。自她来香港后，一直与丈夫住在一个出租房里，虽然所在的社区设施及社会服务并不完善，但房租比较合理且有颇多初来香港的人士聚居。赵女士因她乐于助人且容易体谅他人，与其他住户的关系不错。在香港她也没有什么近亲。

　　赵女士的大女儿10岁，儿子8岁，在邻近的同一所小学分别读五年级和三年级。儿子最近在学校里有颇多的学习问题——上课时精力不集中，且最近成绩一落千丈，但是赵女士却说孩子在家是很听话的。女儿是个很勤快的孩子，学业成绩很好。两个孩子都爱母亲。为了解决儿子学业上的困难，在工友的安排下，她的儿子也参加了由社区中心主办的功课辅导小组，效果不错。由于工作紧张且要照顾家庭，她很少参与社区中心的其他活动，如同乡会、互助小组及亲子小组课程等。

最近赵女士的精神健康有恶化的迹象：缺乏食欲、不能入睡及经常感到很焦虑。当学校老师向她反馈孩子的学业和行为问题时，她变得更加抑郁，并开始有轻生的念头。她曾说过并不想如此，但发觉那种感觉和冲动越来越强烈。她的邻居黄婆婆听到她的哭泣和喃喃自语，便劝她寻求帮助。

【分析】这是一个在现代社会中面临多重压力，从而产生严重负面情绪及不良反应的典型个案。作为社区工作人员，你或许对赵女士的实际处境略知一二，但如果缺乏社会工作专业方法，对这类问题的处理会感到非常棘手。

显然，社会工作者可以运用不同的理论，协助赵女士解决其面临的问题。比如，可以运用心理社会发展理论，也可以运用行为主义理论，还可以运用认知发展理论。但不同的理论预设，其解决方法及解决效果或许不尽相同。

任务引导

（1）如果你是社会工作者，遇到前来求助的赵女士，你会怎么做？

（2）请用系统理论分析该案例。在"赵女士的案例"中，运用个案工作的专业手法，分析整个案例的介入过程，或许是一种明智的方法。

1）理清个案介入的整体思路。在这一阶段，理论框架的预设非常重要，工作者选择不同的理论框架，工作方法和工作成效往往有很大的差别。综观整个案例，呈现在社会工作者面前的是一幅杂乱、无助的景象：如果从宏观的系统理论出发，可以看出案主的系统是失衡的；如果从中观上来看，案主缺乏基本的支持体系，可以借用活动理论；如果从微观上来考察，案主的世界观、人生观表现出较大的消极成分，可以运用认知理论、行为主义及增权理论。

不过，在一个个案的分析及介入计划中，可以综合运用宏观层面和微观层面的理论，两者并不是互相排斥的。在赵女士的案例中，运用整合的理论框架能达到更好的服务效果。

2）表征问题分析。所谓表征问题，是指能够直接从案主自述中找到相关词句的问题，这样的问题无须工作者进行推测。本案例中，案主的表征问题主要有以下三类。

①身体/生理问题：焦虑、无食欲、失眠、抑郁、有轻生念头。

②家庭关系问题：夫妻不和，关系恶劣，丈夫有外遇；儿子教育问题。

③经济问题：收入少，入不敷出，债务危机。

3）深层问题分析。与表征问题不同，深层问题的发现需要社会工作者理性地思考。可以看出，在本案例中，导致赵女士失去生活勇气的深层问题至少有以下三个方面。

①宏观层面：社会背景分析（结构性）。

②中观层面：家庭系统与其周围各系统的关系分析，如图2-2所示。

③微观层面：家庭系统分析。

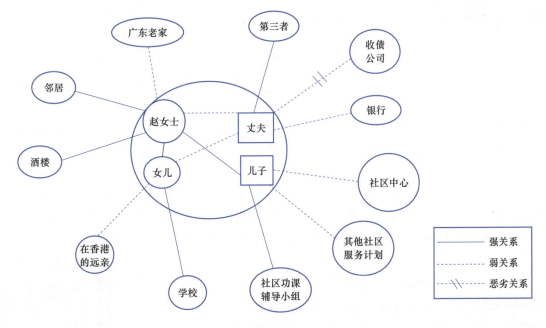

图 2-2　家庭生态图

4）制定个案介入的目标及策略。

①赵女士放弃轻生念头。可采用的方法：宣泄情绪、改变认知、引导寻求生存的意义、告知丈夫及邻居黄婆婆。

②解决儿子的问题。可采用的方法：继续参与学习辅导班、转介到学校社会工作者和参与亲子小组活动。

③寻求外部资源。

④寻求家庭关系改善。

5）对可能面临的困难及问题进行预料。

①丈夫不配合，夫妻关系不能改善。

②高利贷和银行追债。

③案主担心自己的情况保密不够。

④介入时间太长、成效太慢。

⑤不可预见的突发性事件。

6）个案成效评估。

①评估方法。

②工作者的评估。

③案主自我评估。

④运用 PIE（人在情境中）量表进行前测和后测分析。

⑤评估内容（包括表征现象的改变、社会支持网络的建立）。

> **知识链接**

1. 系统理论

社会工作的系统概念源自路德维希·冯·贝塔朗菲（Ludwig Von Bertalanffy）的一般系统理论。这一生物学理论主张所有的机体都是系统，各个系统由不同的亚系统组成并相应地是更大系统的一部分。由此，人是社会的一部分，并且由流通系统和细胞构成，而流通系统和细胞则由原子构成，相应地原子由更小的物质构成。这一理论被应用于团体、家庭和社会等社会系统及生态系统。

阿尔文·汉森（Alvin Hanson）认为系统理论的价值在于它应对"整体"，而不像其他理论那样只应对人类或社会行为的部分要素。罗纳德·J. 曼考斯基（Ronald J. Mancoske）指出，社会学的系统理论的重要来源是赫伯特·斯宾塞（Herbert Spencer）的社会达尔文主义。

（1）系统理论及其基本框架。

近代社会学是奥古斯特·孔德（August Comte）借助生物科学引入科学殿堂的，他把有机体类比带进了社会学研究，用细胞、器官、组织等生物学概念类比家庭、阶级、城市等社会组织。从这个意义上来说，孔德是功能主义理论的先驱。功能分析的特点是将某种系统概念用作社会学分析的首要概念。

社会工作理论

斯宾塞对推进功能分析有突出的贡献。①他论证了生物有机体和社会超机体都展现的"类似的有机原理"，第一次把结果差异与功能分化联系在一起。②他对"功能主义需求"的思想做了阐述与发展，那就是一个系统的存在和发展必须满足某些基本的需求，任何一个系统中的动力过程都可视为满足这些基本需求的功能过程；一个系统对其环境的适应程度取决于它满足这些功能需求的程度。

社会学功能主义的主要代表人物是塔尔克特·帕森斯（Talcott Parsons）和罗伯特·默顿（Robert Merton）。社会学的功能方法旨在根据社会现象与某种系统的关系来解释社会现象。

（2）系统理论在社会工作方面的拓展。

1）希波林（Siporin）的贡献。希波林认为，英国19世纪后期的社会调查研究、信息技术和20世纪30年代芝加哥社会学家的生态学派也是社会学系统概念的思想渊源。其主要概念如下：

① 系统具有边界，在其边界之中而非边界之外，物质和精神能量可以进行交换。

② 封闭的系统没有跨边界的交换，如同一个密封的真空杯。

③ 当能源跨过可以穿越的边界时，开放的系统就出现了。

2）格雷弗（Greif）和林奇（Lynch）的贡献。格雷弗和林奇于1983年提出了分析系统理论时很重要的几个概念：

① 输入：能量跨过边界进入系统。

② 流通：能量在系统之中如何被利用。

③ 产出：透过系统的边界所产生的对能源的影响。

④反馈回路：信息和能量传递至为输出所影响的系统以显示输出的结果。

⑤熵：系统以自身的能量保持运行，这意味着除非它能接受边界之外的输入，否则它将退化且毁灭。

2. 精神分析理论

精神分析理论属于心理动力学理论，是奥地利精神科医生弗洛伊德于19世纪末20世纪初创立的。精神分析理论是现代心理学的奠基石，它的影响远不能局限于临床心理学领域，对于整个心理科学乃至西方人文科学的各个领域均有深远的影响。它的影响可以与达尔文的进化论相提并论。

（1）人格结构理论。弗洛伊德认为人格结构由本我、自我和超我三个部分组成。

1）本我，即原我，是指原始的自己，包含生存所需的基本欲望、冲动和生命力。本我是一切心理能量之源，按快乐原则行事，不理会社会道德、外在的行为规范，唯一的要求是获得快乐、避免痛苦。本我的目标乃是求得个体的舒适、生存及繁殖。本我是无意识的，不被个体所觉察。

2）自我，德语原意是指"自己"，是自己可以意识到的执行思考、感觉、判断或记忆的部分。自我的机能是寻求本我冲动得以满足，而同时保护整个机体不受伤害，遵循的是"现实原则"，为本我服务。

3）超我，是人格结构中代表理想的部分，是个体在成长过程中通过内化道德规范、内化社会及文化环境的价值观念而形成的，其机能主要在于监督、批判及管束自己的行为。超我的特点是追求完美，所以它与本我一样是非现实的。超我大部分也是无意识的，它要求自我按社会可接受的方式去满足本我，遵循的是"道德原则"。

（2）性本能理论。弗洛伊德认为人的精神活动的能量来源于本能，本能是推动个体行为的内在动力。

人类最基本的本能有两类：一类是生的本能，另一类是死亡本能或攻击本能。生的本能包括性本能与个体生存本能，其目的是保持种族的繁衍与个体的生存。弗洛伊德是泛性论者，在他的眼里，性欲有着广泛的含义，是指人们一切追求快乐的欲望，性本能冲动是人一切心理活动的内在动力，当这种能量[弗洛伊德称之为Libido（力比多）]积聚到一定程度就会造成机体的紧张，机体就要寻求途径释放能量。

弗洛伊德在后期又提出了死亡本能，即桑纳托斯（Thanatos），它是促使人类返回生命前非生命状态的力量。死亡是生命的终结，是生命的最后稳定状态，生命只有在这时才不再需要为满足生理欲望而斗争。只有在此时，生命才不再有焦虑和抑郁，所以所有生命的最终目标是死亡。死亡本能派生出攻击、破坏、战争等一切毁灭行为。当它转向机体内部时，导致个体的自责，甚至自伤、自杀；当它转向外部世界时，导致对他人的攻击。

3. 行为主义理论

行为主义理论产生于20世纪初的美国，它的一个突出特点是强调现实或客观研究。

（1）华生的行为主义理论。约翰·B. 华生（John B. Watson，1878—1958），美国心理学家，于1913年提出了行为主义的基本概念，认为行为是有机体适应环境的一切活动。与他的理论不可分割的是刺激（S）和反应（R）两个概念，他将引起有机体活动的内外部变化称为刺激（包括体外环境和人自身肌肉运动或腺体分泌所产生的刺激），而将刺激后所呈现的活动称为反应。

（2）斯金纳的操作行为主义理论。伯尔赫斯·弗雷德里克·斯金纳（Burrhus Frederic Skinner，1904—1990），美国心理学家，是新行为主义著名的代表人物。他一方面坚持华生的思想，另一方面则将学习引入行为主义理论中，强调外在刺激对人类行为控制的重要性。他的重要贡献在于提出"强化"的概念。在斯金纳看来，所谓强化，是指行为的增强，包括积极强化（正强化）和消极强化（负强化）。

（3）班图拉的观察学习理论。班图拉的观察学习理论产生于20世纪60年代初，他的贡献主要在于强调认知在人类学习过程中的地位。他提出以下概念：

1）观察学习，又称替代学习，是指一个人通过观察他人的行为及其强化结果而习得某些新的反应，或使他已经具有的某种行为反应特征得到矫正。

2）替代强化，即通过观察其他人受到的赞赏或惩罚得到行为的强化。

4. 认知发展理论

认知发展理论（Cognitive-developmental Theory）由著名发展心理学者让·皮亚杰提出，被公认为20世纪发展心理学上最权威的理论。认知发展是指个体自出生后在适应环境的活动中，对事物的认知及面对问题情境时的思维方式与能力表现，随年龄增长而改变的历程。皮亚杰的研究方法不采用当时流行的实验组及多人资料统计的方式，而采用对于个别儿童（他自己的女儿）在自然的情境下连续、细密地观察、记录其对事物处理的智能反应，属于质的研究。他的这种研究方法，广为现当代儿童心理学家所采用。

（1）认知发展的基本概念。

1）图式。图式是指人的一种心理机能结构，它最初来自先天的遗传，如吮吸、把握等。

2）同化。同化是指生物适应环境的一种过程，它原是生物学的一种适应，在这里是为了强调人类智力的发展也是生物的一种适应。

3）顺应。顺应是图式在质量上变化的过程。当原有的图式不能适应环境时，就必须通过调整原来的图式而建立新的图式，使原有图式发生质量上的变化，这个过程就是顺应。

4）平衡。平衡是指在个体与环境的交往中，同化作用与顺应作用两种机能的平衡。

（2）认知发展的阶段。

1）感觉运动阶段（0～2岁）：靠身体动作及感觉来认知周围世界，没有想象力。

2）前运算阶段（2～7岁）：能够进行较多的内心活动及思考，并借助语言和表象与外界进行交流，具备了简单的抽象思维，如模仿性思维和直观判断等；具有以自我为中心的特点。

3）具体运算阶段（7～12岁）：初步掌握了在时空上的一些关系，出现了逻辑思维；逐渐掌握了群集运算的能力。

4）形式运算阶段（12～15岁）：通过假设、推理得出必要的结论，从而形成抽象思维。

5. 人本主义理论

人本主义理论于20世纪五六十年代在美国兴起，由于既反对行为主义不理解人的内在本性而只研究人的行为，又批评弗洛伊德不考察正常人的心理而只研究精神病人，因此人本主义在20世纪七八十年代得到迅速发展，主要代表人物有亚伯拉罕·马斯洛（Abraham Maslow）和卡尔·罗杰斯（Carl Rogers）。

（1）马斯洛的人本主义理论。马斯洛（1908—1970），美国著名的心理学家，分析了人的基本需要，提出人的需要是分层次发展的，按照追求目标和满足对象的不同，可以将人的各种需要从低到高安排在一个层次序列的系统中。这些需要由低到高分别是生理需要、安全需要、爱与归属需要、尊重需要和自我实现需要。

（2）罗杰斯的人本主义理论。人本主义又称人格的自我理论。罗杰斯在心理治疗和心理学理论研究中，首创了患者中心疗法。罗杰斯认为人类有一种天生的自我实现的动机，所有别的动机都是自我实现的不同表现形式。

案例阅读 楚先生的案例

楚先生识字少。他童年时不断搬家，到一个地方就换一所新学校，慢慢地就跟不上学习进度了。楚先生的父亲在他12岁时去世，之后他就不再上学而是开始在他姑姑的农场工作。有一点他非常清楚，就是自己识字少这件事不能告诉别人，他认为当别人知道你识字少时，是不会给你机会的。此外，楚先生是个自尊心很强的人，当他听到人们提到"识字少"时，会感到不舒服和不好意思。

但识字少丝毫也没影响楚先生的生活。他能乘车在市里到处跑，车上有图示的路线图清楚标出了各地的建筑物，他按照图示走去上班。在超市，他按包装上的图示购买食物。他听说商店有"经济装"食品，但他没买过，因为那些食品包装上没有图示。

有件事楚先生每天必做，就是买报纸。无论走到哪儿，他都把报纸夹在胳膊下，没人怀疑他识字少。休息时，他会和工友谈论新闻，因为他听广播、每天早上看电视听新闻。这样他就能参与工友的聊天。

他绝不让别人知道自己识字少，找工作时他会说忘记戴眼镜，避免暴露不会填表。为此，他不申请临时工作。虽然他识字少，但他找到了适合自己的方式、方法。

【思考】

（1）想想楚先生的行为，他是如何适应环境的？

（2）社会工作者可以运用什么样的理论来处理这一案例？

> **课间休息**
>
> 与同学讨论系统理论的优缺点。

任务三　掌握社会工作方法

任务描述

社会工作在其发展过程中，形成了一系列的专业方法。这些专业方法大致分为两类：①直接工作方法，包括个案工作、小组工作以及社区工作；②间接工作方法，包括社会行政、社会政策等。本任务简要介绍个案工作、小组工作、社区工作以及社会行政。

任务实施

民主路居委会的工作者接到第 45 栋居民的反映：说有一个老太太经常在他们大院里的梧桐树下，用几块砖头支起一个铁锅，烧梧桐树叶煮粥，弄得整个院子烟雾弥漫。工作者经过调查得知，老太太是该栋楼居民刘某的母亲。刘某的父亲早就去世了，母亲一个人在农村生活。后来刘某见母亲身体日渐衰弱，放心不下，就将母亲接来城里与自己一起生活。不料，近日老太太突然想起了老家，想喝老家那种用柴烧出来的粥，并且趁刘某等人都不在家的时候，一个人到院子里，用梧桐树叶煮起了粥。

（1）老太太为什么会产生这种行为？

（2）假如你是民主路居委会的工作者，你会采取哪些措施来解决居民反映的这个问题？

【分析】个案工作、小组工作、社区工作被称为社会工作的三大直接工作方法，而社会行政被称为间接工作方法。作为社会工作者，我们应该熟练掌握这 4 种方法：

（1）深入了解这 4 种方法的产生及发展历程。

（2）这 4 种方法的适用情境是怎样的，即在什么样的情况下使用这 4 种方法？

（3）这 4 种方法的优缺点分别是什么？

任务引导

就直接工作方法而言，在从事社会工作服务的过程中，社会工作者经常会面临这类选择：某一社区（或地区）的问题，到底是运用个案工作方法来处理，还是运用小组工作方法或社区工作方法来解决呢？这时，"三重交点模式"可以给我们提供参照。

一般来说，如果某一社区（或地区）的问题是"点"上的问题，采用个案工作方法；如果是"线"上的问题，采用小组工作方法；如果是"面"上的问题，采用社区工作方法。

在这里，最重要的是怎么样来区别"点""线""面"的问题。"点"指的是个别现象或问题，比如在有 2 000 人的一个社区里，产生某一问题（或需要社会工作介入的情况）的人数是几个，则指的是"点"，一般用个案工作方法处理；如果是十几个、二十个（符合开组的条件），则指的是"线"，一般用小组工作方法解决；如果是几十个或普遍的问题，则指的是"面"，一般用社区工作方法处理。当然，在这一过程中，许多情况要视具体的情境而定，可以充分发挥社会工作者的主观能动性，社会工作者需要考虑社会工作的介入效果及社会工作的资源等因素。三重交点模式图如图 2-3 所示。

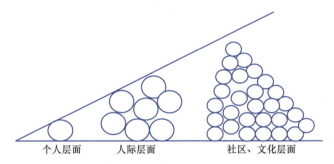

图 2-3　三重交点模式图

就间接工作方法来说，社会行政是较晚得到认可的社会工作领域。目前，社会行政已经成为社会工作理论和实务中不可或缺的系统，并成为宏观社会工作的有机组成部分。

知识链接

1. 个案工作

个案工作（Case Work）在其近百年的发展历程中，随着社会的变迁、社会问题的层出不穷，其工作方法和实施模式也历经变迁。许多专家和学者对个案工作的理解和界定，因其工作方法和实施模式的差异而各有侧重。

有的学者认为个案工作是一种过程，它以个人为着手点，通过对个人与所处社会环境做有效的调适，促进其人格的发展（玛丽·埃伦·里士满）；有的学者认为个案工作是一种艺术，这种艺术以人际关系的科学知识与改善人际关系的专业技术为依据，启发与运用个人的潜能和社区的资源，促使案主与其所处的环境之间有较佳的调适关系（鲍尔斯）；有的学者认为个案工作是一种方法，这种方法通过一对一的专业关系，促使案主运用各种社会服务，增进其个人能力（斯格丽）；有的学者认为个案工作是一个专业化的人际关系，工作者帮助对方，使他能够发动、整理并综合自己的思考能力，进而求得深度的自我了解，并依此而做出较佳的自我选择及决定，以解决难题，同时面对未来（郑心雄）；有的学者认为个案工作是现代社会工作中一种由个人人手的专门工作方法，其实施对象为个人或家庭，对于他们的问题进行研究和分析，予以适当地处理，以期解决其问题或困难，促进其个人人格的健全发展与家庭生活的调适，以增进其个人、家庭与社会的福利（叶楚生）；有的学者认为个案工作是利用专业方法帮助单个人或家庭，通过消除焦虑，增强其个人实际生活的能力、协调其人际关系，使其适应社会生活（童敏）。

2. 小组工作

小组工作（Group Work）是社会工作的方法之一，它是通过意图性的小组（组织性的和非组织性的）的工作（包括治疗、援助等多种方法），来增进人们的社会功能，促使整个社会协调发展。

小组工作以小组互动、小组情境作为入手处与主要途径，主要从三个方面来达到助人的目的：①提供社交和娱乐的机会，促进个人的社会化和全面发展；②通过小组互动使小组成员获得心理支持，获得应对现实问题的信息、态度与方法，以促进其人格的完善、自我的健全，矫治不恰当的人格、行为与态度，恢复与发展个人的社会功能；③让小组成员学习如何借助小组的力量，采取某种社会行动去实现某种特定的社会目标。

3. 社区工作

作为专业社会工作的重要组成部分和基本方法之一，社区工作（Community Work）是指专业社会工作机构及其工作者以社区和社区居民为工作对象或服务对象，通过专业社会工作者的介入，旨在确定社区的问题与需求，发掘社区资源，动员和组织社区居民实现自助、互助和社区自治，化解社区矛盾和社区冲突，预防和解决社会问题，从而促进社区服务质量、福利水平的提高和整个社会的进步。

4. 社会行政

社会行政，又称为社会福利行政，是指社会服务机构的工作人员在国家社会政策的框架下，利用管理学、社会学、社会工作学等学科的理论知识和方法，确定一个社会服务机构的组织目标，获取并妥善利用资源，通过计划、组织、领导和控制等环节来协调人力、物力和财力等资源，以保证服务机构的效率与效果的活动和过程。

根据执行主体，社会行政可分为政府层面的社会行政和机构层面的社会行政。前者是指政府社会福利主管机关按照社会福利的政策和法律，在其辖区内运用各种技术和策略，解决、处理和预防社会问题；后者是指服务机构按照各自的功能承担职责，与民众一起工作，充分挖掘和运用所有资源，从而有效地向服务对象提供服务的过程。

拓展训练

请用本任务所提到的系统理论以外的其他理论（如精神分析理论、认知发展理论、行为主义理论等）之一，就某一具体案例做出分析。

模块二 / Module 2

02 个案工作

　　个案工作（Case Work）是指专业社会工作者采用个别化工作的方式对遇到困难和问题的个人或家庭加以详细的研究与分析，协助其适当地处理和解决这些困难和问题，以促进个人人格的健全发展和家庭生活调适的一种社会工作方法。

　　在实际工作中，工作者往往根据案主的不同特点和需求，以及工作者的个人专长与偏好来选择一种或多种工作模式，比如心理社会治疗模式、行为修正模式、理性情绪治疗模式、结构家庭模式，以及人本治疗模式。

　　个案工作的开展通常会遵循一定的程序，也称为个案工作的过程，包括申请与接案、诊断与预估、制订计划、实施计划、结案与评估五个阶段。

　　本模块用个案工作解析和个案工作开展两个项目予以介绍。

项目三　个案工作解析

> **项目概述**
>
> 　　个案工作是社会工作的一种重要方法，它在社会工作传统的三大直接工作方法中起源最早，而且是其他方法的基础。本项目要求学生了解个案工作的发展历史，熟悉个案工作的价值体系、基本原则和伦理守则，并能区分个案工作与其他助人工作的不同，掌握个案工作的具体模式。
> 　　项目包括：解析个案工作概念、区分个案工作与心理咨询、掌握个案工作模式。

背景介绍

　　个案工作是专业工作者遵循基本的价值理念、运用科学的专业知识和技巧、以个别化的方式为遇到困难的个人和家庭提供物质和心理方面的支持与服务，以帮助个人和家庭减少压力、解决问题、挖掘生命潜能，不断提高个人和社会的福利水平。

　　个案工作作为一项专业的助人工作，不同于以往随意性强、缺乏稳定性和专业性的个人慈善工作，也不同于其他把助人者视为专家、权威的助人工作，而是一种受专业价值观引导的、持续性的、专业的、与受助者地位平等的、重在挖掘和培养受助者能力，也为受助者解决具体困难的助人方法，其本质是助人自助。

任务一　解析个案工作概念

任务描述

　　个案工作是社会工作最先出现的一种工作方法，或者说，社会工作最初是以个案工作的形式出现的，指的是专业社会工作者采用个别化工作的方式对遇到困难和问题的个人或家庭加以详细的研究与分析，协助其适当地处理和解决这些困难和问题，以促进个人人格的健全发展和家庭生活调适的一种社会工作方法。那么，个案工作的构成要素是什么？个案工作的开展有什么作用或意义？这些正是本任务要阐述的问题。

任务实施

张某的案例

案主：张某，女，35岁，职员。

基本情况：案主在几个月前发现丈夫有了外遇，并与丈夫说了这件事，丈夫保证以后不再与情人来往。但不久，案主发现丈夫还是与情人保持着联系，因此想离婚，但又担心孩子会受到伤害。最近，案主的情绪低落，经常把自己关在屋子里，不停地流泪，见到剪刀、玻璃等尖锐的东西就想自杀。

【分析】案主发现丈夫有外遇，感受到自己在丈夫心目中的地位受到威胁；经协商后，丈夫表面答应不再与情人来往，背后却继续与情人来往，案主不能接受这件事情，同时感到自己在丈夫心目中的地位丧失，不敢面对现实，从而产生自杀的念头。

任务引导

（1）上面案例中，案主面临着哪些困难？

（2）个案工作者可以为案主做些什么？

事实上，婚姻家庭问题历来是经典的研究领域，在现代社会中表现得尤其突出，因为婚姻家庭问题而导致的个人生活适应困难（如本案例中张某有自杀的念头）更是比较常见。首先，个案工作者可以以张某的家庭（张某、张某的丈夫）为介入点，分析这个家庭的基本情况（如家庭成员构成情况、成员之间的关系情况、家庭经济情况，以及夫妇两个人在家庭中的地位等），弄清楚张某丈夫外遇的具体原因；其次，在必要的情况下，个案工作者还可以约见张某丈夫的情人，晓之以理；再次，个案工作者约见婚姻双方当事人，就双方的权利义务关系、家庭的责任等问题进行深入坦诚的交谈；最后，如果实在谈不拢，可协调相关资源，如请双方当事人生命当中的重要他人（父母、近亲属等）进行劝说，也不失为一种方法。

知识链接

1. 个案工作的构成要素

（1）个案工作的对象。

1）个人是个案工作的首要工作对象，但不是所有个人都是个案工作的对象，主要是指面临各种社会适应不良问题的个人，这些问题影响个人功能的正常发展或妨碍个人的成长。因此个案工作对象的主要特点是生活遇到困难，内心感到矛盾，甚至精神发展或行为出现偏差而无能力解决。

2）家庭也是个案工作对象。家庭相对于个人来说较为复杂。早期个案工作就是以那些遭遇贫穷或犯罪的家庭为主的，而现代社会的家庭问题比较复杂，如婚姻危机家庭、单亲家庭、空巢家庭和关系失调家庭。总之，家庭作为个案工作的对象，它的主要特征是家庭结构不完善或家庭内部成员之间的关系不协调而导致其不能或无法继续发展以适应社会生活。

在个案工作的辅导过程中,往往习惯把工作对象(即个人或家庭)称为案主。个案工作的独特服务对象也是个案工作区别于小组工作和社区工作的一个重要方面,小组工作的服务对象是一群人、一个小组,而社区工作的服务对象则是整个社区,它们都与个案工作不同。虽然社会工作出现相互融合的现象,但它们都有自己的侧重点。

(2)个案工作的主体。个案工作的主体是指接受过专业训练的社会工作者。他们必须拥有哲学、伦理学、社会学、心理学、法律等学科中关于人和社会的关系、人类行为与人际关系调整等方面的专业知识,还要有相当丰富的个案工作实践经验。因此,社会工作者要不断丰富知识、提高能力、参加实践和增强综合素质。

(3)个案工作的内容。个案工作的内容是指个案工作者所需解决的案主的主要问题。这涉及判断问题的标准,即什么样的问题才是工作者需要帮助解决的,而什么样的问题是案主自己可以解决的,什么样的问题是案主必须自己解决而工作者无法代替其解决的。

案主的问题往往涉及面非常广,不同类型的案主有不同的要求,同一问题在不同的案主身上会表现出不同的特征。在确定个案工作的帮助内容时,工作者不仅要考虑案主问题的类型和表现方式,还要综合考虑服务机构辅导的条件、时间及能力。

(4)个案工作的方法。个案工作的方法是指个案工作者在帮助案主过程中所采用的具体步骤和技巧。这种方法的专业性较强。例如,个案工作者和案主在建立初步良好关系的时候,要采用聆听、接纳和自我暴露等技巧。各种个案工作模式也是科学地观察和帮助求助者的方法,它与日常的生活经验不同,不是简单的感性经验的积累,而是以科学的假设为基础,具有严密的逻辑体系。但由于个案工作是一门实践性很强的学科,因此在选择运用工作模式的同时,工作者也要具备丰富的生活经验,这样才能科学地观察和分析案主的问题,并有效地帮助案主摆脱其面临的困境。

(5)个案工作的目标。个案工作的目标是指通过个案辅导工作希望受助对象达到的状态。它可从以下两个角度来阐明:

1)就服务对象而言,个案工作的基本目标是要协助那些社会适应不良和社会功能失调的个人或家庭,增进其生存和发展的能力。但是,这种助人目标的实现是以帮助案主能独立应对日后生活适应的挑战为前提的。因此,个案工作的基本目标,不是代替案主解决问题,而是助其自助,和案主一起寻求各种解决问题的途径和方法,使案主能自主决定并采取行动健全自己的人格、改变自己的行为,从而充分发挥其社会生活功能。基于此,有学者称,社会工作是"生命影响生命"的过程。

2)就工作者而言,个案工作的帮助目标是个案工作者进行具体辅导工作的指向,也是个案工作是否有效的判断标准。因此个案工作的目标不仅是案主自己的要求,同时也是个案工作者在理解案主问题基础上希望其达到的健康状态。由此可见,个案工作目标是在工作者与案主互动的基础上产生的,需要双方共同努力才能达到。在辅导过程中除了总的帮助目标(终极目标)外,通常还有子目标,即实现总的帮助目标的阶段目标。

2. 个案工作的社会意义

一个社会要稳定发展,除了通过社会控制对社会成员进行引导、约束外,还要大力强化社会工作的功能，发挥对社会成员的保障、援助作用，从而促进社会稳定。个案工作的目标在于改变个人或家庭，使其更好地适应社会。因而，个案工作在社会稳定中所起的作用更多的是体制的维护。个案工作通过解决社会微观层面的问题，消除社会不安定因素，维持社会秩序；通过预防社会成员新问题的产生使其免遭痛苦，从而使社会保持稳定状态；通过为社会成员争取权益来改善社会环境，干预和影响对社会成员不合理的公共政策行为，从而在客观上起到了避免由社会不公平问题所导致的社会矛盾的激化。

> **案例阅读** 刘某的案例
>
> 案主刘某，男，22岁，某大学学生。案主出生在我国西北部的一个小县城，幼年丧母，由父亲抚养大。案主的父亲是位农民，长年在地里干活，最大的希望是把自己的一对儿女培养成大学生。在县高中的三年里，兄妹俩学习非常刻苦，但第一次高考都失败了。由于家里的经济条件限制，再加上案主父亲得了慢性乙肝，最后只能让案主一个人继续复读，案主的妹妹则外出打工赚钱。第二年，案主考上了一所北方的大学。进入大学以后，案主学习非常刻苦，每天早晨很早起床，夜里熄灯后仍不休息。虽然案主学习非常努力，但成绩一直不好，而且与同学之间的关系也比较紧张。暑假回家，案主发现父亲的肝病进展成肝硬化，而妹妹由于在毛衣厂干活儿，经常咳嗽，他的精神压力变得更大。回校后，案主每天都要坐在床上，面对墙壁念念有词。由于案主耽误了学习，有四门功课不及格，收到教务处的退学通知，但案主坚决不退学，坚持要拿到毕业证。大年三十，案主埋头苦读，准备补考，虽然顺利通过了四科补考，但毕业时并没有领到毕业证。案主沮丧地回到自己的家乡，做什么事都提不起兴趣。
>
> 【思考】
> （1）阅读此案例后，你有何感想？
> （2）你如何看待刘某没拿到毕业证之后的生活态度？

> **课间休息**
>
> 给每位学生派发一张调查卡片，请学生在卡片上写下对个案工作的认识，由教师统一回收上来以了解学生的学习水平。

任务二　区分个案工作与心理咨询

> **任务描述**

美国芝加哥大学伊根教授把助人者分为四个等级：当我们发生问题、感受困难时，前来提供帮助的亲友、同事，甚至陌生人为四级助人者；帮助我们的医生、教师、上司等为三级助人者；指引我们的牧师、神父等为二级助人者；为我们提供专业帮助的心理医生、心理学家和社会工作者为一级助人者。伊根认为，四级、三级和二级助人者为非正式助人者，他们绝大多数没有接受过助人的专门训练，因此常常效果不佳或事与愿违。而作为一级助人者——专门处理人的社会、心理等问题的专业人员，必须接受专业知识学习和技能的训练。

可见，个案工作与心理咨询都是专业的助人活动。如此一来，有人就要提问了：心理咨询也是以个别化的方式帮助有需要的人，关注受助者的困难和问题的心理因素，强调对受助者的同感反应和情绪疏导。个案工作和心理咨询在工作理念、在具体的介入手段，以及介入的效果上，有何不同呢？这是本任务要阐述的问题。

任务实施

张女士的案例

张女士，43岁，高中文化，年前下岗至今仍未找到工作。张女士与其丈夫自由恋爱而结婚，感情尚可，育有一子，正在读高三。近三个月来，张女士时常感到心慌气短、食欲下降、夜不能寐，脾气也越来越暴躁，动不动就同丈夫吵架。经医院诊断，张女士患了更年期综合征，治疗了一段时间也未见好转。

【分析】张女士因为下岗，没有了经济来源，而其儿子正在读高中，家里正是需要钱的时候，其丈夫的收入也不高，张女士觉得自己帮不上忙，因此感到非常自责。张女士虽然一直积极找工作再就业，但因为年龄大了，文化层次较低，又不懂计算机应用，因此很难找到满意的工作，这让她十分焦虑。此外，张女士还经常同其丈夫吵架，认为他没本事，不能赚更多的钱，让老婆、孩子跟着受累。

任务引导

为了全面、准确地区分个案工作与心理咨询的差别，我们从以下几个层面来进行比较，并通过上述案例来探讨个案工作与心理咨询的不同，以使读者可以比较直观地了解什么是个案工作、个案工作做什么。

（1）视角不同。

1）着重点不同。心理咨询注重专业技术的精深，要求心理咨询师在咨询过程中达到技术的娴熟。个案工作也要求工作者掌握与案主沟通的技巧、建立关系的技巧和工作过程技巧，但个案工作的灵魂是价值理念，它更强调对人的尊重、接纳的价值理念和关怀的情怀。

2）对受助者问题成因的理解不同。心理咨询认为，来访者的困难与问题主要是由其个人的心理因素造成的，是因为来访者个人不同程度的心理问题或人格问题影响其个人心理功能的正常发挥，因此心理咨询就是要分析、诊断来访者的心理问题，对症治疗以解决来访者的问题。个案工作则把人放在情境中，注重对受助者问题成因的分析，不仅关注案主的个人心理层面，还关注案主的生理层面和生活环境层面等，更注重社会制度性的因素。

3）助人的方法不同。心理咨询的工作范围通常是在咨询室内，通过心理咨询师对来访者所呈现的问题进行心理因素的探索，帮助来访者解决问题，其分析模式是问题取向。个案工作的工作范围则要宽泛得多，不仅在会谈室进行一对一的沟通，个案工作者还经常去案主所在的家庭、社区、单位、学校等进行探访，为案主寻找和建立支持系统。个案工作的分析模式是能力取向，个案工作者通过挖掘案主的潜能，提高案主自己解决问题的能力。另外，个案工作者还善于利用资源，通过调动各种资源，进一步培养案主自主、自决及自助能力。

4）社会责任感不同。心理咨询只解决个人问题，不关注其他的诸如社会、政治等因素；个案工作有很强的价值关怀，是在坚持社会公正、维护弱势群体利益的基础上为个别案主提供服务。因此，个案工作很关注个人问题背后的权力关系，从社会公平、公正的角度关怀和维护弱势群体的权益，要求工作者拥有正义的立场和视角。

（2）介入方法不同。

就张女士的案例而言，心理咨询和个案工作有着不同的介入方法。

1）心理咨询的介入：用放松训练、行为疗法、认知疗法等消除其紧张、焦虑和自责感，提升其自我认知；用家庭疗法、认知疗法等改善张女士与其丈夫的关系。

2）个案工作的介入：一方面，个案工作者会关注案主的心理情绪问题，采用心理咨询的方法调适案主的情绪；另一方面，个案工作者会把案主放在其生活的情境中，考虑环境因素对案主问题的影响，因此介入方案也强调对环境的改善。例如，张女士因为缺乏参与再就业的竞争能力而无法顺利找到满意的工作，因此非常焦虑，如果只是单纯地消除其焦虑，很难产生作用，但若能帮助张女士提高就业能力、找到满意的工作，那么其焦虑便会不药而愈。这恰恰涉及个案工作最为独特的一种助人方式，即资源调动。个案工作者会根据案主的家庭情况，考虑是否帮助其申请城市最低生活补助，还会为案主争取一些下岗再就业的培训机会以提高其竞争能力。所有这些，并没有局限于案主的问题，而是通过资源调动和对案主的能力提升，恢复案主的自助能力。

另外，我们还将在"知识链接"环节通过对个案工作价值体系、基本原则和伦理守则的分析，加强读者对个案工作的本质和特点的了解。

知识链接

1. 个案工作的价值体系

价值观被视为社会工作的灵魂，它是构成社会工作专业守则的基础，也是社会工作者运用知识和技巧时需要秉持的标准。在社会工作界，普遍被接受的社会工作价值有两套：一套是戈登所提的，另一套是比斯台克所提的。

（1）戈登的社会工作价值。戈登的社会工作价值是作为哲学概念来加以陈述的，共有6个方面：

1）个人应受到社会的关怀。

2）个人与社会是相互依赖的。

3）个人对他人都负有社会责任。

4）个人除了具有人类共同的需要外，也有独特而异于他人的需要。

5）社会的基本特质，在于每个人的潜能都能充分实现，同时也假定了个人应通过社会参与而尽到社会责任。

6）社会有责任提供途径以消除个人自我实现的障碍，以便个人的自我实现得以完成。

（2）比斯台克的社会工作基本价值。比斯台克的社会工作基本价值包含9个方面：

1）人的潜能。人生而有不同的潜能，这些潜能包括生理的、理智的、情感的、社会的、美感的和心理的等。因此，除了社会上每个人的尊严和价值应被尊重之外，社会福利服务也应注重社会功能中人的潜能的存在。

2）人的责任。人有与生俱来的动力和责任以实现其本能。因此，个人应发挥潜能以实现社会功能，从而完成自我实现。

3）人的权利。人有权利以适当的方法完成自我实现，但这些方法必须是建设性的，而且也是与目标相关的。

4）人的基本需要。据人类学家的泛文化研究结果，证明所有人都有其基本的人性需要；自我实现必须通过潜能的发展和成长过程才能完成；本能性需要的满足及和谐的成长，必须依靠社会所提供和保护的机会，才能得到保障。

5）人的社会功能。人的社会功能对于完成自我实现是非常重要的，因此应促使社会上每个人的社会功能得以发挥。

6）社会的责任。社会有责任帮助个人完成自我实现，因而社会必须建立和维持公正、公平的秩序，并且培育与自我实现有关的条件和资源。

7）社会的权利。社会有权利要求每一个人贡献自己的力量，以促进社会的健全和繁荣。

8）个人对社会的责任。作为社会成员之一，每个人都有义务在自我实现过程中对公益有所贡献。社会工作的任务是促进案主的健康发展，以便他们能够对社会有所贡献。

9）人的自我抉择权利。人有自我选择的能力，因而在完成自我实现义务的过程中，人应有自我抉择的权利。自我抉择是培养责任、促进成长和实现自我的必要途径。

2. 个案工作的基本原则

个案工作者要真正达到助人的目标，必须考虑案主在求助过程中的基本心理需求，才能行为适当，达成良性的互动关系。比斯台克把案主在个案工作中的基本心理需求归纳为7种，而个案工作的基本原则正是为了满足案主的这些需求，为个案服务提供指导。

（1）个别化原则。个别化原则是指将案主看成独特的个人，重视案主对待困难和问题的个人感受与看法。这一原则要求工作者认同和了解每个个案的独特性，并运用不同的方法来帮助案主达成较好的适应。

（2）接纳原则。接纳原则是指个案工作者理解和看待案主如真正的他，包括他的长处和弱点，他的适宜的和不适宜的品质，他的正面的和负面的感受，他的建设性的和非建设性的态度与行为，完全保持案主与生俱来的尊严和个人价值。当前来求助的案主与个案工作者在性别、年龄、种族方面不同时，工作者能否接纳案主就要经受重大考验。但接纳并不等于赞同，给予接纳并不意味着工作者不评估案主的行为或不阻止其破坏性行为，而是将其价值观与行为分开，"对事不对人"地去理解案主。

接纳具有对个案工作者和对案主的双重功能。首先，接纳能帮助工作者真正理解案主，能使其工作更有效；其次，接纳能帮助案主从"不想要"的防卫中解脱出来，使其能安全地表达自己，因而能用更为现实的方式面对自己和自己的问题。当然，要真正做到接纳并不容易，通常会出现以下情况，从而阻碍工作者对别人的接纳：

1）不能接纳自我。接纳他人的主要障碍之一来自工作者内在的自我。接纳他人的能力反映出个人接纳自我的水平。比如，当工作者遇到一位深深受困于自己容貌、认为自己太胖、缺乏吸引力的案主时，倘若工作者也是一个不满意自己的身材、一直都在努力减肥的人，那么工作者如何接纳案主呢？

2）以自我为中心。当一个人把自己作为衡量一切事物的标准时，就容易把自己的判断和感受强加到别人身上。一个有高度接纳能力的人更能够体谅他人。此外，以自我为中心还表现为凡事都认为自己是正确的，这样的人喜欢去评判别人行为的好与坏。

3）偏好和偏见。来自不同的家庭、社会阶层，接受了不同的教育的人，难免会有个人偏好和偏见。然而，我们可以用一些方法来减少自己的偏好和偏见。首先，我们必须意识到自己可能有的偏好和偏见，并对此保持警惕；其次，我们必须持开放的态度并进行自我反省，这样我们的信念就能被检验和再检验；最后，我们必须通过不同的方式获得更多的知识，以便拓宽视野，避免狭隘。

（3）承认的原则。承认案主作为一个人的价值、他的发展潜能，以及改变的能力。社会关系适应不良的人常受指责并倾向自责，以致自我形象非常低劣，对自己的能力疑虑重重，经常表现出过分的敏感与自卫，尤其忌讳被人看成无用或失败的人。因此，个案工作者不能以轻视、反感、责备的态度对待案主，而应对案主持尊重的态度，帮案主从防卫中解脱出来，以更切实的方法来面对自己和处理自己的问题。

（4）理解关怀的原则。在个案工作中，工作者需要适度的情感介入。工作者如果不投入一点感情，肯定会表现出冷淡、冷漠与例行公事的态度。这种冷冰冰的、置身事外的态度是无法达成助人功效的。案主常常希望自身感受或表达的情感，能获得工作者的了解、支持与共鸣。工作者真诚的关心与期望给予案主心理上的支持，加强其安全感与信任感，是促使案主改变的动力。

（5）非批判的原则。工作者的角色是了解和帮助案主，而不是对案主做出是非对错的评判。评判的态度也是审批的态度，其目的是得出某种价值判断，这会引起案主的紧张，从而阻止他的自我表达。因此，工作者必须以非评判的态度了解案主及其问题，在适当的时候向案主说明工作者的工作是帮助他／她，而不是审视他／她、评判他／她、给他／她下结论。这有助于案主客观地正视自己的问题，并做出建设性的改变。

（6）案主参与及自决的原则。个案工作要取得成效，离不开案主的积极参与。个案工作不是包办代替，而是助人自助。与提供物质帮助相比，帮助案主建立适当的人格、感情与行为模式是更重要的。从这个意义上说，个案工作的真正目标不是外在的，而是内在的，所以只有案主积极参与，才可能真正产生功效。如果工作者只是一味地替案主想、替案主做，不但不利于案主问题的解决和能力的提升，还会增强案主的依赖心理，使其丧失自尊心。

案主自决是指案主有自由选择、决定的权利和需要。这一原则植根于能力取向的观点，它反映的信念是案主有能力成长和改变。工作者只是帮助的提供者，而非救世主、裁判员，对于是否愿意接受帮助，以及希望接受怎样的帮助，必须由案主自己决定，工作者处于分担、支持、提示的地位，可以告诉案主如何获得帮助，但该建议是否被采用则由案主自己决定。即使案主有放弃、逃避或推卸"自我决定"的倾向，工作者也应尽力使其恢复自我选择的能力。

不过案主自决并不是绝对的，比如当案主的决定可能侵犯他人的权利，或案主因为生理、心理或精神状况不适合做某项决定时，工作者应考虑限制案主的自决权。

（7）保密性原则。保密性原则是指保守与案主有关的、在助人过程中透露给工作者的秘密资料。保守秘密能使案主愿意透露生活中的隐私部分，而不必害怕万一泄露出去，自己的声望和地位受损。保密的方式包括不向他人透露案主的姓名、资料，不向他人提及会谈的过程及内容，不让外人旁观。另外，还需要注意避免让不同的案主在等待约谈时碰面。

社会工作项目档案管理实务

此外，保密原则也有限制，基于行政、专业、法律上的一些原因，工作者可能需要向相关的部门和个人分享、提交某些资料；不过对于这些，工作者也需要向案主告知获取资料的目的，以及怎样使用这些资料。

3. 个案工作的伦理守则

社会工作伦理是社会工作依其哲学信念和价值取向发展而成的一套伦理实施原则，是社会工作者用来表征专业特征并指导其行为的一组道德准则或标准，是引导与限制助人活动的依据。社会工作伦理守则是一套指导专业人员从事专业活动的道德指引，它通常是由专业共同体（如专业协会）来制定的，并要求所有专业人员遵照执行。个案工作作为社会工作的三大直接方法之一，其实践同样要遵守社会工作伦理。

社会工作专业伦理守则的国际惯例主要包括6个方面。

（1）社会工作者对待案主的伦理责任。对案主的承诺、案主自决、案主的知情同意、服务的付费、服务的终止等方面需要有明确的规定。同时，涉及利益冲突、隐私与保密方面也要进行详细的阐述。

（2）社会工作者对待同事的伦理责任。可以从以下几个角度进行详述：对同事的尊重、向同事咨询、学科间的合作、转介服务、同事能力不足时应如何做等。

（3）社会工作者对待机构的伦理责任。首先，个人要有督导和咨询的能力以及在为他人提供督导和咨询时应注意哪些内容，这些方面都需要有明确的说明；其次，在对雇主的承诺、劳资争议等方面的内容也需要完善。

（4）社会工作者作为专业人员的伦理责任。社会工作者个人的能力、个人问题对工作的影响、社会工作者个人措辞等方面的内容需要进行制定和补充。

（5）社会工作者对待社会工作专业的伦理责任。需要对专业的使命和承诺进行概述，在评估和研究方面要进行具体的阐述，如考虑可能产生的后果、评估和研究时应注意的问题等。

（6）社会工作者对待社会的伦理责任。对促进社会进步与社会和谐的目标进行具体化，如增强社会福利、促进公共参与、应对公共紧急事件，以及社会工作者在参与社会和政治活动时所应注意的问题等都需要加以解释。

可是具体到个案工作实践中，社会工作伦理守则是一个系统，必然包含很多次系统，因而系统和次系统之间、次系统和次系统之间，难免会发生优先性冲突。在实际工作中，社会工作者可能会遇到如下的伦理难题：告诉案主真实情况与保护案主的矛盾；法律、法规、政策与治疗目标之间的冲突；保密和特殊知情权的冲突等。因此，我们提供一个伦理守则的等级次序，如图3-1所示，给个案工作者提供一个指南，在两个或更多的道德准则发生冲突时使用。

图 3-1　社会工作伦理守则的等级次序

伦理守则1：保护生命

这一守则适用于所有人，既包括保护当事人的生命，又包括保护其他所有人的生命。这一守则高于所有其他义务。

伦理守则2：平等与差别平等

这一守则提出所有人在相同的条件下应该得到同样的对待，即同等情况下有权得到平等对待。同时，如果不平等与有待解决的问题有关，不同情况的人应该有权得到区别对待。

伦理守则3：自主和自由

社会工作者的实际工作决定了应当培养个人的自决、自主、独立和自由。尽管自由高度重要，但是也不能超越个人或其他人的生命权或生存权。一个人无权基于自己有自主决定权而伤害自己或他人。当有人要这样做的时候，社会工作者有义务加以干涉，因为伦理守则1要比这一原则有优先权。

伦理守则 4：最少伤害

这一守则认为，当面临的困境有造成伤害的可能性时，社会工作者应该避免或防止这样的伤害。当不可避免会伤害到与问题有牵连的一方或另一方时，社会工作者应该永远选择造成的伤害最小、带来的永久性伤害最少和伤害最容易弥补的方案。

伦理守则 5：生活质量

社会工作者选择的方案应该推动所有人，推动个人及社区公众有更好的生活质量。

伦理守则 6：隐私和保密

社会工作者的实际工作决定应该加强每个人的隐私权和保密权。专业人员有责任在尽可能与法律上的要求和当事人的意愿保持一致的情况下，保护当事人和工作对象群体的隐私。然而，如果披露资料能够防止对他人造成严重的暴力伤害的话，保密就不是神圣不可侵犯的原则。

伦理守则 7：真诚和毫无保留地公开信息

社会工作者的实际工作决定应该能让自己讲实话，能向当事人和其他人充分披露所有相关信息。社会关系和专业关系要有信任才能保持良好状态，而信任反过来又以诚实待人、处事的方法为基础，它能让人把意想不到之事的影响降到最低限度，这样相互的期许一般就都能实现。

> **案例阅读**
>
> **案例1**
>
> 王阿姨近期被确诊为癌症，他的儿子希望医务社会工作者向王阿姨隐瞒病情，因为她曾流露过如果得了癌症就放弃治疗甚至轻生的念头。但在病房探访中，王阿姨不断请求社会工作者告诉自己真实的病情。王阿姨认为自己有获得真相的权利，现在所有人都在欺骗她，她只相信社会工作者。
>
> 如果你是社会工作者，你要怎么做呢？你是尊重王阿姨的知情权和自决权，马上向王阿姨告知其真实病情；还是遵守与王阿姨儿子的保密约定；或是从保护王阿姨的自身利益出发，决定不告知其真实病情呢？
>
> **案例2**
>
> 三个月前，社会工作者推荐服务对象阿强参加了技能培训课程，阿强各方面表现都非常好。但是最近社会工作者发现阿强经常迟到、旷课、精神萎靡不振。在社会工作者一再追问下，阿强承认自己一个月前又开始网络赌博，他表示已开始努力改正，而且也很有成效了。阿强希望社会工作者为其保守秘密，不要告诉其母亲，也不要向公安机关报告。
>
> 如果你是社会工作者，你要怎么做呢？是替阿强保守秘密，督促其改正；还是告知其母亲，一起监督阿强；或是向公安机关和其他相关部门报告呢？

案例3

服务对象小张因车祸身受重伤，在伤后参与了康复训练。康复训练前期小张能够很好地按照康复师的要求完成康复训练。但是，突然有一天，小张对社会工作者说："现在这样的生活太辛苦了，我想活得轻松一点。"之后他就开始不按约参加康复训练，在训练中拒绝难度大的康复训练。小张的家人找到社会工作者希望其能帮助小张调整心态、克服困难，早日完成康复，减轻家庭负担。小张则希望社会工作者能够帮助自己与康复训练师沟通降低康复训练难度，使自己训练得更轻松一些，也希望家人不要给自己这么大的压力。

如果你是社会工作者，你要怎么做呢？是按照小张家属的意愿为其提供辅导？还是协助小张减少各方面的压力呢？

【思考】

请根据个案工作伦理守则的相关知识来分析上述三个案例，并思考社会工作者在此情形下应该如何抉择。

课间休息

与同学探讨，个案工作与心理咨询还有什么不同？

任务三　掌握个案工作模式

任务描述

个案工作模式是个案工作者针对某个服务对象开展专业服务、设计专业服务流程和方法的重要依据。个案工作发展至今，总结、提炼出许多治疗模式，每一种治疗模式都有其独特的哲学前提、理论基础，以及许多独特的处理技术和方法。在实际工作中，工作者往往根据案主的不同特点和需求，以及工作者的专长与偏好来选择一种或多种治疗模式。每种治疗模式都有其特点和适用范围，在本任务中，我们将简要介绍心理社会治疗模式、行为修正模式、理性情绪治疗模式、结构家庭治疗模式，以及人本治疗模式这几种常用的治疗模式。

任务实施

林某的案例

林某，男，1981年10月出生，大学肄业，未婚。父亲在2001年离家出走（原因不明）。之后三个月左右，其母亲（下岗工人，享受低保）和邻居开始同居，且其母亲经常与同居者在麻将桌上搭台骗取钱财。

林某从小品学兼优,是父母的骄傲,也是邻居羡慕的对象。父母也一直相处融洽,一家三口日子过得不错。由于2001年案主父亲的突然出走和不久后母亲与邻居同居且合伙骗取钱财,案主遭受了多重打击,丧失了奋发向上的动力,没有继续进行大学学习而导致肄业。大学肄业之后,他无法找到合适的工作;在家里,与奶奶的关系又十分紧张,两人经常争吵。

家庭破裂使案主对人性失去了信任,觉得连自己的父母都抛弃了自己,世界上没有一个可以信任的人了。另外,案主的自尊心在这一连串变故之后受到了极大伤害,让他产生了自卑情绪,觉得自己遭受了极大的失败和挫折。通过与案主多次接触交谈,工作者发现,案主外表看起来虽然开朗,但内心非常孤独,渴望别人的理解和肯定,需要他人的情感支持和情绪激励。

【分析】我们运用心理社会治疗模式,从以下几个方面着手分析该案例:

(1)改善案主的自我认知。经过一系列的家庭变故(父亲离家出走、母亲的诈骗行为)以后,林某产生了自卑情绪,尤为严重的是,林某对人性失去了信任。这些自我挫败的认知明显地影响到案主的精神状态,从而也影响了其行动。所以,工作者首先需要帮助案主学习改善自我。

(2)改善案主和家人之间的沟通状况。家庭应该是案主改变的巨大动力,也是其情感支持的强大后盾。工作者可以尝试让林某改善与其奶奶的关系,也可以尝试改变其他家庭成员,如劝说林某的母亲改变现在的行为方式。

(3)改善案主的人际交往状况。一方面,工作者要鼓励案主多与邻居、亲戚、朋友等交往;另一方面,工作者也应该说服案主的邻居、亲戚、朋友等多关心案主,与案主保持良好的关系,使他能在融洽、和谐的社区生活中,体会到大家的温暖。

任务引导

(1)如果你是负责上述案例的个案工作者,你将采用何种个案工作模式?
(2)阐述你的介入计划及介入过程。

知识链接

1. 心理社会治疗模式

心理社会治疗模式是个案工作最常采用的传统治疗模式之一,其基本原理与技巧对其后出现的其他治疗模式都有相当大的影响。心理与社会学派注重借助"人在情境中",把心理因素和社会因素结合起来帮助求助者,重视求助者自身的潜能和价值,认为个案辅导的目标就是要帮助求助者认识、开发自己的潜能,使求助者能够按照自己的价值做出更为合适的选择。它综合了许多相关理论,形成自己独特的理论逻辑体系。其理论假设的核心主要包括以下几个方面:

（1）对人性的假设。心理社会治疗模式认为个体的发展受到生理、心理和社会三个方面因素的影响，它借用了系统理论"人在情境中"的概念，把求助者放到一定的社会环境中去认识，通过了解求助者所处的环境把握求助者的问题。它认为人与环境是一个互动的体系，人是在特定的环境中生活成长的，人所遭遇的问题也是在人与环境的互动中产生的，所以只有结合人与环境的互动，即考察"人在情境中的状态"，才能真正理解人的行为。

（2）对求助者问题的假设。心理与社会学派受心理分析的影响较大，一方面认为人的行为的失调与障碍，往往是其内在的人格缺陷与自我不完善的外在表现，所以必须理解人的外在行为的内在心理机制，才能有的放矢地矫正不良行为，真正解决问题；另一方面特别重视人的早年经历，认为在人的早年经历中隐藏着当事人问题的原因，以及解决当前问题的契机。

（3）对人际沟通的假设。心理社会治疗模式对人际沟通十分重视，认为它是保证人际互动有效进行的基础。心理社会治疗模式强调，人际沟通会影响求助者的家庭关系和求助者的社会角色的扮演，对求助者的超我和自我的形成也起着十分重要的作用。因此，心理社会治疗模式重视从人际交往角度观察人的问题，重视在人际交往中改善人的问题。同时，它还特别强调建立专业关系的意义，认为良好的专业关系将为案主提供新的人际交往的经验，有助于案主的成长。

（4）对求助者价值的假设。心理社会治疗模式认为，每个求助者都是有价值的，他们都具有发展自己的潜能，只是未被开发而已，因此开展心理社会治疗工作的目的就是挖掘求助者的潜能，使求助者健康地成长。

心理社会治疗模式的治疗技巧分为直接治疗技巧和间接治疗技巧。所谓直接治疗技巧是指直接对服务对象进行辅导、治疗的具体方法，根据工作者与服务对象的沟通状况又分为非反思性直接治疗技巧和反思性间接治疗技巧。前者是指工作者直接向服务对象提供各种必要的服务，而服务对象只处于被动服从位置的各种辅导技巧，主要包括支持、直接影响和探索-描述-宣泄等。这种辅导技巧不关注服务对象自身感受和想法的反应。后者是指工作者通过与服务对象沟通交流，引导服务对象正确分析和理解自己的问题的各种技巧，比较关注反映服务对象内心的感受和想法，主要包括现实情况反思、心理动力反思和人格发展反思等。所谓间接治疗技巧则是指通过改善周围环境或辅导第三者间接影响服务对象。常用的技巧包括维持、直接影响、探索-描述-宣泄和现实反思等。

2. 行为修正模式

行为修正模式把治疗的目标集中在可见的问题行为，探讨求助者不良行为产生的外部条件、机制，以及具体发展过程，以便指导求助者调整或矫正不良的行为方式，更好地适应外部环境。行为修正模式看重科学化的评估和介入方法，更执着于治疗效果的可量度性。

（1）理论假设。行为修正模式的理论基础包括三种学习理论：

1）经典条件作用理论，主要研究外来刺激和个人反射性反应的连接。反射性反应如眨眼、分泌等，都是非自发行为。

2）操作性条件作用理论，主要研究说话、走路、吃饭等自发性行为与操作性学习的关系。

3）社会学习理论，强调人的行为由行为、认知和环境三者交互影响而成。

这三种理论都具有以下共同特点：以行为为理论研究的中心，以学习作为核心概念，强调外部环境在行为习得中的作用，注重可观察和可测量。

（2）治疗方法。行为修正模式的治疗技术发展比较完备，在此我们简要介绍几种常见的方法。

1）放松练习。求助者通过身体放松缓解生理和心理的各种紧张、焦虑。常见的是一种渐进式紧张-松弛放松法，即先让求助者身体的某组肌肉紧张，以了解紧张的感受；然后让求助者放松这组肌肉，并同紧张状态比较，体会放松的感觉；再通过几次紧张和放松的练习，使求助者逐渐能自觉放松这组肌肉。

2）系统脱敏。系统脱敏主要用于消除如社交恐怖、广场恐怖、考试焦虑等各种恐惧症状，是行为修正模式的一项重要技术。具体方法为先确定求助者的焦虑层次，并让求助者学会放松练习，让求助者在放松状态下逐渐靠近、接触恐惧对象，这样就可以抑制或消减求助者的焦虑反应。

3）满灌疗法。满灌疗法又叫暴露法、快速脱敏法，是指让求助者直接处于最严重的焦虑状态中，直到其焦虑症状消除。不过这种方法会给求助者身心造成极大的压力，不适用于身体虚弱、承受力较低的求助者。

4）厌恶疗法。当求助者出现一个不适应行为时，就呈现如药物、电击、想象等厌恶性刺激，使求助者的不适应行为与厌恶性反应建立联系。这样求助者就会逐渐回避或放弃不适应行为。

3. 理性情绪治疗模式

理性情绪治疗模式由美国心理学家艾利斯在1955年创立。与行为修正模式关注外界环境对个体行为塑造的影响并着力于修正问题行为不同，理性情绪治疗模式认为人的问题的产生源自非理性的信念，并且这对求助者的行为起着重要作用，所以仅从行为上进行矫正无法改变人的非理性信念，也无法消除外部行为的内在不良动机。因此，理性情绪治疗模式的辅导重点都在澄清非理性信念，并建立起新的理性信念上。

（1）理论框架。理性情绪治疗模式对求助者心理失调的原因和机制进行了深入的研究，并将研究结果概括为ABC理论。A代表引发事件（Activating Events），是指助者当前遇到的、对其产生了影响的事件、思想、感受、行为、回忆等。B代表求助者的信念系统（Beliefs），是指求助者对引发事件的认知和评价，可以是理性的，也可以是非理性的。C代表引发事件之后出现的各种认知、情绪和行为结果（Consequences）。

理性情绪治疗模式认为，求助者的认知、情绪和行为结果并不直接由引发事件而导致，而受到个体信念因素的影响。如果求助者根据自己的非理性信念看待引发事件，那么就会导致求助者的不良情绪和行为。因此，有效的帮助就是对求助者的非理性信念进行质疑，可以通过争辩（Disputing）来表示，由此协助求助者克服非理性信念，最终消除其情绪和行为困扰，形成有效的理性生活方式，达到产生新的情绪及行为的治疗效果（A New Emotional and Behavioral Effects）。

（2）非理性信念。艾利斯认为非理性信念具有抽象化、绝对化和普遍化的特点。抽象化是指求助者将具体环境中得出的特定认识概括为一般准则；绝对化是指求助者对自己的要求过高，希望自己的生活完美无缺、无可挑剔；普遍化是指求助者把自己对某件或某些事物的看法概括为所有事物的普遍特征。具体来讲，艾利斯提出了11种非理性信念。

1）我们绝对需要每一位生活中的重要人物的喜爱或赞许。

2）一个人应该在各方面，至少在某一方面有成就、有才干，这样才会是有价值的人。

3）有些人是卑劣的，他们应该为自己的恶行受到严厉的责备和惩罚。

4）如果遇到与自己希望不一致的事情，就认为很糟糕。

5）人的不快是由外在环境原因造成的，人无法控制自己的悲伤和情绪困扰。

6）常担心危险或灾难性事件的发生。

7）逃避困难和责任比面对它们更容易。

8）人应该依赖别人，而且需要依赖一个比自己强的人。

9）人的行为受到过去经验的影响，只要一件事情对求助者产生了影响，这种影响就会持续一辈子。

10）应该对别人的困难和情绪困扰感到不安。

11）对于任何一个问题，都应有正确的、完美的解决方法，如果找不到，就会很糟糕。

（3）辅导过程和方法。理性情绪治疗模式以帮助求助者改变非理性信念为中心形成一套较完整、明确的辅导方法，具体包括以下三个方面的内容：

1）明确辅导要求。在求助者接触理性情绪治疗模式的开始阶段，工作者除了要同求助者建立良好的专业关系外，还要向其介绍理性情绪治疗模式的特点，使其意识到导致自己情绪、行为困扰的因素并非具体的引发事件，而是自己的非理性信念。

2）检查非理性信念。当求助者认识到自己的困扰来自非理性信念时，接下来工作者就要鼓励求助者寻找他的非理性信念，并帮助其理解这些非理性信念与具体的情绪、行为困扰之间的联系。

具体来讲，可以采用4种方式来检查求助者的非理性信念。一是反映感受，通过求助者描述自己的情绪和行为困扰，表达自己的各种感受，从而识别其背后的非理性信念。二是角色扮演，通过让求助者扮演特定的角色，体会当时场景中的情绪和行为，了解非理性信念，工作者帮助其分析各种困扰与非理性信念之间的关系。三是冒险，是指让求助者做自己担心害怕的事，从而使其各种非理性信念表现出来。四是识别，是指工作者根据非理性信念的特征帮助求助者分析、认识和辨别其非理性信念。

3）与非理性信念辩论。发现非理性信念后，工作者就需帮助求助者同这些非理性信念进行辩论，让其认识到它们的不合理之处及危害，并鼓励求助者摒弃这些非理性信念，采取积极的行动改变现状。

与非理性信念进行辩论的方法有很多，主要包括8种：一是辩论，是指工作者帮助求助者对自己的非理性信念的不合理之处进行质疑，动摇非理性信念的基础。二是理性功课，即工作者给予求助者各种学习理性信念的机会，尤其是帮助求助者改变"应该……""必需……"等非理性信念的语言模式，使其形成理性的思维方式。三是放弃自我评价，即鼓励求助者放弃用外在的标准评价自己，逐渐消除非理性信念的影响。四是自我表露，是指在辅导过程中，通过工作者表露自己的感受来使求助者观察和学习理性的反应方式。五是示范，是指通过工作者具体的示范行为，让求助者理解和掌握理性的行为方式。六是替代性选择，是指工作者鼓励求助者尽可能地多想象不同的生活方式，引导求助者比较这些不同的生活方式，从中找出最为合理的理性情绪和行为反应模式，并以此替代原有的非理性生活方式。七是去灾难化，是指让求助者尽可能设想最坏的结果，从而使其非理性信念暴露，让其意识到，事实上自己的处境并非像自己认为的那样糟糕。八是想象，是指求助者通过想象自己的困扰处境，体会自己的紧张情绪和不合适行为，然后设法克服它，形成理性的反应方式。

4. 结构家庭治疗模式

结构家庭治疗模式由萨尔瓦多·米纽秦（Salvador Minuchin）于20世纪60年代初创立。它假设个人问题与家庭的动力和组织有密切的关系，改变家庭动力与家庭组织的过程，可以改变个人及家庭。它的目标不是直接去解决问题，而是改变家人的交往方式使家庭的功能得以发挥，由此解决困扰家人的问题。要了解结构家庭治疗模式，应先了解以下一些基本概念。

（1）家庭系统。家庭是一个系统，由家庭成员组成。在系统中，每个家庭成员有其特定的角色与功能，他们彼此依赖、互相影响。作为整体的家庭有着超越家庭成员的结构，这个结构反映的是家庭成员的交往与关系，而不是家庭成员个体的特质。所以结构家庭疗法认为，单独地了解每一个家庭成员，并不能达到对家庭的了解，只有通过观察家庭成员的具体交往过程，才能真正了解家庭成员的关系与相处方法，才能从整体上把握家庭的结构。

（2）家庭结构。家庭结构是指由家庭成员朝夕相处，慢慢形成的一些习惯和规则，这些规则管束、组织或指引家庭成员依照固定的方式去相处。家庭结构包括次系统、边界、角色和责任分工，以及权力架构。

1）次系统。在家庭大系统中，因功能、代际的不同可分成较小的系统，叫次系统，如夫妻次系统、亲子次系统等。通常系统由多个次系统组成，而一个次系统包括了数个成员。

2）边界。家庭作为一个系统有其边界，使它与周围的环境分隔开来。同时家庭次系统也有边界，边界的存在决定了次系统内成员之间、次系统成员与其他成员之间的角色、分工与权利义务关系。如果家庭内没有边界，那么在分工上就会出现混乱，家庭无法发挥正常的功能；而如果家庭内次系统的边界过分强化，次系统之间就完全隔离，也无法正常发挥家庭功能。因此是否存在边界及边界的渗透性，是结构家庭治疗模式所关心的。

3）角色和责任分工。每个家庭成员在家庭中都承担着特定的家庭角色，承担着不同的责任与权利义务。同时，家庭还必须弹性地帮助其他成员完成责任。当家庭遇到变故时，家庭成员必须相互适应、重新分配角色，以确保家庭的正常运作。

4）权力架构。家庭的权力架构是指家庭中谁做决定、怎样做决定，谁是支配者、谁是被支配者等。家庭应当有清楚及称职的权力架构。

（3）病态的家庭结构。上文简述了家庭结构的相关概念，而造成家庭成员问题的原因通常是不良的家庭结构。

1）纠缠与疏离。若家庭各次系统的边界不清，该封闭的地方不封闭，该开放的地方不开放，时间长了会导致家庭角色、分工和权力混乱，造成家庭成员的问题。

2）联合对抗。纠缠与疏离往往使家庭中某些成员结成同盟，而与其他成员相对疏远甚至对立。当发生冲突时，结成同盟的成员会不分青红皂白地一味维护本同盟的成员，即联合对抗。

3）三角纠缠。有时家人并不直接向对方表露敌意，而是借批评另一成员去打击"敌人"，好比"指桑骂槐"。

4）倒三角。在核心家庭中，通常家中权力掌握在父母手中。可是一些家庭因父母不和或性格软弱等，导致形成子女支配父母的局面，即倒三角。

（4）介入方法。结构家庭治疗模式的辅导过程包括连接、评估和介入三大环节，它们是同时进行的。

1）进入家庭、连接家人。家庭的结构是结构家庭治疗模式关注的核心，但结构并不能直接被观察到，而是在家庭成员的日常生活交往方式中表露出来。因此进入家庭、连接家人就是指工作者进入案主家庭中，接触家庭的每一位成员，通过接触去感受对方对他的接纳与反应。工作者在连接的过程中临时变成家庭系统的一分子，需要适应、接纳该家庭的规则，还要注重了解家庭的交往过程与关系，而不是关注家庭成员的谈话内容。

2）评估。工作者需要对家庭的形态和结构（如家庭大小、家人的受教育程度、工作性质、社会阶层、家庭的特有文化、价值观、次系统之间的边界、权力架构等）、家庭系统的弹性、家庭系统的回馈、家庭生活的环境、家庭生命周期、家庭成员的症状与家庭交往方式之间的关系六大方面进行评估，以搜集足够的资料去了解整个家庭功能失调的地方。

3）介入。介入与评估通常是一起进行的，通过对家庭功能失调的评估，工作者与家庭共同制定辅导的目标。通常，结构家庭治疗模式有三大介入目标，即改变家庭的看法、挑战家庭的结构和挑战家庭的世界观。

5. 人本治疗模式

人本治疗模式由美国心理学家卡尔·罗杰斯（Carl Rogers）创立。他认为人之所以会产生困扰在于不能够接纳自我，因此人本治疗模式辅导的重点在于解除求助者的心理防御，提升其自我概念，接纳自我。罗杰斯认为"良好的辅导关系本身就具有治疗的作用"，该模式与以往的个案工作模式不同，它不注重工作者的具体辅导技巧，而以创造良好的辅导关系为中心。因此，人本治疗模式的辅导技巧有以下特点：

（1）注重工作者的品格和态度。罗杰斯认为，工作者要对求助者表达同感、真诚和无条件的爱，全身心地与求助者交流，才能为求助者创造一个安全、温暖、可信任的氛围，促进他们的自我发展。

（2）强调个案辅导关系。罗杰斯对如何与服务对象建立积极有效的辅导关系进行了专门的研究，认为需要具备真诚、同感和无条件的关怀这三项充分必要条件，包括6个方面的内容：

1）表里如一。工作者应做到自己的意见和态度与实际感受一致，这样才能让求助者体会到工作者的真诚。

2）不评价。工作者在辅导过程中应持中立态度，不以自己的价值标准来评判求助者的感受和行为。

3）同感。工作者放下自己的价值观，把自己置于求助者的处境，设身处地地体会求助者经历的各种感受和内心冲突。

4）无条件的接纳。工作者应尊重求助者，对其采取接纳的态度。

5）无条件的爱。承认求助者存在的价值，无论其表现如何，工作者都需要给予真正的关心和尊重。

6）保持独立性。使求助者作为独特的个体，保有其独立性；要他们开发自己的潜能，而不是依赖工作者或是其他人。

（3）注重个案辅导过程。人本治疗模式非常注重辅导过程，认为借助具体的辅导过程，工作者能与求助者进行真诚的沟通交流，让求助者体会此时此地的各种内心冲突和不安，了解自己真实的需要，发挥自己的潜能。

案例阅读　赵某的案例

赵某是某重点中学高二的寄宿学生，近段时间常因逃课、不交作业、上课睡觉等行为，被老师请家长。赵某小时候父母离异，后父母均再婚组建家庭并到外地工作，赵某一直与外公外婆生活在一起。父母每月会按时给赵某寄来生活费，也基本满足赵某提出的各种要求，不过都因工作繁忙，很少和赵某见面，平时只是偶尔电话联系。

赵某被请家长后，因父母都不在身边，赵某的父亲只好像往常一样委托赵某的叔叔K先生前去学校。每次K先生去学校后，赵某看到他的第一句话都是："我爸爸到底在做什么啊？他真有这么忙吗？难道他连来看看我的时间都抽不出来吗？"K先生也只能替其父解释，并教育赵某要好好学习。不过，近日来赵某更是因为夜不归宿、考试交白卷等行为被频繁请家长。后经学校社会工作者介入，了解到赵某其实是因为很想念父母，所以才出此"下策"，希望用那些表现引起老师的注意，让老师通知家长来校，这样他就可以见到父母了。

【思考】

请结合上述几种个案工作模式，分析以上案例：

（1）赵某面临着哪些困境？他为什么会面临这些困境？

（2）如果你是个案工作者，你将采用何种模式介入该案例？

课间休息

把学生分成4人小组,讨论在以上案例中,个案工作者可以选用什么工作模式为赵某提供服务。

拓展训练

个案工作者在个案工作过程中的下列观念、言语、表情、动作,你认为是否恰当?简要说明理由。

(1)个案工作者最重要的是他的专业知识,至于其他,都是次要的。

(2)我比案主有更多的专业知识和技能,他应该相信我的话,而不应该怀疑。

(3)案主希望听取个案工作者的意见和建议,个案工作者应该多帮对方分析、多出主意。

(4)个案工作者不应该帮案主解决具体的困难,而应该帮助他自己去面对问题。

(5)案主越是离不开我的帮助,并很信任我,我就越感到自己作为个案工作者的价值。

(6)个案工作者也是普通人,个案工作时难免会有各种情绪反应,这是正常的。

(7)有时我会遇到一些让我讨厌、排斥的求助者,但作为个案工作者我不能流露出来,所以我还是努力克制自己,想方设法地与对方交流下去。

(8)我发现案主之所以会陷入困扰(而我和多数人则不会),是他的价值观与我和多数人不同,那么我有责任改变他的价值观。

(9)个案工作会涉及某些法律、道德、思想意识等问题,只有这些问题引起了心理问题才与个案工作有关。

项目四　个案工作开展

> **项目概述**
>
> 个案工作的开展通常会遵循一定的程序，也称为个案工作过程，是指个案工作的先后次序和步骤。本项目不仅要求学生掌握个案工作的程序，了解个案工作各个阶段的特点和工作内容，还要求学生能够建立专业关系，掌握个案会谈、探访、记录等个案工作技巧，用个案工作模式开展个案辅导。
>
> 项目包括：申请与接案、诊断与预估、制订计划、实施计划、结案与评估。

背景介绍

> 对于个案工作程序的划分，学者们有不同的理解。综合不同的观点和看法，我们认为，个案工作的基本程序包括接案、预估、计划、服务、结案与评估5个阶段。需要特别说明的是，各个阶段之间并不是截然分开的，这样的划分只是希望展现各个阶段的主要特点和突出作用。

任务一　申请与接案

任务描述

接案是个案工作程序的第一个阶段，对于每一个来机构找社会工作者寻求帮助的人来说，他们不一定都能够成为服务对象，进而得到机构或者社会工作者提供的服务。因而，这一阶段的主要任务就是甄别服务对象，并与之初步建立专业关系。

当求助者来到机构寻求帮助时，机构将委派一位社会工作者对求助者进行接案服务。这是个案工作过程中的第一个步骤，这一阶段的目的是通过与求助者的初步接触，对其带来的问题进行初步评估，并依据机构的功能与求助者商讨是否可以提供服务，使求助者成为案主。

就一般情况而言，案主的来源可以分为三种：①主动求助，这是指求助者在需要相关服务或者服务对他们有吸引力时，自己直接到机构寻求服务。但由于这些求助者可能确定不了机构的服务是否适合他们的需要，所以对于机构而言，通常会有一个接案会谈，以把服务范畴之外的案主筛选出去。②被转介者，即由有关的机构、社区组织转介过来的案主，既包括由机构正式转介的，也包括由认识案主的人非正式转介的。③外展的对象，即社会工作者通过外展工作与那些本身尚没有申请服务，但确实有服务需求的人接触，如离家出走的青少年、无家可归者等。

不同类型的求助者有着不同的求助意愿。显然主动求助的案主的求助意愿比较强烈，在工作过程中会积极地配合工作者；但如果案主由一些强制性的机构转案而来，如由公安机关、少管所等机构转介过来的所谓问题青少年，则案主的抵触情绪往往会非常强烈。所以明确案主的类型，将有助于工作者在与案主建立专业关系时更有针对性。

任务实施

初二女生乐乐向朋友果果倾诉："我的父母整天就知道叫我学习，剥夺了我的一切娱乐活动，连打电话多和朋友聊几句都会被骂。我快要烦死了，真不想参加中考了。"果果听完说道："这有什么好烦的，父母骂你、管你都是为你好，希望你努力学习考上重点高中……"乐乐听后无言。

【分析】乐乐在倾诉自己的烦恼时，果果并不能够理解她的烦恼，反而还站在乐乐父母的立场替他们辩护，这让乐乐更加失望。话不投机，乐乐只好沉默了。

任务引导

假设你是某社会工作领域（如儿童社会工作、老年社会工作、残障人士社会工作、妇女社会工作、学校社会工作、医疗社会工作、司法社会工作等）的个案工作者，请你在同求助者第一次接触时，用求助者利于接受的方式对你所在的机构和你本人做一下自我介绍，既要让求助者对你工作的机构和你本人有初步的了解，又要使求助者乐于同你交流。

知识链接

1. **三种处理申请的方法**

（1）接受申请。如果案主的问题与机构的功能相符合，则案主被接受，进入下一步的工作。但已做出的决定并不是不可更改的。如果经过进一步了解，发现已接受申请的案主不符合机构的功能，仍可以终止服务，或把案主转介到适当的机构。

（2）转介。转介就是把案主介绍到更适当的机构接受服务。主要有三种情况使转介成为必要：一是机构不提供案主所需要的服务，如专业从事青少年辅导的机构并不处理婚姻问题；二是机构无法提供更专门的服务，如儿童保育机构无法处理有严重心理问题的儿童；三是机构只为某一区域的人提供服务，而申请人不是此区域的人。在这三种情况下，接案的社会工作者需要把案主介绍到其他适当的机构。

（3）不提供服务也不转介。有时当事人只是来咨询，并不申请服务。有时案主因为被迫来见社会工作者，抵触情绪很大，个案工作者一时无法开展工作，只能暂时不提供服务，待案主情绪稳定后再提供服务。

2. 专业关系的建立

接案即表明专业关系的建立，良好的开端是成功的一半，良好的专业关系有助于助人过程的开展，以及助人效果的实现。所以，在工作的第一阶段建立良好的关系，会为做好后续助人阶段的工作铺平道路。尽管建立关系的工作大部分要在助人之初完成，但在真正结束与案主的关系之前，工作者在各个阶段都需要同案主建立良好的关系。那怎样才能建立起良好的专业关系呢？

（1）同感。同感又叫共情、同理心，是指个案工作者能够体会案主的感受，也能够敏锐、正确地了解这些感受所代表的意义，并能把这种了解传达给案主。

同感的出发点是案主的感受。案主的感受就是案主看事物的眼光，不管这种看待事物的眼光是积极的还是消极的、正确的还是错误的，对案主来说都是实实在在的，这就是他/她眼中的世界，就是他/她所真真切切感受到的。所以，把握案主的感受是进入案主内心世界的必要步骤。

为了达到同感的了解，个案工作者首先要放下自己的参照标准，设身处地地以案主的参照标准来看待事物，将自己放在案主的位置和处境中来尝试感受其喜怒哀乐，经历其所面对的压力，并体会其做决定和采取行动的原因。但要真正做到同感并不容易，因为我们往往习惯了主观地看事物，往往以自己的经验和感受来做判断，以致无法与案主达成同感，无法接纳案主的看法和立场。工作者和案主之间较大的差异是达成同感的阻碍，彼此在性别、年龄、宗教信仰、社会经济地位、受教育水平与文化上的差异都会阻碍同感的发生。例如，工作者是从小在单亲暴力家庭中长大的孩子，当他/她面对希望离婚或是有家庭暴力行为的年轻父母案主时，工作者就极有可能因为自身的经历和感受而无法对案主表达同感。因此，作为专业助人者的个案工作者，必须不断反省，澄清自己的内心感受，认识到自己的局限，以达到相当程度的自我了解与自我控制。

衡量同感表达的程度可以分为 5 个层次：

第一层次：工作者没有倾听，在沟通中根本没有意识到案主表达出来的感受和用词。

第二层次：工作者对案主表达出来的感受只有微弱的回应。

第三层次：工作者的回应与案主所表达的意义和感受协调一致，他的回应显示出他对案主的表面感受有正确的了解，但仍未能对案主较深的感受做出回应。

第四层次：工作者深化了案主表达出的经历中的感受和意义，这有助于案主显露以前不能与人分享的感受。

第五层次：工作者明显地深入挖掘出了案主的感受和意思，能完全感知和回应案主。

如果要在个案工作过程中产生治疗性的功效，那么工作者最低限度的同感要能达到第三层次。以下是几位工作者对某案主的不同回应，请你根据以上 5 个层次，来评价一下这些回应。

案例：丁女士，32岁，高中文化，全职家庭主妇，是一个8岁男孩小超的继母。她丈夫早出晚归跑运输，家务和儿子的养育都由她一人承担。近日，邻居发现丁女士严重地虐待她儿子，小超身上也被发现了多处瘀伤，甚至有被烟头烫过留下的疤痕。丁女士对社会工作者说道："小超实在是很不争气，贪玩不爱学习，成绩总是班上倒数。我得教育他好好学习啊，不然怎么向他爸爸交代，周围的人会怎么看我这个后妈？为了照顾他，我把工作都辞了，但他不喜欢我，还时常当着我的面给他生母打电话，说我的坏话，我生气极了。"

工作者A："你为什么这么生气呢？"

工作者B："你希望小超努力学习，但他却不听话。"

工作者C："小超不接受你，还故意气你，所以你很生气。"

工作者D："你为小超付出了很多，可他却不领情，也不好好学习，让你非常生气，所以你打了他。"

工作者E："你希望做一个好继母，把小超养育成人，所以你为他付出了很多。但小超仍然不接受你，还处处惹你生气，你实在不知道怎么办，所以气急打了他。你感到很内疚。"

（2）尊重。罗杰斯在论文中提出过"无条件的尊重"，并认为"无条件的尊重"是促使案主产生建设性改变的一个重要条件。在他看来："尊重是无条件的，就是说这份尊重并不取决于案主的行为，因为当我们接纳一个人时，是整体的接纳，不但包括他的长处，连短处也都一起包括在内。"

工作者对案主的尊重程度，取决于工作者本人所持的人性观。一个对人的看法完全负面和极端悲观的工作者，很难对案主产生信任和尊重。在实际工作中，工作者发现有些人的行为到了令人发指的程度，很难相信他们还有善心，还有改变的潜能与动力，也很难尊重他们。但是个案工作的原则要求工作者必须相信案主的价值与潜能，应理解案主之所以变成这样是有其独特原因的。如果工作者不着眼于案主是一个"怎样的人"，而只是着重案主是一个"人"，可能就会较容易接纳他，并对他表示应有的尊重。因此，工作者只有相信案主作为人的价值与自我实现的潜能，才可能在与案主接触的过程中，始终尊重案主，而不管其具体的表现。

人际关系中尊重的尺度可分为以下层次：

第一层次：工作者在与案主沟通时表现出案主的感受不值得考虑，不能建设性地采取行动。

第二层次：工作者的回应很机械，在沟通中对案主的感受和潜能很少表示出尊重。

第三层次：工作者在沟通中表达出对案主的感受和潜能的尊重，鼓励案主建设性地处理问题。

第四层次：工作者在沟通中极其尊重和关心案主的感受和潜能，使案主能肯定自我，体会到做人的价值。

第五层次：工作者在沟通中表现出对案主个人极大的尊重，使案主能最有建设性地采取行动，最充分地表露自己。

仍以上述案例作为参考，请你根据以上衡量尊重的尺度，评价工作者的不同回应。

工作者A："你怎么这么傻，难道不知道这是犯法的吗？"

工作者B："你再生气也不应该打孩子。"

工作者C："听得出来你很生气，也用了很多方法教育孩子。"

工作者D："社会对继母的要求的确更高，既要教育好孩子，又不能过于严厉，你真的很难。"

工作者E："作为这样一个男孩的继母，你为他付出了这么多、承受了这么多，真的很不容易，你是怎么做到的呢？"

（3）真诚。真诚是指工作者在专业关系中能够以真正的自我出现，也容许自己的感受适当地在个案工作过程中表现。一个真诚的个案工作者，不会有防卫式的伪装，不会将自己隐藏于专业角色后面，更不会像一个技师一样完成例行工作。相反，工作者会很开放、很自由地将个人投入整个关系中。一个真诚的工作者，是一个内心与外表一致、言行一致的人，这种表里如一的人也就是人格统一的人。

与真诚相对的就是工作者躲在专业角色的面具下，不愿以真正的自己投入一种真正的关系中。如果工作者在专业关系中，总想刻意显示什么或掩盖什么，他就会在这上面花很多时间和精力，从而无法全神贯注地为案主服务。而且，把助人工作看成临时扮演的一个角色或戴上又可脱下的一个面具，会导致专业自我与真正自我的分离。可见，个案工作者的"专业自我"虽然不同于他的"真实自我"，但两者有密切的关系。一个"真实自我"不完善的人，无法在助人专业中表现出良好的"专业自我"。

在个案工作过程中，一方面工作者的真挚诚恳可以解除案主的面具和伪装，使案主不再害怕受到伤害；另一方面工作者的真诚也为案主提供了一个良好的榜样，使案主逐渐放下伪装，自由自在地表达自己心中的喜悦、兴奋或是伤痛与失望。而且开放和表里一致，可以促进彼此达成理想的沟通，而这种沟通，正是个案工作成功的重要因素之一。

另外，真诚还表现在适当情形下工作者的自我表露，即工作者与案主分享自身的经验，以及工作者表达自己的感受与看法。如果工作者某些感受的出现妨碍了治疗的进程，应该坦诚地讲出来，与案主进行讨论。虽然真诚是个案工作成功的关键因素，但是要做到真诚并不容易。达到真诚的关键是工作者要能充分了解和接纳自己、欣赏自己、有相当的自信，不要求自己全知全能，更不要求自己完美无缺。除此之外，真诚还需要工作者对案主有真心的喜爱，对人有乐观的看法与基本的信任。

（4）简洁具体。简洁具体是指我们在治疗过程中，用字措辞不但要适当，还要简单清楚、具体明确，避免含糊不清、模棱两可的用语。在治疗过程中，案主有时表达得杂乱而又空泛，用词不够精确或过分概括，会导致工作者无法确切理解案主的思想和感受，也导致案主无法分辨自身不同的感受和经验，所以工作者有必要协助案主清楚、具体地表述自己的问题与感受。比如，案主对工作者说"我都要烦死了""最近真是倒霉透了""我心情很不好"，对于这种笼统的表述，工作者需要引导案主对"烦""倒霉""心情很不好"做出详细的、具体的描述，要求案主具体说出这些词语背后的感受。这种进一步的阐述有利于案主对自己的感受有更清晰的了解，而对工作者来说，也便于其更深入地理解案主，对其表达同感。

同时，工作者在回应案主时，也应尽量采用具体、清楚、准确和特殊的字眼，针对案主特殊的、独一无二的困难和情况做出回应，这样案主才能继续对问题做更深入、更准确的探讨，从而对自己的问题有正确、深入和实际的了解。

3. 接案后的工作内容

工作机构对案主申请的接受，意味着需要进行下一步的工作，即个案工作者要与案主建立初步关系，工作内容主要包括：

（1）了解案主的心理状况。案主第一次到机构时的心理是比较复杂的，大都持一种怀疑、焦虑的态度，对工作者的一举一动都比较敏感。劳伦斯·布拉默（Lawrence Brammer）指出，工作者必须对案主的以下情况有深刻的认识与了解：

1）能够主动寻求帮助，并不是一件容易的事。

2）认识自己需要改变是件困难的事。

3）案主本身对于自尊、自我完整及独立人格的保护，使得接受他人的影响变成一件困难的事情。

4）对一个陌生人的坦诚并且信任是一件不容易的事情。

除了以上之外，还要了解案主在陌生人面前常有的想法："他们会怎样看待我？""也许他们会认为我太无能了。""他们会问我什么？""他们会为我做什么？""如果我不付钱，他们会怎样对待我？"

（2）做好会谈的准备。个案工作者在决定与案主会谈之前，要用较短的时间准备这些工作：阅读案主的个人申请，对案主个人情况有一个初步的了解，如年龄、性别、职业、文化程度等；如果案主是转案而来的，在尊重案主的情况下，向转案机构了解案主的情况；设想和案主会谈可能会遇到的情况，以及应采取的相应措施；布置一个好的会谈环境，尽可能减少案主的压力；检查个人仪表，确保以良好的形象出现在案主面前；拟定会谈提纲。

（3）初步了解会谈的内容。对会谈内容的熟悉，将有助于工作者灵活掌握会谈内容的时间安排，尽快发现案主的问题，提高会谈的效率。会谈的内容主要包括：

1）问题的本质。案主希望克服的困难达到的结果是什么？案主面临的困难环境是什么？这里的环境既包括个人环境，又包括社区环境和社会环境。

2）问题的产生。问题是什么时候产生的？当时的情况如何？

3）问题的意义。问题对案主个人生活的重要性有多大？问题对案主家庭及社区的影响如何？

4）案主和机构的关系。案主来机构寻求帮助的动机是什么？案主对机构的希望和要求有哪些？案主如何看待他和机构的关系？

5）机构的状况。机构能给案主提供哪些服务？机构有哪些可以利用的资源？

（4）总结与判断。工作者在与案主进行初步会谈后，基本掌握案主的问题和希望，接着要对其进行初步的总结与判断：案主是否存在困难，案主个人对困难的解释是否与工作者的解释相一致，案主对服务的期望是否合理，计划下一步的工作方法。

> **案例阅读**
>
> 　　电影《心灵捕手》（Good Will Hunting）中的主人公威尔是一个孤儿，他被亲生父母遗弃，在几个寄养家庭遭受虐待。在他心目中，本该获得爱和温暖的地方，却是那样的冰冷和残酷，于是不再相信有爱。他用别人的错误来惩罚自己，认为自己是没用、没价值的，以至于他也不认为自己有获得爱的资格。尽管威尔异常聪明，不仅在数学方面有很高的天赋，而且在法律、历史、化学等方面也有颇高的造诣，但是因为对自己的怀疑和否定，当他遇到自己喜欢的女孩时，不敢勇敢地去爱；当他有机会在数学领域展露才华时，也不敢勇敢表现。相反，他的生活被暴力、偷窃、污言秽语，以及对别人的攻击和防御充斥着。
>
> 　　在遇见咨询师尚恩之前，威尔就已经接受过五个咨询师的辅导，他们不管从名气上还是技巧的专业性上，都远远优于尚恩，可是威尔都拒绝与他们合作。原因何在？因为专业关系没有建立起来！人本治疗大师罗杰斯说过："良好的专业关系本身就具有治疗的作用。"而良好专业关系的建立，在很大程度上取决于咨询师的真诚、信任，对来访者的尊重、接纳，以及无条件的爱。
>
> 　　个案工作与一般行业不同，它是一份直接"对人"的工作。工作者对服务的投入、对案主的关怀，以及对工作的热忱，都将影响到身边的人。当两个或以上的人走在一起，两个不同的生命必定互为影响。若期望以个人生命来影响他人生命，必须要对生命有担当、有抱负、有理想，懂得尊重别人的独特性，崇尚人性尊严的地位。这也正是罗杰斯对人性的一种重要而独特的观点。

> **课间休息**
>
> 　　鼓励学生课间在校园里，向5个陌生人询问姓名和电话号码，总结该过程中得到的支持和遇到的阻力，并分享成功经验与失败教训。

任务二　诊断与预估

> **任务描述**

　　当求助者成为案主后，我们就进入了个案工作的第二个阶段即诊断与预估阶段。它是在初期面谈、收集案主资料的基础上，对案主存在的问题，以及案主和环境的互动等方面进行综合的分析判断，形成一个暂时性的基本评估的过程。经评估，可以找到解决问题的焦点与方向，为制订相应的介入计划奠定基础。预估阶段的主要目标是收集资料和问题判断，它虽是个案工作过程的第二个阶段，但工作者的预估活动并不是此时才开始的，可以说从个案工作者首次见到案主开始，一直到进一步的会谈和资料收集结束的整个过程，工作者一直在从事评估工作。这是贯穿于个案工作始终的一个持续过程，工作者在实施服务方案的过程中，仍在不断地进行评估，对原有目标和治疗方案进行补充、修正。

任务实施

服务对象李女士是一位单亲母亲，独自抚养上小学的儿子，经济压力较大且非本地户籍。李女士提到，随着孩子慢慢长大，他的脾气也越来越大，并且不爱学习，经常出现母子吵架的情况。

李女士自述，之前由于自己是单亲母亲，并不愿意和别人过多交往，只是与自己的娘家人及少数朋友有来往。表面上看，李女士的情绪虽然较平稳，但实际上她对现实有诸多的抱怨。李女士现在每月只有2 800元的收入，但需要每月缴纳社会保险费，而且因为身体状况不佳，患有抑郁症、高血压、腰椎间盘突出症等疾病，需要长期吃药，所以经济拮据。

【分析】从上述案例可以看出，个案工作在制订服务计划之前，需要对服务对象目前的状况进行全面的评估，详细了解服务对象所遇到的困难和她的服务需求，才能有针对性地为她制订服务计划。

任务引导

服务对象在找到工作者之前参加了工作者带领的小组活动，和工作者有了较多的接触，建立了良好的专业关系，因此她非常乐于分享自己的经历，工作者能够比较全面地掌握服务对象的相关资料：

（1）经济问题。经济问题主要表现为服务对象的收入低；因属非本地户籍人员，无法享受本地的一些社会福利政策（社会福利政策具有限域性）；身体状况不佳需要长期吃药，因而经济拮据。

（2）亲子关系紧张问题。亲子关系紧张问题主要表现为由于儿子的学习问题，服务对象和儿子的亲子关系出现冲突。

（3）情绪问题。情绪问题主要表现为服务对象近期比较焦虑。服务对象患有轻微抑郁症，近期因为和儿子的冲突，以及自身健康状况不佳而情绪波动较大；服务对象担心自己病情波动，并且担心儿子因遗传也出现心理问题。

知识链接

1. 收集资料

（1）收集资料的重点。我们能否正确了解案主的问题，很大程度上取决于我们得到的资料如何。社会工作强调"人在情境中"，个人的行为是个人与环境互动的结果，因此了解案主问题的重点是要掌握案主个人和环境的情况，以及案主个人与环境互动的情况。可以根据实际情况，收集以下资料：

1）个人资料。

①基本资料。基本资料包括年龄、性别、籍贯、受教育程度、婚姻情况、职业、收入、居住环境等。

②生理方面。生理疾病会影响人的心理，因此首先排除生理方面的因素非常重要。比如，对案主病史的了解，有无残疾、遗传病及慢性疾病，目前的生理状况如何，是否在服药，如果服药是否存在药物副作用等。

案例：张先生，56岁，近日出现失眠、食欲不振、体重下降、情绪抑郁等症状，让家人十分担心，遂求助于社会工作者。社会工作者了解到张先生患有高血压，并且需要长期服药，于是向案主询问了他的身体情况和所服药物。当得知案主近日改用了××药物时，社会工作者对案主的问题即有了一个初步判断，因为案主所服的××药物里，含有一种叫"利血平"的成分，它作为降压药物历史悠久，但却有导致抑郁的副作用。在社会工作者的建议下，案主去医院开了新的降压药。几周后，据家人报告，其抑郁症状消失。

③心理方面。通过运用一些心理测量工具，记录工作者与案主的会谈和对案主的观察，可以监测和了解案主的智力水平、兴趣、人格特征、自我概念等。

④价值观。价值观包括对人和事物的认识和看法，案主的行为与其价值观是否一致。具体来说，个案工作者有必要探索案主如何看待自己的问题、问题出在哪里，以及出现问题的原因是什么。

⑤能力。了解案主对问题的分析领悟能力，以及以往面对冲突、困惑的处理能力。

2）环境资料。

①家庭环境。主要了解案主的家庭成员及其关系，家庭内的规则，其在家庭中所起的作用，家庭中发生的重要事件和原因等。

②延伸的环境系统。具体包括案主的朋辈环境、社区环境和工作环境等。

3）交互作用。交互作用是指个体与社会环境互动的状况。例如，了解案主与周围人是如何建立关系的，当案主需要帮助时是否会去找家庭、邻里、同辈等重要系统，这些系统又是否会提供帮助和支持。

（2）收集资料的方法。收集资料的方法有很多，取决于个案工作者的创造性和灵活性。下面，我们简要介绍一些可以用来收集资料的方法。

1）探查。个案工作者通过陈述或发问，引导案主说出与人、问题和情境有关的认知、想法和感受。探查可以是直接的，如向受助者直接询问想要得到的资料；也可以是投射性的，如通过一些真实的或想象的活动，来帮助案主表达自己的想法。

①会谈。会谈是极为常见的收集资料的方法，要使会谈有成效，个案工作者必须对会谈的目的有极为清楚的认识。

②问卷。问卷是一种有用的收集资料的工具，问卷中的问题既可以是结构性的，也可以是开放性的。

③角色扮演。这是一种投射技术，在一些情况中会非常有用。

2) 观察。观察是指用眼睛来"倾听"案主的诉说，这是一种收集资料的重要技术。在个案会谈中，工作者可以通过观察案主的动作表情和语言的变化，在自然情境下收集资料。

3) 探访。工作者到案主生活的家庭、社区、工作单位、学校等探访，能在更为自然的状态下更好地观察案主的行为，以及案主与环境的交互作用。这种观察能使工作者了解大量案主试图隐瞒的资料。

4) 运用现有资料。工作者所需的一些资料可能已经有了，如档案资料。例如，工作者可以通过学生案主的学校成绩表、转介资料、研究报告等获得资料。

2. 问题判断

当收集到充分的资料，并对其进行分析后，个案工作者接下来便要确定案主的问题。

（1）确定问题的内容。

1) 案主的问题是什么？了解案主问题的性质、程度及对案主的影响。例如，有些问题的性质是很难逆转的，如患了绝症等，而有些问题可能涉及面非常广，有很多人都牵涉在内。

2) 问题是如何发生的？导致案主出现问题的原因很多，需要找到导致案主的首要问题的原因，这样才能对症下药。

3) 了解案主曾经为解决问题所做的努力。从案主曾经所做的努力中，工作者可以了解到他/她是否有足够的解决问题的能力，用了什么方法，以及采用该方法的原因和效果等。了解了这一点，工作者就可以对案主应对问题和解决问题的能力有一个简单的评估，为制订切实可行的服务计划做好准备。

（2）确定问题的技巧。对问题复杂的案主，确定案主的关键问题所在直接关系到工作者提供的帮助是否有效。下面几种技巧可以帮助工作者确定案主的问题。

1) 从多个问题中选择对案主来说最急于解决的问题。解决对案主来说最急于解决的问题，应该是解决问题的一般原则。但有时候，工作者根据专业判断得出的案主急于解决的问题，也许并不是案主问题的最主要的矛盾。遇到这种情况，工作者要坚守以案主为本的原则，与案主一起讨论并需要有策略地处理这个问题，既要照顾案主解决问题和看问题的能力，又要本着对解决问题有利的原则。

案例：某案主一周前和女朋友分手了，前来向工作者求助情感问题，但工作者很快发现与此问题相关的还有考试焦虑和工作焦虑问题。案主将要参加下个月举行的公务员考试。这对案主来说，是一个非常重要的考试，事关其就业。但因为最近忙于博士论文开题报告，他几乎没有时间去准备这场重要的考试。而现在，案主的开题报告未获通过，眼看着按期毕业无望，女朋友又吹了，使得他更加没有心思准备公务员考试。

在上述案例中，工作者可能认为案主的考试焦虑和工作焦虑对其和女朋友之间的感情有很大影响，要解决情感问题首先需要处理焦虑。但案主认为情感问题是最急于解决的，所以工作者就不能强迫案主先处理焦虑。在这种情况下，工作者必须尊重案主的意愿，从多种问题中将焦点先集中在情感问题上，以此为中心寻找处理焦虑的可能。

2）双方共同决定多个问题中的最主要矛盾。有时候案主认为自己的苦恼很多，但自己也不清楚什么是主要的问题。在这种情况下，可能需要工作者与案主共同商量如何找到一个主要问题。

案例：某日，社会工作者接到一位中年妇女的求助电话，称其儿子金先生昨晚趁家人不注意时割腕企图自杀，后被家人发现及时送往医院抢救，转危为安。据悉，金先生25岁，是市内某大型超市的销售主管，最近一段时间来，金先生情绪低落、睡眠不佳、食欲不振、上班老迟到，被批评多次也未改进。三天前，金先生和相恋一年的女朋友分手了，家人担心金先生的自杀和失恋有关，遂向社会工作者求助，希望能帮帮金先生。

从上述案例我们可以看到，案主所面临的问题有自杀、失恋、情绪低落、睡眠不佳等。表面上看，案主的自杀可能和失恋有关，对自杀的干预是各种问题中最主要的矛盾。但是，通过工作者和案主的谈话，以及给案主所做的心理问卷显示，案主患上了严重的抑郁症，其女朋友因无法忍受案主近期在情绪和行为上表现出的异常才提出分手，而案主的自杀行为也主要是抑郁症所致。因此，在这个案例中，针对案主的抑郁症进行积极的治疗成为首先需要解决的问题。

3）从多个问题中找到对案主来说最容易解决的问题。处于困难情境中的案主，通常会同时面临好几种问题，而案主通常也缺乏同时解决这些问题的能力，因而工作者可以鼓励案主先处理对其来说最容易解决的问题，以此给案主树立解决问题的信心。

拓展训练

请每位同学在课余时间到自己学习、生活的社区走走，至少寻找一位陌生的社区居民聊天，了解他们的年龄、文化程度、职业、爱好、身体情况、家庭成员等，初步评估他们的能力和需求。

任务三 制订计划

任务描述

对于已经接案的案主，当工作者收集到相关资料，并对案主问题进行了初步预估后，为了解决案主的问题，工作者接下来就需要同案主共同确立服务要达成的目标，并同案主一起制订工作计划，以保证为案主提供合适、有效的专业服务。

在本任务中，我们将学习如何确立个案辅导的目标，以及制订个案辅导的工作计划。

任务实施

董女士，35岁，初中文化。她的女儿朵朵8岁，患有中度智力障碍。董女士的丈夫在其女儿2岁时，因车祸去世，从此董女士独自一人抚养女儿。但因其文化程度不高，又要照顾女儿，所以无法外出工作，只靠在家帮人缝补衣物维持生计，生活十分艰难。最近董女士视力下降，无法再操持针线缝补衣物，家庭经济很快陷入困境。董女士非常绝望，一来担心自己的眼疾治不好，不仅无法再赚钱养家，还会拖累家庭；二来担心朵朵没有生活自理能力，日后无法独立生存。

【分析】工作者在制订个案辅导计划时，必须首先明确需要解决哪些困难或问题，并确定其优先次序。从案例中可以看出，董女士面临的困难或问题有：女儿的照顾、教育问题，家庭生计问题和自身的视力问题等。不过，在这些困难或问题中，最迫切需要解决的莫过于其生计问题，而要解决这一问题，光靠外界的支持并不是长久之计，唯有将董女士的视力问题先行解决。

任务引导

工作者在制订个案辅导计划时，需要确定个案辅导计划的目的及目标，而这两个词又通常是社会工作初学者比较容易混淆的，在此做以下介绍。

目的是期望在介入的最终阶段获得的较为笼统的、长远的结果，而目标则是在中间阶段所要获得的较为具体的、近期的结果。要实现最终目的，一般要先把目的分解（进一步细化），使之成为更贴近目前情况、更有条件实现的子目标，然后一步步地实现最后的目的。子目标的实现导致整体目的的实现。所以，目标常被看成是实现长远目的的中期结果。

知识链接

1. 制定目标

（1）目标的类型。

1）直接目标。直接目标是指针对案主提出的现实性的问题进行探讨，促进案主的自我了解和自决。直接目标与案主的问题直接相关，这个目标一般是案主急需解决的，非常直观、明了。例如，被子女赶出家门流落街头的老人，对他来讲，最迫切的需要就是解决基本生存和生活问题。因此，直接目标的设置就是为老人提供临时庇护，安顿好其衣食住行。

2）中间目标。中间目标一般是协助案主认识、接纳和欣赏自己，建立健康的自我形象和适当的生活方式等。中间目标的设置，通常是在直接目标达成的基础上，也就是在解决了案主最紧急的具体困难的基础上，通过自我探索、资源调动、支持网络重建等方式恢复案主自助能力而形成的。

3）终极目标。终极目标是使案主能够自我认识、自我促进、自我实现，接纳自己也接纳别人，有良好和深入的人际关系，有开放的态度，诚实有创造力，有责任感，达到现实的自己和理想的自己协调一致等。这是个案工作的最高境界，也是工作者最高的工作目标。

（2）设置得好的目标的特点。

1）对案主来说明白易懂。目的和目标都应该陈述得清楚明白，这样工作者和案主双方就都能知道在介入过程中为之奋斗的是什么。清楚明白的目标不仅能防止混乱、避免不信任，而且能培养社会工作者和案主对各自在助人过程中的工作投入。

2）用期望案主有的行为来具体说明目标。工作者最好是用期望案主有的行为来说明介入的目标，挑选出来的行为要具体、要可以测量。这样才能衡量是否达到了目标。

3）可以实现并具有现实性。工作者设置的目标应该是可行的。如果设置的目标根本无法实现，那么毫无意义。要使目标能够实现，工作者必须考虑许多因素，诸如案主的动机和能力，以及工作者所能用于解决问题的精力和时间。

4）应该说明完成任务的时间表。制定实现目标的时间表会给将来的检讨奠定基础。请你思考下面这个目标："帮助李先生把吸烟的数量减到每天不超过两支。"这一目标用行为用语清楚明白地说出了对案主李先生的期望，确实具有设置得好的目标的特点。然而，工作者仍可以将目标陈述得更好些，如"到2023年6月30日，每天不超过20支；到2023年7月31日，每天不超过10支；最后，到2023年8月31日，每天不超过两支。"两者的不同之处在于，后一个目标为工作者提供了非常清楚的时间表，可有检讨案主的表现，而前一个没有。

5）与机构的功能保持一致。作为个案工作者，我们肩负着机构的使命，并协助机构发挥作用。具体地说，就是要帮助我们机构的案主。因此，我们的助人目标应该与机构的功能相一致。如若不是，我们的机构就不能资助和支持我们采取介入行动，那么我们就极少有机会实现既定目标。

（3）制定目标的技巧。

1）目标应与工作者和案主解决问题的能力一致，且和机构的功能保持一致。

2）同案主一起制定目标。目标的制定需要工作者和案主共同协商，不应由案主或工作者单独做出，这样既可以使案主充分了解自己的目标，同时案主参与协商过程本身又有利于提高案主的自信心和个人能力。

3）协助案主确立目标设立的先后顺序。为了有效地解决问题，工作者往往必须集中时间和精力在一个或两个问题上，如果多头并进，急于求成，效果往往会适得其反。但有时，案主可能有一系列的问题或需求，会同时提出好几个想要实现的目标，面对这种情况，工作者就需要帮助案主排出这些问题或目标的优先顺序。

4）具体目标的描述应该是明确而可以测量的。为了在助人过程中指明方向，目标要能明确地指向产出的结果，避免使用一些模糊用语，如帮助案主感觉更好一点，提高案主的社会经验和能力，改善父子关系等。这些都无法准确地测量，必须用可以测量的数量指标来代替。例如，改善父子关系可以用每星期父子交谈的次数、用行为来表达关心的次数等来代替。

2. 制订工作计划

工作计划是工作者为案主提供服务的依据，并不是随意制订的，而是根据案主的问题现状和所设立目标，依据机构所能提供的资源和帮助、工作者的能力，以及工作者对资源的掌握等，为案主提供最合适的服务。

一份完整的工作计划应该包括以下几个方面的内容：

（1）案主的基本情况，包括性别、年龄、职业、受教育情况、婚姻状况、家庭关系等。

（2）描述案主所面临的问题情境。

（3）设立工作目标，包括具体目标、中间目标和终极目标，并对所有目标按程度轻重依次排列。

（4）达到目标所用的期限。

（5）列出服务的每个阶段，并描述各个阶段采用的服务方法和需要动用的资源。

（6）评估。

> **案例阅读**
>
> 我们以前面介绍的"董女士的案例"（任务三　制订计划）为蓝本，介绍个案工作辅导计划：
>
> 个案工作辅导计划
>
> **1. 案主基本资料**
>
> 性别：女　　　年龄：35岁　　　受教育程度：初中
>
> 家庭状况：丧偶，有一个8岁中度智力障碍的女儿
>
> 家庭经济收入：很差
>
> **2. 案主面临的问题**
>
> （1）视力下降，担心治不好。
>
> （2）无法继续接活儿，没有了收入来源，经济压力十分沉重。
>
> （3）无法正常照顾女儿。
>
> （4）担心女儿日后无法独立生活。
>
> **3. 目标系统**
>
> （1）短期目标。
>
> 缓解董女士的绝望情绪和心理压力。
>
> 帮助董女士申请免费的医疗检查，确诊眼疾，对症下药。
>
> 协调智障儿童服务机构临时照顾朵朵。
>
> （2）中期目标。
>
> 帮助董女士申请城市最低生活保障。
>
> 帮助朵朵入读智障儿童服务机构，并为其申请费用减免。
>
> 待董女士眼疾治好后，帮她申请免费的劳动技能培训，并协助她寻找稳定的工作。
>
> （3）长期目标。
>
> 挖掘董女士的潜能，建立有效的社会支持网络。

4．时间与内容安排

计划给案主提供约9周的服务，服务的时间和内容计划如下：

（1）工作阶段一：第一周

1）通过和案主的深入交谈，较全面地掌握案主的基本情况，与案主建立起值得信任的专业关系，初步缓解案主的绝望情绪和心理压力，明确后续工作内容的安排。

2）联系智障儿童服务机构为朵朵提供为期一周的临时服务，并同董女士一起把朵朵送到智障儿童服务机构安顿好，消除董女士的后顾之忧，使她能安心治病。

3）申请免费的医疗资源，并陪同董女士一起进行眼部检查和治疗，协助其解决就医过程中的困难，缓解其压力。

（2）工作阶段二：第二周至第三周

1）与董女士一起到其户口所在地的社区，申请城市最低生活保障，咨询其他相关资助政策，缓解家庭的经济危机。

2）与智障儿童服务机构社工一起协助朵朵适应机构生活，协助董女士申请相关的费用减免和补贴，完成朵朵的入读手续办理。

（3）工作阶段三：第三周至第八周

1）帮助董女士申请免费职业技能培训，提高其就业能力，拓展其社交网络。

2）待董女士完成职业培训后，联系资源帮助其实现就业。

3）邀请董女士参加就业互助支持小组，共同解决就业中遇到的困难，并获得更多的社会支持。

（4）工作阶段四：第九周

待董女士实现了稳定就业该个案就可以结案了。在该阶段需要同案主一起回顾走过的历程，评估案主的改变和服务效果，帮助案主肯定自身价值，使其更积极地面对生活和困难，争取更好地融入社会。

5．评估

（1）通过情绪等级问卷，评估案主的情绪和心理状况。

（2）通过探访案主的家庭和智障儿童服务机构，评估案主的经济困境、生活适应。

（3）通过访谈和观察，评估案主的情绪和生活适应。

课间休息

给学生派发几份已经拟定好的个案工作计划书作为参考模板，并根据教师选定的案例，指导学生撰写个案工作计划书。

拓展训练

以下是两组相当松散的目标，请你试着改写一下，使它们符合设置得好的目标的标准，必要时可虚构个案的细节。

（1）案主在离开医院以后，如果要在家中发挥功能，就需要有相当多的支持。

（2）这个个案的目标是改善家庭的沟通。

【提示】上述两个目标都不满足设置得好的目标的要求，可以改写为：

（1）案主出院后的介入目标是，保证丈夫不在的时候，能为三个孩子提供足够的食品和教育并做一名称职的母亲。方法是把她转介给当地的公共援助办事处，寻求经济支持，在接下来的三个月里，通过支持性辅导，为她提供情感上的支持。

（2）这个个案的介入目标是减少夫妇吵架的次数，到接下来的这个月月底，使吵架次数减到每周少于两次。在孩子不在场的时候，促使他们彼此诉说内心的不满，三个月后介入结束时，期望能解决他们的冲突。

任务四 实施计划

任务描述

"服务""治疗""介入"三个词常被交互使用于这个阶段中，指的就是协助案主解决问题的具体过程。这是个案工作程序中最重要的一个步骤，也是个案工作的最终目的。在对案主进行预估的基础上所制订的服务计划，在这个阶段将付诸实施。能否实现所设定的目标、完成预定的任务，就取决于工作者在此阶段能否有效地运用自己的知识、经验和技巧来帮助案主解决问题。

任务实施

王小姐的案例

王小姐最近遇到了很多烦心事，本来凭自己的努力工作获得了晋升，但是同事们却私底下说她能力不足。与王小姐资历相当的同事，认为她现在是领导了，要保持距离，纷纷疏远了她；比王小姐资历深的同事，很不满意她年纪轻轻就获得晋升，不服她领导。为此，王小姐感到压力很大，工作也很难顺利开展下去。王小姐向朋友倾诉，却遭冷遇：不费周折就升职加薪，居然还在抱怨，实在很不知足。王小姐真是有苦难言。后来，王小姐求助了个案工作者，工作者耐心地听其倾诉，站在王小姐的立场上充分理解其处境并向她表达同感和关心。会谈持续了近两个小时。在结束时，王小姐非常感谢工作者，认为终于有人肯听自己说话了，有人理解自己了。同时还表示，会谈过后感到轻松多了。

【分析】上述案例中，个案工作者通过对王小姐的尊重、接纳、理解与关怀，为王小姐创造了一个安全、温暖的氛围，使其能够敞开心扉，宣泄多日来的苦闷情绪。

任务引导

实施计划实际上就是个案工作者的具体介入过程,这将是个案工作者耗时最长、投入精力最大、运用方法最多、工作最有成效的一个阶段。在这一阶段,个案工作者需要通过个案工作面谈的形式,得到有助于服务对象问题解决的详细信息;有时,为了得到这样的信息,甚至需要个案工作者到服务对象的生活或工作场所走访。个案工作具体介入过程见表 4-1。

表 4-1 个案工作具体介入过程

第一次面谈							
服务形式	面谈	地点	某服务中心	时间	某年某月某日
面谈内容	1. 了解服务对象更多、更具体的相关资料、信息 2. 确定服务对象的需求 3. 澄清服务对象的期望,让服务对象了解工作者的能力范围				
第三次面谈					
服务形式	面谈	地点	某服务中心	时间	某年某月某日
面谈内容	1. 了解服务对象近期的心理状况 2. 了解服务对象与同事的互动情况				
第五次面谈					
服务形式	面谈	地点	某服务中心	时间	某年某月某日
面谈内容	1. 了解服务对象与朋友的互动情况 2. 订立服务计划书				
第七次面谈					
服务形式	面谈	地点	某服务中心	时间	某年某月某日
面谈内容	1. 了解服务对象与同事、朋友的互动情况 2. 学习人际关系相关处理技巧				
第八次面谈					
服务形式	面谈	地点	某服务中心	时间	某年某月某日
面谈内容	…				
第十一次面谈					
服务形式	面谈	地点	某服务中心	时间	某年某月某日
面谈内容	1. 通过面谈给予服务对象支持,协助其增强人际交往的自信心 2. 对整个个案辅导过程进行回顾,分析服务对象所取得的成长及需要提升的能力 3. 结案				

知识链接

1. 实施计划的内容

虽然不同的案主面临的问题不同,解决的方法也千差万别,但在本阶段仍有如下一些基本的工作内容:

(1)支持与鼓励。每个人身上都潜藏着巨大的能量,也最清楚自己想要怎样的生活,而之所以他们在困境中不知所措,很多时候其实是在某种特定的意识状态下,因怀疑忽略了自己的能力,缺乏自信,

实施计划

变得自卑。因此在介入过程中，工作者可以通过语言和非语言的方式向案主表达尊重、信任和接纳，对案主的每一个进步都给予适合贴切的鼓励，以便案主放下自我防卫心理，鼓起解决问题的勇气。

（2）情绪疏导。当案主沉浸在情绪中不能自拔时，常常不能形成对问题本身的客观分析；而如果让案主对事件所带来的情绪得到宣泄，案主对问题的看法可能就会客观一些。及时的情绪疏导如同在专业关系中不断加入润滑剂，可以增进双方的信任关系，创造一个温暖安全的关系环境，让案主自由地表达和宣泄自己被压抑的情绪。

（3）观念澄清。在很多情况下，案主问题的产生并非因为事件本身，而是案主本人对事件所持的看法和态度。因此澄清观念就是工作者利用对质、总结、自我披露、辨别非理性信念等方法，协助案主反省自己对事物的看法和态度，检视自己思考问题的方式，使案主对自己的个性、情绪和问题有进一步的了解，澄清和修正以前非理性的信念，建立更合乎实际的逻辑思维方式。

（4）行为改变。当案主对问题有了一个客观、合乎逻辑的认识之后，其行为也应该有很大的改变。工作者需要借助一些行为治疗的方法来帮助案主减少或消除不适当的行为方式。工作者要注意案主每一个进步并给予鼓励，同时要耐心对待案主行为的倒退和维持原状，注意观察背后的原因。

（5）环境改善。社会工作强调"人在情境中"，认为人的问题产生与其周遭环境紧密相连，因此要解决问题，还得改善案主生活的环境。这是个案工作者的一个独特工作程序，同时也是个案工作与心理咨询最大的差别所在。

（6）信息提供。在介入过程中，案主有时需要工作者提供一些与自己的问题有关的信息和资源，使案主对自己的处境有进一步的认识，增加其解决问题的信心和能力。但工作者要清楚地知道，不是案主需要的信息工作者都要提供，而是需要从以下两个方面考虑：一是提供的信息对案主问题的解决是否有积极的或正向的作用；二是提供的信息要准确可靠，讲明信息的出处。

（7）直接干预。直接干预也叫危机干预，一般在案主处于危机状况下，在法律赋予权力的范围内使用。有时工作者在未得到案主或其家人同意的情况下，有必要进行一些直接的干预行动，如把受虐儿童与其父母分开，或对正在进行自杀行为或有强烈自杀企图的案主进行干预等。

2. 个案会谈

个案会谈是指个案工作中工作者与案主面对面的、有目的的专业谈话。它并不是日常生活中人与人之间的聊天，而是社会工作者为了帮助案主达成既定目标，采用多种会谈技巧完成的。个案工作者为案主提供帮助，往往通过开展个案会谈进行，因而会谈质量的好坏很大程度上决定了个案服务的效果。会谈的顺利进行，有以下技巧：

（1）会谈场所的选择。个案工作的主要工作方式就是会谈。虽然在案主的家里、学校、工作单位等地做个案访视时，也可能进行会谈，但大部分个案会谈是安排在机构的会谈室进行的。选择一个适合谈话的环境，对会谈的效果很重要。一般情况下，会谈场所应具备如下条件：独立封闭的房间，空间大小适宜，会谈桌椅的摆放以会谈者双方成45°斜角为宜；房间布置简单明亮，不要有过多的摆设和杂物，以免案主分心；房间空气畅通、清新，光线、温度、湿度适宜；会谈时不受电话铃声、敲门声或他人的打扰，房间外围环境清净不吵闹。

（2）工作者在会谈前的准备。衣着打扮等仪表形象，往往是一个人职业素养和兴趣爱好等内在素质的反映。初次见面的人，一般都是从对方的外貌获取第一批信息，形成第一印象的。因此，一个成熟的工作者，要注意自己的穿戴、服饰尽可能传递给对方易于接近和交往的信息。例如，穿衣要大方得体，色调不可太鲜艳也不可太沉重，应给人轻松愉悦的感觉。如果工作者是女性则不宜化浓妆、发型要自然等。

另外，工作者还需把自己的身心状况调整到最好的状态。如果工作者身体疲劳，注意力不集中，不但对问题的了解、处理无益，对案主也是不尊重的表现。

（3）"SOLER原则"。前来求助的案主都是生活中遇到种种困难或问题，内心或多或少会有无助感、孤独感和无力感。这个时刻，有人陪伴是非常重要的。这时的社会工作者就扮演了陪伴者的角色，通过以下方式，表达出愿意和案主一起的态度：

S（Squarely），面见案主。工作者以一种参与的态度面见案主，这种表现意味着"我愿意帮助你""我愿意留在这里陪你"。面向案主的角度为90°～120°，可以视服务对象问题的严重程度而适当调整，问题越严重，角度越大。

O（Open），开放的姿势。工作者保持开放的姿势，意味着对案主及案主所说的事采取接纳的态度。开放的姿势表现在双手放开而不是抱住双肩。

L（Lean），上半身适当向前倾。工作者坐在椅子上，上身略微前倾。前倾的姿势意味着"我对你和你说的话感兴趣""我对你是友好的"，而后倾的身体姿势则意味着"我觉得很烦"。但是，要注意前倾的角度不要过大，否则会令案主不舒服，或感到压迫和威胁。

E（Eye），良好的视线接触。会谈中工作者应与案主保持稳定、坦诚的视线接触，而不是眼睛盯在别处或四处巡视，否则会让案主觉得工作者心不在焉，或工作者不愿意与其发展这种亲密的关系。但工作者也不要目不转睛地盯着案主不动，可以想象，在这样的视觉压迫下，案主是不可能保持轻松开放的心态与工作者谈话的。

R（Relax），放松心情。工作者的放松状态能给案主营造出一个轻松的氛围，否则会使案主更加紧张、焦虑。

（4）倾听。倾听不是不动脑筋随便听听，而是全神贯注地、倾心地听。在听的过程中，不能随便打断案主的话，不能插入自己对会谈内容的评价。倾听不单要听案主的话语信息，还要注意观察案主的身体语言信息，由此来解读案主其人。

（5）同感。同感是指社会工作者能够体会案主的情绪感受，也能敏锐、正确地了解这些情绪感受所代表的意义，并且能把这种了解传达给案主。它既包括对案主的体悟，也包括体悟的传达。工作者通过表达案主此时此地的内心感受，尤其是那些他极力想避开、不敢承认的感受，如恼怒、嫉妒等，会令案主感到工作者很明白他，从而有一种舒畅和满足感，而这种感受会促使他继续表达和剖白，将一些较为隐晦的感受和自己未清楚意识到的情绪表达出来，扩展其所能感受的领域。

（6）澄清。澄清是指工作者引领案主对模糊不清的陈述做更详细、清楚的解说，使之成为清楚、具体的信息。通常案主来求助时，情绪比较激动，在阐述过程中有时给出的信息是不连贯、不完整的，因而需要予以澄清。这也是鼓励案主进一步描述自己的思想、情感和行为等更深层次的方面的技巧。我们往往通过这样的询问来运用这一技巧，如"特别是当你提到……你的意思是……""请你对……做详细描述好吗？""你刚谈到的……是指什么呢？"

（7）自我披露。这是指工作者选择性地向案主披露自己的亲身经验、处事方法和态度等，一方面使案主感受到工作者的真诚，另一方面使案主能够借鉴他人的经验作为处理自己的问题的参考。

（8）对质。这是指工作者发觉案主的行为、经验、情感等有不一致的情况时，直接发问指出其身上存在的矛盾，目的在于协助案主促进对自己的感受、信念、行为及所处境况的深入了解，激励案主放下自己有意或无意的防卫心理、掩饰心理来面对自己。但由于这种方法带有攻击性，可能会导致一定的危机，因而其使用有一定的先决条件，即在专业关系中已经产生了接纳、尊重、同感、真诚和温暖，否则工作者要慎用对质。

3. 个案访视

个案访视是指在个案工作的过程中，工作者为了了解案主的问题或促进案主的适应，到案主平时生活的环境中拜访有关人员的一种专业性访问。因访视场所的不同，个案访视可分为家庭访视、学校访视、单位访视及社区访视。

在个案工作的发展历史上，最早的个案工作者是"友善访问员"，他们访视穷人的家庭，了解案主的情况，并给予道德劝导和经济补助，以达成帮助案主及其家庭的目标。但在早期的实施过程中，家庭访视的效果并不理想，直到家庭治疗的兴起，家庭访视才重新受到社会工作者的关注和重视。

访视可以在个案工作的全过程中实施。在关系建立阶段，访视的主要目的是收集资料、了解案主的有关情况；工作者运用专业眼光对资料进行分析、判断，试图发现案主问题的主要原因，使正确的诊断和治疗成为可能。在服务提供与治疗阶段，访视可以得知案主情况改善的程度，从而了解治疗的效果；和有关人员进行沟通，取得他们的配合。在最后阶段的访视则多是为工作成效提供可以鉴定的资料，并为案主将来的发展寻求周围环境的帮助。

个案访视一般应遵循以下几个方面的原则：

（1）认清访视的目的。在访视前先要确定具体的访视目的，即到底要观察什么、了解什么、改进什么，这样才不至于使访视盲目、无的放矢，浪费时间和精力。访视的目的不同，往往所用的时间、技巧也不同，所以应先确定目的，以便有正确的方向。

（2）做好访视的准备。工作者在访视前，须先了解受访者的有关资料，如姓名、职业、年龄、学历、宗教信仰、籍贯等，为访谈中应该如何说话、如何问话做好准备。再如，要事先记下受访者的地址、电话、交通路线等，以免浪费时间和精力。除此之外，工作者还需要充分预估访视过程中可能发生的问题，以免事情发生时措手不及。

（3）注意访视的仪表。个案访视是一次正式的专业访问，工作者是到自己不熟悉的环境中访谈有关人士，双方都是第一次见面，工作者的仪表对其留给对方的初次印象影响非常大。对方很可能从工作者的仪表中产生舒服、信任或不舒服、不信任的感受，这种感受将决定对方是否积极配合工作者的工作。一般来说，"整洁、朴实"是工作者着装的原则，但还需根据访视对象做必要的调整，以尽可能接近受访者的生活习惯，使工作者与受访者之间不致产生隔阂。

（4）把握访视的态度。个案访视是一种正式拜访，工作者代表的是整个机构，因此态度和言行须特别严谨。工作者除了应该把握的对受访者的尊重、谦和的态度外，还要注意体现接纳、关怀、真诚的态度。此外，工作者的言行还应尽量合乎当地的风俗并顾及受访者的社会背景，尽可能使用受访者的语言，以促进双方更好地合作。

4. 个案记录

个案记录是指工作者在与案主的整个接触过程中，把案主情况及处理过程详细记录下来，包括一般的基本资料（如姓名、性别、年龄等）、案主的问题、案主对自己的问题的看法，以及工作者对案主问题的分析、处理经过等。

（1）个案记录的功能。个案记录是个案工作不可缺少的基本环节和要求，也是个案工作的基本技巧，它有助于提高个案工作服务的品质。把案主的基本情况记录下来，同时将每次会谈处理的情况做记录，可以让工作者明了整个治疗过程，并且对个案工作做出持续的评估与检视，使个案工作更有成效。除此之外，个案记录在评估、培训、督导、咨询、转案与基础性研究方面也发挥了重要作用，具体表现如下：

1）个案记录是工作者执行工作的依据。通常，个案服务并不是一次会谈就能完成的，而要在一个持续的时间里，通过多次会谈、访视等来进行。在那段时间里，工作者也并不是只对一个案主提供帮助，而要面对许多求助者。在这么长的时间里，案主会发生很大的变化，会谈的内容也会有很大的差异，而工作者可通过查看以前的个案记录，保证每次会谈内容的互相衔接，决定该次会谈的计划。

2）个案记录是工作者进行专业反思的依据。

3）个案记录是督导工作的依据。

4）个案记录是接受转案的机构或工作者工作的依据。

5）个案记录可用作教学案例分析。

6）个案记录可用作有关社会研究的参考。

（2）个案记录的方式。个案记录的主要方式可分为三种：录像记录、录音记录与文字记录，通常我们所指的个案工作记录都是指文字记录。

1）录像记录是指通过录像设备，将工作者与案主接触的过程录下来，有声音、有图像，有利于工作者对自己的会谈技巧和处理方法进行检讨和评估，了解自己的长处和不足，从而提高个案工作的技巧；有利于督导工作的进行；有利于示范教学活动，是教师在讲解、分析有关方法与技巧时的极好素材。但是，录像记录需要的设备费用较高，资料的存放和保管不方便，且在录像中无法记录下工作者内心的想法与感受，以及行为表现的原因。因此，单纯的录像记录是不够的，还需要有文字记录的配合与补充。

2）录音记录是通过录音设备，将工作者与案主的谈话录音。同录像记录一样，这种方式有助于工作者对会谈技巧做出自我评估，以及督导员进行督导，也可用于教学。但其不足之处，同样是无法记录下工作者内心的想法和感受，不便于经常浏览、检视，而且同前者相比，录音没有图像，吸引力较弱。

3）文字记录同录像记录和录音记录相比，是比较简略和抽象的，包含了工作者对个案工作过程及对案主谈话内容的诠释和创作，不可能完全再现原始信息。但是，正是这种创作的空间，给了工作者记录当下内心感受和想法的机会，而且也是最方便、最经济的记录手段。

（3）个案记录的种类。个案记录有很多种类，大致可以分为管理式记录和临床式记录。

1）管理式记录是为了便于机构对个案的管理而设置的，如个案卡、工作人员的工作报告表、日报、周报、月报，以及其他申请表、登记表、转案表等。个案卡见表4-2。

表4-2　个案卡

序号		
姓　　名＿＿＿＿＿	年　　龄＿＿＿＿＿	性　　别＿＿＿＿＿
住　　址＿＿＿＿＿	籍　　贯＿＿＿＿＿	父母姓名＿＿＿＿＿
职　　业＿＿＿＿＿	评　　估＿＿＿＿＿	接案日期＿＿＿＿＿
结案日期＿＿＿＿＿	工 作 者＿＿＿＿＿	

2）临床式记录主要是便于工作者分析、回顾、评估与存档之用，它大致可以分为过程式记录和摘要式记录两类。

① 过程式记录。这种记录是将案主和工作者在会谈过程中，彼此的互动内容详细记录下来，按照表达角度的不同，分为叙述式过程记录和脚本式过程记录。

A. 叙述式过程记录是指工作者以第一或第三人称的角度，陈述个案会谈的过程，例如："在会谈的开始，案主有点紧张，只有小半个身子坐在沙发上，双手不停地绞动着衣角，而当我看着案主时，她的目光躲闪，马上低下了头。我递给案主一杯水，告诉她可以随意些，尽量以她感觉最放松的姿势坐在沙发上。我和她谈起了最近在年轻人中流行的电影和游戏。案主很喜欢看电影，当我们谈论到某部影片时，案主显得很兴奋，眉飞色舞地发表着她的观点。很明显，案主此时的紧张、焦虑已消除不少。紧接着，我告诉了案主会谈中的保密原则。我看到此时的案主深吸了一口气，变换了坐姿，身体靠在了沙发上……"

B. 脚本式过程记录也叫对话式记录，如同剧本一样，将会谈过程呈现出来，给人以真实的现场感受。脚本式过程记录不仅包括会谈时案主和工作者所说的话，还包括他们互动时的非语言信息、案主/工作者分析、工作者的感受等，可以用表格来记录，见表4-3。

表 4-3　脚本式过程记录表

对 话 内 容	其 他 观 察	案主/工作者分析	工作者的感受

② 摘要式记录。这种记录方法一般结构性很强，通过某种方式或角度归纳、组织资料，表达工作者对某一工作内容的总结、概括其基本观点。摘要资料一般要设定一个标题大纲，将所要陈述的内容放于其中。我们可以把过程式记录理解为是原始资料的记录，而摘要式记录是记录者对原始资料的分析、总结和归纳。摘要式记录可分为接案摘要、评估摘要、阶段摘要和转案结案摘要等。

案例阅读　林某的案例

林某，男，大一学生，与宿舍中的另外三个同学关系不太好。林某认为那三位同学爱贪小便宜，他们从来不买洗发水、洗洁精、牙膏之类的生活用品，每次都是用他的，如果他提出意见，那三位同学还会觉得他小气、不够朋友，并且那三位同学还很懒惰，经常窝在宿舍玩游戏而不去水房打开水。林某时常看着自己刚打回来的开水转眼就被室友倒个精光，非常生气，而他要是发火，室友又会觉得他太计较、不好相处。林某感到非常苦恼、委屈，一方面他希望和宿舍的同学和睦相处，但另一方面室友的言行他又实在难以接受。

【思考】
（1）上述案例中，林某面临的问题是什么？他有着怎样的服务需求？
（2）个案工作者如何介入这个案例？

课堂练习

将学生分成三人一组，分别扮演案主、个案工作者、记录员，每个小组根据上述案例开展个案会谈，由记录员记下会谈过程。会谈结束后，组员根据会谈记录反思会谈过程，然后交换角色，再开展个案会谈并记录。

任务五　结案与评估

任务描述

在社会工作文献中，结案常常与评估放在一起，被看成个案工作实践的最后一个阶段。

评估工作虽然贯穿于个案工作的始终，工作者从接到求助者的第一个电话、见到求助者的第一面开始，就对求助者的困难、动机、需求、能力、资源等进行评估，但是人们普遍认为评估是结案期间的一项最重要的工作，此时的评估通常被称为总结评估。

此外，这个阶段还需处理案主的离别情绪，巩固案主已有的改变，对于有其他服务需求的案主，工作者还需进行转介。

结案与评估

任务实施

体验失去重要人物时的感觉

请闭上你的眼睛，想象生活中你最亲近、最重要的某个人，此刻站在你的眼前；想象他正在跟你说话，告诉你他即将离开你，不再回来。请辨识自己听到这番话时的感受，想象你如何向他表达自己的情感。然后想象这个人竟站起来走了。请问：当他离开时你的感受是什么？在这种情景下，接下来你会怎么做？这时你的需要又是什么呢？

【分析】学生在做这个活动时，需要尽量投入，这样才能更好地体验面临"离别""失去"时的感受。而这种感受可以很好地帮助学生理解服务对象面临结案时的心理反应与行为表现，从而更好地处理结案。

任务引导

假设你是一所小学的学校社会工作者，与一位名叫豆豆的留守儿童在个案辅导期间建立起很好的专业关系。豆豆的父母常年不在家，作为一个缺少父母管束和缺少与父母情感交流的留守儿童，豆豆曾经很内向也很自卑，在学习上及与同学交往上都显得吃力。当你接手这个个案后，你花了较多时间和精力来陪伴、引导豆豆。现在，豆豆已经有了很多改变，也对你非常信任。但是，豆豆的父母却提出要把她接到他们打工的地方读书，以便于照顾她。豆豆很希望去父母身边，但是又很舍不得离开你，同时你也觉得豆豆还需要一些持续的支持以帮助她巩固过往的改变并适应新的环境。那么此时，你将做点什么呢？

在上述情形中，我们看到工作者对豆豆的辅导还没有达到最终目标，但因为豆豆的转学却不得不结束专业关系。当豆豆已经对工作者建立起了充分的信任；当豆豆部分的能力得到了提升，但仍然有些能力未能得到发展；当豆豆通过辅导已经发生了一些改变，但依然缺乏独自面对生活的信心；当豆豆到了陌生的环境，因缺乏支持而出现退行性变化，又恢复了以往的行为模式……你应当怎样去处理豆豆的"离别"情绪，全面评估豆豆所获得的改变，以及仍未达成的目标，评估豆豆所需的持续性支持和资源，并帮助豆豆继续接受服务呢？以下的内容会告诉你答案。

知识链接

1. 结案的类型

个案工作的专业关系是有时间限制的，结案是指工作者与案主结束专业关系。通常，人们会以为结案时案主不再需要社会工作者的专业服务了，此时介入的目标已经实现，案主的问题已经解决，案主的需要得到了满足。诚然，需要个案工作服务的人常常渴望能在实现目标的情况下结束与工作者的关系，但是成功地实现目标只是终止专业关系的众多原因之一。事实上，还有其他一些原因会导致结案。

（1）倘若工作者与案主的专业关系并不是很好，在服务过程中，因为种种原因导致双方或者一方对另一方不信任，无法继续辅导。

（2）倘若案主出现了新的问题，且案主的服务需求超出了工作者的能力范围。

（3）倘若案主搬到了外地居住，或工作者因为搬家、晋升、换岗等而发生了身份的改变。

2. 结案时案主的心理

当个案辅导的目标逐渐达成，或是在某种情况下不得不结案的时候，你能试着去揣摩一下此时案主的心理和行为吗？作为工作者，应当对案主可能有的反应有充分的认识和准备，并能妥善处理。

案主经历关系结束的感受因人而异，案主的性格特点、接受服务时间的长短、问题和目标、角色、社会工作者提供帮助的过程和程度等因素，可能对其都有影响。一些案主在结案时会有正面的反应，因为他们在和社会工作者的合作过程中获益良多，远远超过由于关系中断而带来的损失，如对获得成功和自身成长的欣喜，对整个社会工作者介入过程正面的感受和经验，有更多的空间和独立感，对社会工作者提供真诚帮助的感激，对将来从事更多具有建设性意义的活动充满信心等。

另一些案主，尤其是那些长期的案主，则会出现较多负面的反应：

（1）对工作者表现出强烈的依恋情绪，为结束一段可信赖的关系而感到难过，对独自面对自己的将来信心不足而感到焦虑。

（2）否认结束，即拒绝接受结束的想法，并表现得好像结案不会发生一样。

（3）行为退化，即恢复早期的行为模式或重现早期的问题，在前阶段获得的技巧和改变都不见了。

（4）表现出一些新的问题，以期获得工作者的帮助，延长专业关系的时间。

3. 工作者的处理方法

（1）提前告知。如若是依照服务计划而进行的结案，工作者需提前告知案主结案的时间，以便其有充分的时间做好思想准备，避免在毫无征兆的情况下提出结案让案主来不及适应。

（2）回顾辅导过程。帮助案主回顾其求助时的问题，回顾个案辅导中为解决问题所采取的步骤。这样的回顾，可以帮助案主形成解决问题的认知图，从而进一步学习如何解决问题。

（3）巩固案主已有的改变。如果案主的某些社会功能在辅导过程得到了改善、能力得到了提升，那么工作者应当尽力巩固案主解决问题的能力和已经获得的成就，增强结案后案主独自面对和解决自己的问题的信心。

（4）处理案主的离别情绪。面对案主的离别情绪，工作者要鼓励案主表达并给予适当的同感，工作者可以通过与案主回顾辅导过程，探讨案主的改变，以及结案以后的跟进计划，让案主感觉到结束专业关系并不是被工作者抛弃。

（5）转介。当个案辅导的目标尚未达成，但不得不结案时，或是个案辅导目标已初步达成，但案主还需新的进一步的支持时，工作者需要对案主进行转介。要能转介案主，工作者需要同其他机构建立起资源网络，了解转介条件，为案主做准备，这样案主才能从新的服务中受益。

（6）跟进服务。为了帮助案主更好地适应结案，也为了进一步巩固和评估个案服务的效果，工作者可以在结案一段时间后，继续对案主的情况进行回访服务。例如，结案期间，工作者可以每周给案主打个电话询问其近况，一段时间后可以每月甚至每季度打一个电话，以此帮助案主适应离别。跟进服务可以了解案主在结案后是否进展良好，对工作者来说，也是持续评估工作绩效的一部分：如果案主离开工作者后仍能保持服务的效果，在某种程度上说明服务起到了良好的作用；如果案主离开服务关系后很快恢复了原来的状态，可能工作者也要检视自己的服务效果。

4. 总结评估

总结评估是指对整个个案工作实施程序和实施效果的评定，其目的是了解整个服务的效果。对工作者来说，可以从评估结果中看到自己的工作成果和能力，促进自己专业能力的进一步成长；对案主来说，可以从中学习一些解决问题的策略；对机构来说，可以更好地把握工作者服务的成效，以便为衡量工作者的工作效果和改进机构服务质量提供依据。

（1）总结评估的功能。

1）检视工作所带来的改变。总结评估是对个案辅导的实施过程和实施效果的评定，通过对案主所获得的改变的评估，可以评定工作者所用辅导方法的适切性，以及辅导目标的达成度。

2）学习经验。通过总结评估，工作者能从中反思服务过程，总结服务经验，提高专业能力，促成专业的发展。此外，案主也能从评估的过程中学到解决问题的策略，增强社会生活能力。

3）对相关方面的交代。从制度层面上讲，个案工作作为一项专业服务，需要多方力量的支撑，如社会及政府支持、专业授权、案主需求等。因此，个案工作必须对有关各方做出交代。通过评估，案主能够随时知道或了解自己面对问题的真实情况、问题是否解决及解决的程度；通过评估，个案工作者要向财政来源、社会服务机构及向全社会表明个案工作的作用和社会功能。

（2）总结评估的内容。对服务过程和服务效果的总结评估通常会从以下一些方面进行：

1）这个助人的过程对案主是否有效？

2）案主有了哪些变化？

3）个案工作者所运用的理论与技巧的作用是什么？

4）个案工作者在经历了这一过程后学到了什么？

5）对将来个案工作者更有效地工作有什么启示？

（3）总结评估的方式与方法。个案工作总结评估会结合质性方法与量性方法，采用问卷测量、参与式观察和深度访谈等几种方式来进行。例如，通过接案时和结案时案主所做的两份情绪等级问卷的测量，可以看到个案工作的介入对案主情绪变化的影响，以此来评估个案工作介入方法的有效性和案主的改变程度。

具体来讲，还可以采用基线评估、任务完成情况评估，以及案主满意度调查等方法。基线评估注重改变的过程，须找出要改变的目标行为，在一开始就进行测量并以此作为基点，与改变后的状况进行比较。任务完成情况评估偏重目标的实现，对任务完成的程度和质量进行评估。案主满意度调查侧重服务对象的主观感受，需要服务对象自我陈述个案工作过程对他的影响和作用。

个案管理

案例阅读　王婆婆的案例

王婆婆是一位82岁的独居老人，身患多种疾病却拒绝住院治疗，也拒绝去老年福利院养老，坚持要在自己家中生活。因为行动不便且身体多病，王婆婆需要多种照顾。社会工作者介入后，拟定了5项服务任务并据此进行个案介入。结案时，我们就可以用任务完成情况来评估服务效果。具体来讲，就是把个案预设的目标分解成若干个任务，每个任务都有完成时限，并根据5点标准来对任务完成情况进行评分。每个任务的进展可这样来记录：4—全部完成；3—基本完成；2—部分完成；1—少量完成；0—没有进展。表4-4列出的就是帮助案主的5项任务及完成情况。

表4-4　任务完成情况评估

序号	任务	完成程度	评分（分）
1	确保老人独居安全	已为老人安装平安钟并告知其如何使用	4
2	确保老人有良好的居住环境	已联系几家家政服务公司，定期上门为老人打扫房屋、清洗衣物，但还未最终确定选用哪一家	2
3	确保老人身体健康	已联系好社区医院，请其派人上门为老人检查身体、治疗疾病；一周后，社区医务人员将到老人家里为其建立健康档案	3
4	丰富老人的精神生活	招募到三名社区志愿者上门陪老人聊天、带老人外出玩耍，但具体的志愿者活动日程还未商定	2
5	联系老人的家人	尚未联系到老人在本地的亲属	0

课间休息

组织学生讨论每种评估方法的优劣及适用范围。

拓展训练

教师在课堂上采用多种方法调查学生对本项目内容的掌握情况，以及对教师授课方法的意见和建议。以此为例子，帮助学生进一步巩固总结评估的内容和方法。

模块三 / Module 3

03 小组工作

小组工作（Group Work）是指通过意图性的小组（组织性的和非组织性的）的工作（包括治疗、援助等多种方法），来增进人们的社会功能，促使整个社会协调发展。

小组活动是小组工作实施的形式与载体。小组活动的举办是一个严格的过程，有一套专业的要求和程序，包括领受小组任务、策划组建小组、开始小组活动、控制小组进程、结束及评估小组5个环节。

小组工作者应该具备设计小组活动的能力，要善于观察小组发展的动力，懂得促成小组互动，以及具有领导才能。

本模块用小组工作解析、小组活动举办两个项目予以介绍。

项目五　小组工作解析

项目概述

小组工作是社会工作三大直接工作的方法之一。作为公共管理与服务类专业的学生，在开展小组工作之前，必须了解以下内容：小组工作里所说的小组指的是什么？它与我们日常生活中所提到的小组，有何联系与区别？小组工作中小组的定义、构成要素、功能、特征及分类如何？通过小组工作，受助者能够得到什么？工作者在开展小组工作前，有什么样的工作模式可供参考？这些正是本项目需要阐述的问题。

项目包括：鉴别"小组"、运用小组工作模式。

背景介绍

小组工作又称为团体工作，团体是小组工作的核心，团体在人类生活中起着重要的作用。人在生存上、情感上都是相互依赖的。归依群体是人的本性，个体从出生后即进入的家庭到学习生涯中的幼儿园、学校、朋辈团体、校园社团，再到工作后的公司、机构、企业、同事团体，以至生活中的社区组织、休闲娱乐团体、互助团体等，都表明人生活在团体中。个人只有通过加入各种团体才能参与社会生活，社会也只有通过各种团体才能对个人的社会化及其社会生活施加影响。所以，团体既是人们生活的基本单位，又是社会结构的重要组成部分。人是在关系中成长的，人的生命历程就是从一个团体进入另一个团体，在团体中生存，在团体中完成社会化，在团体中形成自己独特的人格品质，在团体中获得各种情感的满足。

尤其是随着城市化和工业化的发展，人类的物质生活水平获得了极大的发展，但在工业化过程中，过于精细的社会分工和过于激烈的生活竞争却使人们之间的关系越来越疏离。孤独、无助、缺乏支持，以及对爱与关怀的渴望，使得人们比任何时候都更希望与其他人联结，而社会问题的复杂与层出不穷，也使人们越来越急于寻求相互合作。因此，团体的组成和通过团体的分享与合作，已经是当代社会一个重要的主题。

小组工作正是基于在团体中与别人互动，发挥个人潜能，达到改变的目的。然而，小组工作里的"小组"与我们生活中遇到的诸如好朋友、同事、社团等之类的团体是有严格区别的。在本项目里，我们要弄清楚小组工作中的"小组"与我们日常生活中的团体有哪些区别，小组工作中的"小组"有哪些特征与功能。

任务一 鉴别"小组"

任务描述

我们生活中存在各种形式的小组或团体，本任务要求学生通过讨论与观察，能够把小组工作中的"小组"与日常生活中的小组区别开来；能够识别小组工作中"小组"的构成要素、特征、功能、类型；能够掌握小组工作中"小组"的定义。

任务实施

组织学生分组讨论以下这些例子，尝试选出属于小组工作中的"小组"的例子；通过这些例子，尝试总结出小组工作中"小组"的定义、构成要素、特征、功能与类型。

例1：一群人同坐一个航班，从北京到重庆，空中经历了两个多小时的飞行。

例2：一群人在一个电影院看电影，共同经历了两个小时。

例3：一群陌生人同在一节卧铺车厢，途中遭遇列车出轨事故，大家在一起经历了72小时的抢险，彼此互助、合作，共同应对突发性灾难，终于渡过难关。

【分析】

"例1"算日常生活中的小组还是小组工作中所指的"小组"呢？为什么？

"例2"算日常生活中的小组还是小组工作中所指的"小组"呢？为什么？

"例3"算日常生活中的小组还是小组工作中所指的"小组"呢？为什么？

"例1"和"例2"不能算小组工作中所指的"小组"，而只能是个体的聚合，是日常生活中的小组。虽然是一群人在一起，但他们之间没有发生任何关系，不符合小组工作中"小组"的特征。

而"例3"就是小组工作中所指的"小组"了，因为一个突发事件使人群中的人们发生了互动关系，他们为一个共同目标而彼此合作、互相影响。在抢险过程中，他们之间有内部分工，有团队的认同感，具备小组工作中"小组"的特征。

任务引导

由上面的例子，我们可以联想到小组工作中的"小组"还有哪些构成要素、特征、功能及类型呢？

知识链接

1. 小组的定义

关于小组，国内外学者从社会学、心理学、小组动力学等角度给出了不同定义。我们认为，小组由两个及以上个人组成，是一个具有明显社会性、归属性、激励性和互动性等特征的动态群体。

2. 小组的构成要素

小组的构成要素是指用来描述小组过程的各种事件的分析工具。一般来说，小组的构成要素有以下几个。

（1）小组目标。小组目标是小组存在的理由和小组工作的方向，它包括机构服务目标、小组目标、工作者目标和个人目标等四个层面。其中机构服务目标是由机构或制度所赋予的、在小组成立之前就存在的一般性目标。因为每个机构都有其自身的功能和目标，这种功能和目标足以影响该机构支持下的小组目标的完成，所以在组建小组时，应该尽量使小组的目标和工作机构的目标相吻合。小组目标是由小组自行决定的整个小组目标，是一个特殊化的具体目标。工作者目标是工作者对整个小组的期望，它是工作者的专业判断和工作经验的产物。个人目标是指每一位小组成员的期待和希望，是他们参加小组的目的。

（2）小组契约。契约即承诺，常常表现为一些规范性条件，如工作机构的责任、工作者的责任、小组成员的权利与义务、会议制度、收费标准和注意事项等。它包括5个方面的内容：小组与工作机构之间的契约、小组与小组工作者之间的契约、小组与小组成员之间的契约、小组工作者与小组成员之间的契约，以及小组成员彼此之间的契约。助人机构、小组及小组成员在开始建立工作关系时，应该对其有一个共同的理解。

（3）小组工作者。小组工作者是一个拥有小组与小组工作知识和技能，并能协助小组达成其目标的人。

（4）小组成员。小组成员是通过与小组订立契约而参加小组，并希望通过小组活动而促进个人成长的个人。

（5）小组规模。小组规模即小组成员的人数，一般而言在 5～15 人之间为宜。决定小组规模的原则主要有以下几个：小组围坐时小组成员相互看得到对方且听得到对方的声音；小组以小到能产生工作效果，大到能被工作者所掌握为原则；小组规模的大小与小组的性质或模式也有关系，如社会目标模式、互动模式、发展模式，规模可以大一些；治疗模式规模一般较小；如果小组必须扩大时，就要将其结构分化，使每一个次结构仍有足够参与的能力，且小组成员必须容忍以领导为中心；封闭小组可以不太重视小组成员的多寡，但是开放小组的大小却很重要，以避免因为成员的流失而解散。

（6）小组时间。一般而言，小组的活动时间是：开展 4～8 次活动，每次聚会时间控制在 50～120 分钟为宜。小组时间包括小组开始的时间、小组存在的时间长短、小组聚会的时间与频率，以及每次聚会的时间长短等。小组的时间安排应该便于成员参加，否则就会影响成员的出席率，进而影响小组目标的达成。

（7）小组空间。小组的空间要素包括聚会场所的选择与布置，以及成员个人空间的安排。小组空间在一定程度上影响小组目标的达成。一般来讲，小组聚会场所应该具有一定的保密性，以便给予成员足够的安全感。聚会场所的布置应该有利于成员的相互沟通。个人空间的安排不要太近，因为小组成员有自己的人际距离，如果太近了，成员会有被侵犯的感觉，甚至可能使成员紧张不安；如果太远了，则会影响小组成员的相互沟通。具体可以参照人际互动距离来确定。

3. 小组的特征

（1）小组通常由两名或两名以上的组员组成。
（2）组员之间有共同的目标和利益。
（3）组员对小组有认同感。
（4）组员之间相互依存和相互影响。
（5）小组中具有社会控制的方式，如规范、准则等。
（6）形成特定的小组文化和氛围。

4. 小组的功能

根据我国学者宋镇照的观点，从团体的形成和维系来看，团体发挥了工具性、心理性和功利性的功能，具体体现为：①在工具性功能方面，团体促使成员同心协力；团体达成的目标远大于个体目标之和；团体可以整合出新的意见或创造性的解决方案，特别是在资讯不完整时。②在心理性功能方面，团体可以满足人们的亲密需求、爱与被爱的需求；可以发展和确定成员的身份感，维持个人的自尊；可以帮助成员消除不安全感、焦虑和无力感。③在功利性功能方面，团体能维持一个非正式的共同网络，使成员可以更迅速地交换其共同的兴趣与信息，并且可通过互惠互利的帮助，解决成员的问题。

总结各学者的观点，小组的功能主要包括以下几个方面：

（1）提供一种归属感。小组能满足人类最基本的需要——归属感。小组工作者通过接纳成员来推动他们归属感的产生。当成员感到被接纳时，成员会彼此认同，并且感觉自己是小组的一分子。他们会开始认为自己是重要的并且有价值的，也可以是有贡献的。当达成接纳的目标时，归属感就油然而生，并成为人们生命中的一种本能。

（2）提供验证事实的机会。小组如同一个真实的社区，在某种程度上反映了小组外的真实世界。在这一模拟社区中，成员在将新行为和想法运用到真实情境前，有机会尝试新的行为和想法。紧接着，他们会得到小组中其他成员对他们的新行为的评价，进而了解这种新行为在小组外是否会被接受。本质上，在小组中经过了一段时间的互动后，成员会了解到其他人对自己行为的真实感受和反应而得到互助合作的资源。

（3）提供小组成员帮助他人和被帮助的机会。成员通过诚实和真诚的对其他成员成长的回应，表达了个人对其他人负责的态度。同样，当一个人感觉越安全时，他越愿意接受来自其他成员的协助。在小组中，小组工作者并非扮演专家或权威者的角色，而是成员解决问题过程的合作者和同伴。

（4）小组是赋予成员能力的工具。许多成员会参加小组，是因为对于要改变个人所处的情境有着无力感和无助感。小组领导者使成员有能力在个人、人际关系和政治等层面采取行动，因而改善个人所处的情境。赋予成员能力是基于相信人们是有能力的，对于个人所处的情景和问题而言，案主个人是唯一的专家。因此，案主对于问题的定义和对于问题应该如何解决的想法，是问题能有效解决的关键因素。

（5）使小组成员得到治疗。小组治疗的目的是增强小组成员的适应能力，以及高度自我功能的实现。小组通过表现出类似实际社会的小型社会，为成员提供了解并改善自己的人际关系和扭曲的观念及沟通方式的机会。在这一过程中，小组成员通过自我观察、反馈等方式获得学习提高和治疗。

5. 小组的类型

根据不同的分类标准，小组可以分为不同的类型。

（1）按小组的形成方式分。

1）组成小组。组成小组是通过外部的影响和干预而组建起来的，这种小组一般有较强的目的性和结构性，如任务小组、工作委员会和兴趣小组等。

2）自然小组。自然小组是人们自然而然地聚在一起的小组，是由于一些自然事件、成员间的互相吸引或感觉需要等因素而形成的，通常具有较低的组织结构，如家庭、朋辈小组、街头玩伴小组等。

（2）按组员的参与动机和主动性分。

1）自愿小组。自愿小组是基于组员自身动机和主动性而形成的。自愿小组中所有组员都是自愿参加的，如志愿者小组和家长技巧训练小组等。

2）非自愿小组。非自愿小组不是因为组员的自身动机和主动性组成的，而是具有强制参与性的小组，如在矫治机构中用于组员转变行为的戒毒治疗小组等。

（3）按成员之间的联系分。

1）基本小组。基本小组的成员具有较高的互动频率而且联系紧密。基本小组都是很小型的，小到成员可以用面对面的方式与任何一个人互相交流。它也是成员之间有约定承诺的小组，小组成员相互表达情感，不论是积极的或是消极的，都可以清楚地表达出来。最典型的基本小组就是家庭。

2）次层小组。成员之间相互联系较少而且关系不甚密切，如同事等。

（4）按小组的结构分。

1）正式小组。正式小组具有正式的小组结构、确定的角色和地位。通常，正式小组有特定的目标去指导组员的行为，如任务小组、行动小组和教育小组等。

2）非正式小组。非正式小组不具有正式的结构。通常，小组没有明确的目标，组员自然地聚拢在一起，通过互动达到交往和满足个人需求的目的，如同学小组、街头玩伴小组等。

（5）按组员的界限分。

1）封闭小组。封闭小组从小组聚会开始到结束都是相同的成员组合，不会随时间的变化而增加或减少组员。一般来说，深刻的互动关系和一些特殊的治疗关系都是在封闭的小组中完成的，如求助者所参与的"情感支持小组"等。

2) 开放小组。开放小组在小组过程的任何时间都允许成员加入和离开。一般社会目标模式下的小组都具有很高的开放度，如环保小组等。

（6）按小组的性质和目的分。

1) 社交小组。社交小组的目标是组员关系的改善和互动。小组活动围绕着提升组员的社会交往能力开展。这种小组在我国的学校和社区青少年活动中心等有所开展。

2) 教化小组。教化小组有明确的角色指引和行为规范指导，通过小组工作教化和训练组员，使其在品德、行为、纪律等方面规范化，提升他们的自觉意识。学校、青少年中心等有很多教化小组。我国目前主要通过说教方式而很少用小组工作进行教化。

3) 服务或志愿者小组。通过小组开展义务服务工作，培养和发掘公民的服务意识和潜能。我国有许多志愿者小分队就属于此类。

4) 兴趣小组。通过小组发展和培养组员的各种兴趣和能力，陶冶情操。我国学校和青少年中心都举办各类兴趣班。

5) 任务小组。任务小组有明确的任务（工作）取向，如环保小组、节约用水公共宣传小组等。

6) 意识提升小组。这类小组致力于对组员的增权，提高他们对自己和社会整体的意识，如妇女意识提升小组、单亲母亲支持小组等。我国的专业人员在这方面做了许多努力。中华女子学院社会工作系师生的"单亲女性自强小组"，香港理工大学应用社会科学系和云南大学社会工作系师生在农村开办的"平寨妇女生计小组"等，都做了有意义的尝试。

7) 教育小组。用小组的方法帮助组员学习与自己的生产、生活和与社会相关的各类知识，目的是提高小组成员适应社会（生活）的知识和技能水平；用小组的方式进行"非正规教育"，学习与自己生存有关的知识和经验，对组员能力提升和自信心培养作用很大，如家长技巧训练小组、村妇手工艺传习小组等。教育小组在我国有广阔的前景，各类社会福利机构对此做过许多有益探索。

8) 成长小组。成长小组通过组员之间的互动，促使他们从思想、感情和行为等多方面觉醒并深刻反思，从而不断获得成长。成长小组最终的目的是帮助组员发挥自己的潜能，在情绪、态度和行为等方面获得改变与成长，如大学生成长小组、老年人成长小组等。我国许多机构都做过成长小组，积累了一定的经验。

9) 治疗小组。治疗小组是通过小组互动，帮助有"问题"（如社会功能丧失、违反法律和道德等）的组员恢复社会功能，改变不良行为和态度，治愈身心"疾病"等，如偏差青少年行为矫治小组、精神病人适应社区生活小组等。治疗模式的小组是小组工作的重要领域，对各种社会适应不良和身心有缺陷的人提供服务，在我国的特殊人群（残疾人、精神病人等）和司法矫治对象中有广阔的应用前景。

10) 社会化小组。帮助组员学习社会适应技巧和行为方式，提高他们应对社会压力的能力，如提高青少年自信心小组、帮助儿童学习与他人交往和合作的康乐小组等。

11）自助和互助小组。这些小组都是以组员自己的资源作为支持，以达到转变态度和行为的目的，或者达到解决社会问题的目的，如针对下岗女工建立的创业自助互助小组、单亲母亲支持小组等。通过小组方式达到自助和互助的目的，在我国有这样的传统，新中国成立初期的"互助组"就是一个典型的例子。用小组的方法建立社会支持网络，重建社会资本，是弱势群体自立自强的重要途径，也是社会工作努力的方向。

> **案例阅读** 某老师的调查
>
> 重庆市某学院社会工作专业的老师们对刚踏入大学校门的大一新生进行了调查，发现大一新生在很多方面都表示有需要，如需要认识新的朋友、需要交到真心的朋友、需要适应大学生活、需要适应大学教育的形式与方式、需要懂得管理自己的时间与情绪、需要学会独立等。大一新生正处于人生发展阶段青春期的中后期，心理学家称之为"心理断乳"阶段，其心理具有幼稚和成熟的两面性，面对新的学习和生活环境，必然要经历一个适应的过程；能否尽快调整自己以适应大学生活，对他们无疑是一次考验，也将对其以后的大学生活产生重要的影响。
>
> 为了能使大一新生尽快转变角色，熟悉校园，适应大学生活，了解专业，掌握大学学习方法，协调人际关系，锻炼各方面的素质与能力，规划大学生活与职业生涯，达到构建和谐校园的目的，老师们针对大一新生开展了"扬帆远航"小组活动，以使新生们更好、更快地融入了大学生活与学习中。
>
> 【思考】
> 从小组的性质与目的来划分，案例中的"扬帆远航"小组属于什么类型的小组？

> **课间休息**
>
> 讨论：针对学校的大一新生，可以开展哪些类型或主题的小组活动呢？

任务二　运用小组工作模式

> **任务描述**

模式可以被理解为人们工作经验的总结。它能够使我们迅速适应工作情景、提高工作效率。小组工作模式即小组工作者开展小组活动的一套思路、理念与方法，它的形成与运用，有助于小组工作者在对小组及其组员的情况做出一定的评估后，使小组工作具有较强的针对性，也更有效率。由于小组工作有不同的介入取向，于是形成了不同的介入模式，本任务要求学生掌握小组工作中常见的4种模式，以及相应的知识点。

任务实施

某社区的案例

某城市社区属于老城区，在这里生活的大多数人，家庭经济条件一般，有钱的居民已经购置了小区房。该社区的环境一直是一个大难题，乱扔垃圾、私搭乱建等问题层出不穷，特别是到了下雨天，社区到处都是垃圾和臭水。居民们都觉得社区环境太差了，但只停留在抱怨层面上。在主动、深入了解居民们的想法后，社会工作者发现大部分居民希望改善社区环境，还有部分居民在时间空闲的情况下愿意参与社区环境维护与改善活动，也愿意做志愿者。于是，该社区的社会工作者想用小组工作的方法来改善社区环境，但不知道该选择哪种小组工作模式。

【分析】小组工作学者及工作者在长期的研究与实践中，总结出社会目标模式、治疗模式、互动模式和发展模式，这些模式尽管为我们提供了一定的参考，但也需要我们在开展小组活动前把握每一种模式的要点。

任务引导

如果你是该社区的社会工作者，会采用哪种模式来开展环卫小组服务活动呢？为什么？

上述案例比较适合采用社会目标模式来开展环卫小组服务活动，社区环境的改善需要社区所有成员的共同努力。从案例可以知道，部分社区居民是愿意站出来维护社区环境的，社会工作者可以先把这些热心的居民组成环卫小组，再由这些小组成员去带动其他社区成员参与社区环卫活动；也可以设定一个社区环境保护日，让组员一起倡议大家行动起来，维护社区环境，最终实现社区环境的改善和社区居民环境保护意识的提升，这比较符合社会目标模式的理念。

在选择小组工作模式时，一定要注意各种模式背后的理念，不同的模式有不同的理念和介入取向，小组工作的方法也不一样。所以，社区工作者有必要了解小组工作中常见小组工作模式的种类、概念、特点等。

知识链接

1. 小组工作及其功能

小组工作是社会工作方法之一，它通过有目的的小组经验，协助个人增强其社会功能，以及更有效地处理个人、小组或社区的问题。

西方学者克莱因（Klein）提出了小组工作的8项功能：

（1）康复。康复（Rehabilitation）是指针对有问题的小组成员，帮助其在情绪、希望、态度和价值观等方面恢复到原来状态的过程。这个功能通常体现在一些治疗性的小组中，通过工作者设计的一些有目的的活动，运用一些专业技巧，来帮助小组成员解决其行为、情绪、态度和认知方面的问题，使其恢复到正常状态。

（2）能力建立。能力建立（Capacity Building）是指小组成员在小组中成长和发展的过程，是一种通过教育和技能培训提升意识和自信心的过程，而不是治疗的过程。在这个意义上，小组并不是为了解决小组成员的问题，而是为小组成员的个人成长和能力提高创造一个良好的环境，在小组成员的互动过程中，协助小组成员学习、反思、提高和成长。

（3）矫正。矫正（Correction）是指协助违反社会秩序、道德规范或侵犯他人利益的"问题"小组成员，在小组工作中改变的过程。小组的这个功能通常体现在一些行为和价值观矫正的过程中，特别是针对一些在认知和行为层面存在严重的反社会倾向的小组成员，通过专业的工作手法，帮助小组成员认识、反思自己的行为和价值观，学习并巩固符合社会规范的行为和价值观。

（4）社会化。社会化（Socialization）是指协助小组成员学习社会规范和人际关系技巧的过程。人在一生中将不断面临再社会化的过程，会遇到很多适应的问题和人际关系处理的问题。小组的这个功能就是帮助小组成员在小组环境中，学习适应社会规范、人际相处的技巧，解决在再社会化过程中遇到的种种问题。

（5）预防。预防（Prevention）是对可能发生的困难进行预测，并提供人们所需要的环境支援。小组的预防功能主要体现在小组的经验分享和学习中。通过小组成员之间的互动，学习可能遇到的困难的解决方法；小组成员之间的信任关系，能够为小组成员提供一种支持和帮助。

（6）社会行动。通过鼓励小组成员参加社会行动（Social Action），使个人学会领导、服从、参与、决策等方法，并承担社会责任。小组工作除了关注个人层面、小组成员层面的需求之外，还关注社区和整个社会问题的解决。在一些社会目标小组中，小组会调动小组成员，参加社会行动，促进社区环境的改变，甚至社会政策的改变。在这个过程中，小组会协调小组成员学习一些参加和领导社会行动的技巧，通过参加社会行动，增强小组成员的社会责任感。

（7）问题解决。协助小组成员做出决定并且使问题得到解决，往往是小组工作的主要功能之一。在小组过程中，工作者协助小组成员发现自己的问题，通过民主决策，找到问题解决（Problem Solving）的途径。在参与过程中，小组成员学习了解决问题的方法，这是小组工作最容易体现的一个功能。

（8）社会价值。鼓励小组成员实现其社会价值（Social Values）。小组成员通过参加社会行动和小组成员间的互相帮助，很容易获得一种成就感和自我实现感，借此可以提高小组成员的自信心，体现小组成员的社会价值。

2. 小组工作模式

（1）社会目标模式。

1）概述。社会目标模式是最早的一种小组工作模式，该模式强调通过一系列原则和方法培养成员的社会责任感、社会意识和社会良知，认为人往往是通过小组的力量达成社会行动的，强调发展小组本身的功能。成员在小组中学习小组的规则，培养小组活动能力，以及通过小组达成社会行动的能力。

小组工作模式

2）目标。社会目标模式的总目标是培养小组成员的社区归属感，实现社会整合。它具体分为三个层次：第一，发展和提高小组成员的社会意识和潜能，同时也发展和提高他们实现社会变迁的责任心；第二，发展小组成员的社会能力，提高他们应对社会环境方面的个人能力，增强他们的自尊心和社会能力；第三，培养当地的社区领袖，使他们有意识和能力去带领推动社会变迁。

这个模式的小组目前被许多社区发展（社区组织）机构采用，有力地推动了社区发展工作。例如，国内的许多非政府组织，在社区发展中都非常重视村民自助组织的发展，围绕生计、教育、意识提升等目标开展小组工作，使社区发展工作真正落到实处。在农村推行的"妇女手工艺小组""妇女成人教育小组"等都是鼓励妇女团结起来，应对市场压力的小组。

3）小组工作者的角色。在该模式中，小组工作者的角色是使能者、促进者、影响者或耕耘者。小组工作者凭借自身的社会意识和社会责任感，鼓励每一个小组成员都承担起公民的责任，培养良好的市民，促进社会发展和社会变迁。

4）优势与限制。这个模式最大的优势就是符合社会工作原本追求社会公正和社会关怀的理想，它将个人的问题与其所处的社会环境或社会结构（社会制度）联系起来，强调个人问题的解决与社会结构问题的解决相关联。所以，社会目标模式非常注重公民参与解决问题。通过促进民主参与，社会工作的价值观能够得到充分的实现。社会目标模式已经比较接近社区工作，尤其是利用社区领袖（"草根"领导）管理社区问题，民主化原则使此模式具有强大的生命力。这个模式的优势还在于通过小组工作发展社区组织，通过社区组织进行社区教育，以此提升民众的意识，达到社区赋权的目的。

这个模式的限制是过分依赖意识形态，使它的理论基础薄弱、缺乏系统性；过分注重组织的力量，忽视了个人的独特需要，缺乏对个人动力的认识，满足群体需要优于解决个人问题。

（2）治疗模式。

1）概述。治疗模式是以治疗个人作为小组工作的任务，同时也提供个人的预防和康复服务的一种干预方式。它是社会工作的一大传统，即提供服务给不同需要的人。

2）目标。该模式认为小组工作的目标是通过小组经验来治疗个人心理、社会与文化的适应不良问题。它的关注点是怎样运用小组工作来恢复个人的社会功能纠正个人的行为偏差。

小组工作中的治疗模式可以较广泛地运用在偏差行为的纠正、医疗和精神卫生服务、社区特殊群体的服务，以及学校社会工作服务中。

3）小组工作者的角色。在该模式中，小组工作者以专家或家长的身份出现，其任务是研究诊断和治疗；小组工作者必须有足够的能力去诊断个人的需要，安排治疗计划，并控制小组的发展。

4）优势与限制。传统上治疗模式比较强调"为案主工作"，而不强调"与案主一起工作"，强调专家的专业性和权威的特点，强调工作者的影响力。治疗模式是社会工作的传统之一，其较长的发展历史和对心理学、精神病学理论和技术的广泛采纳与应用，已经建立了丰富的治疗体系。只要能够很好地评估案主的情况和需要，并根据治疗小组发展的不同阶段的特点，灵活运用各种治疗手段，治疗模式仍是小组工作的经典方式。

由于传统上治疗模式不太注重成员的互助系统，强调治疗"小组中的个人"，强调"医患关系"，而非平等的合作关系，在某种程度上限制了组员的潜能和能动性的发挥。此外，对特殊的小组，由于小组的目标在一定程度上是"外界"决定的，工作者可能会面对很大的阻抗，需要给予额外的关注。

（3）互动模式。

1）概述。该模式认为个人和社会之间存在着一种有机的、系统的关系，小组与每一位成员之间也存在着一种相互影响的关系。其注意力集中于成员之间为满足共同需要所产生的互动过程。

互动模式强调利用小组成员之间的力量、智慧来帮助小组成员，从而达到自助或互助。这一理念在我国传统文化中其实有着广泛的基础，因为集体主义和利他主义精神是中华民族的光荣传统，所以互动模式在我国的适用性是较强的，无论在推动儿童、青少年群体的成长方面，还是在解决中年人生活工作压力方面，或降低老年人的孤独感、适应晚年生活方面，都能发挥很大作用。不过，由于中国人不善于自我表达，具有含蓄、内敛等特征，又使这一模式的充分发挥受到影响。

2）目标。该模式的目标是使小组成员在社会归属和互相依存中得到满足，要在小组成员之间、小组之间和有关的社会系统之间，达到互助和开放。小组的焦点既在个人，又在环境。通过这样的互相影响，个人和社会的功能都将得到增强。小组工作的目标可能是预防性的、补充性的和复原性的，小组通过成员的交谈和讨论来决定它的具体目标。

3）小组工作者的角色。在该模式中，小组工作者的角色是小组成员与小组、小组与机构之间的协调者，负责促进小组成员的互动，以及小组成员、小组、机构、家庭、学校和社区等各系统间的彼此适应。

4）优势与限制。这个模式注重成员的潜能和互助系统，突出了社会工作助人自助的信念；小组的目标来自成员互动和讨论，有利于成员发挥能动性和培养自决意识；成员自主选择恰当的介入策略去解决自己面临的问题，防止外界的价值干预。

但此模式对小组中个人期望和个别化的关注是不够的，对成员个人改变程度的评估也是不足的。工作者的权力是不足的，使工作者难以用自己的权力影响小组过程（这是一个两难困境）。

（4）发展模式。

1）概述。该模式认为小组是一个有内在演化逻辑的生命有机体，小组的发展是小组生长、成熟、衰落的过程，小组的运动必定会经历一个又一个阶段。这些阶段都是前后关联的，不同的阶段有不同的目标和任务。在小组活动中，要发展成员自我认识、自我评价活动的能力；发展个人对他人的认识、个人对他人的评价能力，以及个人与他人之间的交互反应作用；发展小组成员对小组情况的认识、对小组的评价能力，以及通过活动采取必要和适当的行动。

由于发展模式具有广泛运用的特点，我们常常将其用于帮助提高自信心、培养领导才能、解决成长过程中的问题。发展模式在我国的实际运用，基本上有下列几个方面：

①在学生中的使用。中华女子学院社会工作系为社会工作专业新生开设的自我成长小组，就是采用了发展模式，帮助组员重新认识自我、提升自信心，完成高中向大学阶段的过渡。另外，在北京的一些中学也开设了中学生成长小组，帮助他们完成从初中向高中的转变。

②在退休人群中的使用。在北京的一些街道，社会工作专业的学生与街道老龄委合作，开办了退休生活适应小组，协助退休人员正视自己的角色变化，学习适应新生活。

③在外来人群中的使用。北京农家女文化发展中心，曾经为外地来京的打工人员开设成长小组，帮助她们解决来京后面临的社会适应问题。

2）目标。该模式的目标是通过小组活动，鼓励组员参与，表达自己并找出小组成员共同的兴趣和目标，在小组成员之间形成协助关系，以促进小组成员和团体的共同成长。

3）小组工作者的角色。在该模式中，小组工作者的角色是指导者、建议者。小组工作者需要根据小组发展阶段的特点指导小组工作，根据新的情况修正小组的目标，理解小组成员与小组的关系，并及时提出各种意见和建议。

4）优势与限制。发展模式最大的优点就在于它能够广泛运用于不同状况的小组。在这类小组中，组员不会被贴上标签，没有压力。它的不足之处在于，在实践过程中，它强调的是一种成长的信念，而成长本身是一个难以测量的概念，因此有人批评这种模式缺乏科学性。

案例阅读 某城市小区的案例

某城市小区 60 岁以上的老年人口数已达小区总人口数的 16%，已经是老龄化比较严重的小区。其中，有一部分属于独居或者孤寡老人，他们因为子女不在身边、对小区里的其他居民也不太熟悉和认识，生活变得越来越单调，人际关系越来越疏远，活动越来越少；他们大多时候是独自待在家里与电视为伴，很少与外界接触。有的独居老人即使和子女同住一个城市，但因子女工作忙碌等原因，与子女见面的机会越来越少；渐渐地，他们变得越来越孤僻、越来越自我否定、越来越觉得自己是负担、越来越没有价值感和生活目标等，对老年生活适应出现了问题。

社会在进步，可他们的生活质量却一天不如一天。面对这样的处境，很多老年人也无可奈何，只是无奈地重复着单调而又简单的枯燥生活。社会工作者针对此种情况，为他们开展了兴趣与手工小组活动，既丰富了他们的日常生活，又使得他们逐渐肯定了自己的价值。

【思考】
案例中，社会工作者应该采用何种模式来为老人们开展小组服务活动呢？

课间休息

讨论：在学校里，可以开展哪些模式的小组活动呢？

拓展训练

阅读题

阅读"小组工作"相关教材与书籍，理解小组工作者应该具备什么样的职业伦理和价值观，并尝试用小组工作者应该具备的职业伦理与价值观分析和讨论下面的案例。

科诺普卡（Konopka）提出，在小组工作实务中，必须坚持以下价值观：

（1）小组中来自不同种族、国家、社会阶层和不同年纪、性别的人，应该积极参与小组活动，建立一种积极的平等关系。

（2）在小组工作过程中，始终强调合作和互惠性的决策过程，充分体现民主参与的原则。

（3）强调个人在小组中的创造性和主动性。

（4）尊重组员有参与的自由，这些自由包括对于小组和组员有关的问题发表看法的自由、有权参与小组的决策过程等。

（5）强调小组中高度个别化原则，关注小组中每个组员的特定需要。

特斯兰德和利瓦斯（Toseland & Rivas）提出了下列专业伦理标准：

（1）组员拥有明确的知情权，在小组开始阶段，社会工作者有责任告诉每个组员小组的目的和目标是什么、参与小组可能的危险是什么、时间安排、每节的长度、参与是否是自愿的。整个小组的活动安排等。

（2）明确保密的原则和措施。可以放弃保密原则的情形，包括：当事人的生命处在危险边缘时；当事人问题涉及刑事案件时；当事人未满16周岁又是受害者时；当事人有犯罪意向，或工作者评估会危及自身或社会时；当事人心理失常时；当事人有自杀倾向时等。为了让组员对这个原则有一个明确的认识，小组工作者有必要在开组前，通过口头和书面的方式向组员解释清楚，在了解相对保密性原则之后，组员有权决定在小组中袒露多少个人隐私问题。

（3）从事小组工作的社会工作者，必须经过一定的培训和专业教育，具备一定的经验才可以带领一个小组。

（4）在特定的情况下，社会工作者在带领小组的过程中，遇到问题时可接受督导和咨询。

（5）经过筛选决定组员，形成小组后，要确保组员的需求能够在小组中得到满足。

（6）社会工作者有责任协助组员达成治疗目标。

（7）组员在小组中必须得到保护，不受到身体伤害和威胁，不被迫接受别人的价值观，不被胁迫，不会受到其他形式的压力和来自组员的压力。

（8）平等公正地对待每个组员。

（9）社会工作者不能利用组员来达到个人目的。

（10）社会工作者有责任对组员进行及时评估和跟进，以保证他们的需要得到满足。

讨论题

小林参加了一个成长小组的活动。在参组前，她向社会工作者询问了小组中有关保密的问题，因为她不想让别人知道自己参加了该小组。社会工作者将保密原则告诉了小林。在小组活动中，小林表现得非常投入，向组员和社会工作者袒露了自己的苦恼。原来，小林前不久到医院体检时，医生告知她患上了乙型肝炎，她感到非常矛盾：一方面她不愿让父母担心，另一方面又无法想象以后的生活将会怎样。在一次小组活动结束时，小林突然晕倒了，社会工作者和组员十分紧张，立即叫来救护车，将小林送进医院抢救。经诊断，原来小林因近期过度劳累而引起了肝损伤，医生将其病情告诉了社会工作者，并表示，如果晚一点送来，可能会有生命危险。不知何故，小林的父母和亲戚朋友都知道了小林的病情，这给她带来了很大的压力。出院后，小林以个人隐私权受到侵犯为由将社会工作者告上法庭。

【思考】

（1）请从保密相对性的概念出发，评价上述案例中小组社会工作者的介入行为。

（2）社会工作者应该如何理解保密的相对性概念并改进服务呢？

项目六　小组活动举办

项目概述

在初步了解小组工作概念及其工作模式之后,很现实的问题是如何更好地举办小组活动。小组活动的举办指的是小组工作者在掌握小组分期的前提下,以小组工作的时间为主线,熟练运用小组工作方法与技巧的过程。事实上,这是一个连续的过程。但为了方便介绍,此处将小组工作连续的整体拆分为各个独立的阶段。本项目要求社会工作专业的学生能够明确地理解小组任务、撰写小组计划书、具备筹划组建小组的能力、掌握开展小组活动的方法与技巧,能够对小组活动进行评估、总结与反思。

项目包括:领受小组任务、策划组建小组、开展小组活动、控制小组进程和结束及评估小组。

背景介绍

小组活动举办是小组工作具体实施的形式与载体,有一个严格的过程,有一套专业的要求和程序,具体包括领受小组任务、策划组建小组、开展小组活动、控制小组进程、结束及评估小组5个环节。通过以上5个环节,社会工作者利用小组的形式为有需要的人士提供专业的帮助与服务。需要说明的是,小组活动的举办与日常生活中一群人的聚会是不一样的。

小组的服务对象涉及我们生活中的各类人群,如残疾人群体、青少年群体、吸毒群体、病患群体、老年群体等。根据不同服务对象群体的需要,小组活动的内容、形式、主题等也有所不同。但是,小组活动举办的程序基本上是一样的。这就要求我们不仅要掌握小组活动举办的程序,还要掌握在举办小组活动过程中需要的理论、知识与方法。

任务一　领受小组任务

任务描述

明确地理解小组任务是小组工作者首先应该完成的工作,小组任务一般有两种形成方式:

一是机构派给社会工作者的任务，属于自上而下的任务，这个任务一般是机构之前经过调查或者凭借经验而得到的；二是社会工作者通过实地观察，发现居民有共同的需要，而向机构提出并得到机构同意的小组任务，属于自下而上的任务。不论领受哪种形式的小组任务，小组工作者都有必要去弄清楚以下几个问题：机构的性质、服务理念、物资、主要服务对象、运作目标等基本情况，服务对象的需要等基本情况，以及小组任务的目标等。本任务要求学生能够清楚机构的基本情况、明确服务对象的需要并完成需求评估报告和理解小组任务的目标，即弄清小组的构成。

小组的构成是指小组结构要素和过程要素的构造，小组工作就是这些要素互相作用的结果。在小组的构成中，静态的结构要素包括小组的内部结构要素（小组、成员、工作者、目标、协议、活动内容等）和小组的外部结构要素（机构、规模、时间和空间等）；动态的结构要素包括小组服务过程中的决策、领导、沟通、冲突等。动态结构要素在后面的任务中有所叙述，故不在本任务中重复。

任务实施

组织学生到一些社会工作机构（或社区）参观与访问，了解机构的性质、服务理念、主要服务对象、物资、运作目标，以及机构开展哪些类型的小组活动。在条件允许的情况下，可以让学生去帮助机构（或社区）做需求评估。

以下是老师们带领学生了解社区基本情况，并在社区内完成的亲子沟通需求评估报告。

重庆市 × 社区简介

× 社区是 × 街道下属的市级示范社区，也是重庆市社会工作试点社区，坐落于 × 村的中心地带。该社区住宅楼共39栋，总户数1 980户，常住人口5 225人，暂住人口1 000余人，地域面积约0.55平方公里，辖区内有 × 小学、× 中学等6家事业单位，个体工商户100余家，农贸市场一条街是 × 公司职工聚居区，属于老城区。

社区专职工作人员有8人，其中有社会工作师1名，助理社会工作师2名；另有社区成员代表38人，居民组长42人。社区成立了社区成员代表议事协调委员会，以及工、青、妇、治保调解委员会和城管、社区工作站等组织机构。

以人为本、服务居民是该社区的理念，社区主要在街道的领导下开展工作，以社区全体居民为服务对象，开展的服务项目有：社区党建服务，精神文明建设服务，环境卫生服务，法律服务，劳动保障服务，文化教育服务（兴趣小组和教育小组），医疗保健服务，志愿者服务，扶助孤、老、残、幼服务，社区康复服务，居民求助热线，计划生育、生殖保健服务，心理咨询、个案辅导、情绪疏导服务。

重庆市×社区亲子沟通需求评估报告

　　随着年龄的增长,青少年渴望独立的愿望日益变得强烈,与家庭的关系逐渐疏远,对父母的权威产生怀疑,甚至有反抗行为。他们想要摆脱家长和其他成年人的监护,摆脱由这些成年人规定的各种形式的束缚。由于价值标准受到同辈和社会的影响逐渐大于来自父母的影响,当与父母发生冲突时,青少年往往会出现"摆脱家庭束缚"的倾向。调查表明,12~18岁是一个身心变化剧烈的时期,学科上称为"危机期"或"心理断乳期"。在这一时期,孩子们将从心理上摆脱对成年人的依赖,表现出追求独立的倾向。

　　在社区青少年访谈中,我们发现:青少年不再愿意做被动的适应者、服从者、模仿者、执行者,而是力求成为生活中主动的探索者、发现者和选择者;他们的自尊心有了较大的发展,不愿家长把自己当成孩子看待,不喜欢家长用与孩子沟通的方式与自己沟通,所以很少和家长沟通。他们有的不知道怎么和家长沟通,有的觉得不好意思与家长沟通,有的由于不喜欢家长的沟通方式进而与家长冷战甚至对立,从而成为很多家庭矛盾与纠纷等各种问题产生的导火线,不利于创造和谐的家庭环境和青少年的健康成长。

　　在家庭探访的过程中,我们进一步发现,家长和孩子在沟通方式上有很多表现:父母时常用命令、殴打、体罚、大声吼叫、责骂等自上而下的权威式沟通方式,孩子则采用随便应付、当作没听见、与父母对骂等消极的回应方式,亲子关系比较紧张。家长和孩子都表示亲子沟通是一个令人头痛但又很想处理好的问题。因此,我们觉得社区有必要以12~15岁的处于青春期的青少年及其家长为对象,开展以亲子沟通为主题的亲子教育的平行小组,借此提高亲子沟通的质量,改善亲子关系。

　　【分析】通常情况下,当我们进入某一社区,了解社区居民的需要,在做社区居民的小组需求评估时,会有以下4种"需要"供我们参考:

　　(1)感受性需要(Felt Need),是指社区居民感觉到某种服务或需要的迫切性,用语言表述出来。

　　(2)表达性需要(Expressed Need),是指社区居民通过一定的方式或途径(比如个案访谈、焦点小组等)表达出来的需要。

　　(3)比较性需要(Comparative Need),是指社区居民到其他地方去参观后,通过比较感觉到某种需要的迫切性。

　　(4)规范性需要(Normative Need),是由专业人员、行政人员或学者专家,依据专业知识和现存的规定(规范),规定在特定情形下所需的标准。

　　可以看出,前面三种需要都是社区居民提出的,最后一种需要则是工作者提出的。当然,需求评估或需要不仅运用于小组工作中。

任务引导

如果找不到社会工作机构，找社区也可以；如果找不到社区，在学校内也可以完成。例如，要求学生以小组的形式在学校内针对本校学生进行一次需求调查与评估，同时还可以布置小组工作课程的作业任务，要求学生在学校内为同学开展小组服务。

根据经验，用小组工作的手法帮助案主，是基于对问题（需求）的评估而决定的。在需求评估的过程中会出现两种情况：一种情况是机构要求开展小组服务，工作者自己也有小组工作的训练，认为小组工作方法是最有效的助人手法，用这样的态度和方法去评估需求其实是当前社会工作主流的"专业需求"评估；另一种情况是以案主的需求为本，通过与案主的"同行"，建立信任关系，评估他们的真实需求，在此基础上开展小组服务。从以上亲子沟通需求评估报告来看，该社区是社会工作试点单位，按照要求必须定期开展小组服务，但是开展的主题并没有确定。最终选择亲子沟通是老师们与学生经过与社区居民深入访谈之后得出的结论，属于第二种情况，是自下而上的小组任务。

小组的需求评估实际由资料收集→资料分析→介入干预计划三个步骤组成。收集资料主要是通过访谈、问卷、量表、文献回顾、机构资料查阅等方法，收集各种有关小组和组员的资料。特别要关注组前面谈和机构记录中的重要资料，这些是发现组员真实需求的珍贵的第一手资料。

要完成以上需求评估报告需要一定的专业知识与技能，如对需求评估方法的掌握等。在领受小组任务时，小组工作者也需要具备一定的专业知识与技能才能够胜任，不是任何人、任何时候都可以有能力领受小组任务的。小组工作者要具备哪些专业的要求才能够领受小组任务呢？在领受小组任务后，除了充分了解机构的基本情况，还应该做好哪些准备呢？

知识链接

1. 小组的提出

成立一个小组的想法可能由机构领导者、小组工作者、潜在小组成员和其他人员提出。

（1）由机构领导者提出。机构的领导者在检查机构的等待名单（Waiting List）时发现许多案主都遇到类似的问题，并认为此类问题能够以小组的方式处理，他可能会在机构会议中提出成立一个小组。

（2）由小组工作者提出。小组工作者发现有许多案主面对类似的情况和问题，也可能提出建立一个小组。例如，一位社会工作者在检查他的案主资料时，惊讶地发现，在当时每个星期前来找他做个别咨询的案主中，有许多是离婚的妇女。虽然这些妇女的年龄、受教育

程度和生活形态并不相同,但她们却有一些共同的重要特征:

1)她们都有轻微的沮丧,但都维持着起码的健康。

2)这些妇女在经济上都有困难。

3)在满足孩子的需要上都有困难。

4)在过去的生活中,都曾经被男人抛弃,这也影响了她们与其他人的关系。当这些妇女被个别询问是否有兴趣成为小组的一员时,她们都表示乐意参与。

(3)由潜在小组成员提出。在潜在小组成员的请求甚至要求下,小组工作者可能针对他们的特殊问题成立一个小组。例如,一些青少年的母亲,由于关心社区中药物滥用的状况,而与社区心理卫生中心的工作者讨论,请求工作者协助他们组成一个小组,并且协助他们寻找适当的药物专业技术人员成为他们的讲解员。

(4)由其他人员提出。当某一机构的有关工作者(如医院的医生、学校的政治辅导员)发现有多个人存在相同问题时,可以建议成立一个小组。例如,医务工作者将拒医的病人组成一个小组。当社区工作者发现社区中有若干人面临或存在相同问题时,可以建议成立一个小组。例如,某社区中有行为偏差的青少年较多,可以针对他们成立一个小组,帮助他们纠正行为偏差。

2. 小组计划

为了减少可能出现的问题,提高小组达成目标的可能性,在领受小组工作任务之后有必要对成立小组的多方面因素进行认真、仔细、周全的思考,并将这些思考以小组计划书的形式写下来。工作者通常应该检视以下内容:

1)小组最主要的焦点是什么?

2)小组的目的是什么?小组工作者希望达到的目的是什么?

3)小组对哪些人提供服务?这些人的需要是什么?哪些需要不适合他们?

4)小组由一个工作者带领还是由两个工作者带领?谁将带领这个小组?

5)小组包括哪些成员?如何选择成员?

6)为了更好地达到小组目标,多少成员人数较好?

7)小组成员需要准备些什么?

8)小组将提出什么主题或话题?

9)小组将在什么时候举行聚会?在哪里举行聚会?多长时间聚会一次?成立开放式小组还是封闭式小组?封闭式小组持续的时间大致有多长?

10)在小组第一次聚会之前需要通知谁?

11)小组开始需要建立什么基本规则?

12)小组领导者的角色是什么?

案例阅读 需求评估案例

案例1

小王是社会工作专业的毕业生。在学校时,他在专业学习中认为小组工作的方法既经济又可以用群体压力改变某些人的行为问题,所以他认定小组工作的方法是最有效的。现在,他到一个社会福利机构工作,发现社区有一些所谓的"问题少年",他们经常逃学,聚众滋事。小王认为这些孩子的问题具有同质性,都是行为问题,适合用小组工作的方法。小王觉得自己喜欢小组工作,也具备小组工作的理论技术。于是,他就选择了小组工作的方法去帮助这些"问题少年"。

案例2

小刘最近从事流浪儿童救助保护工作,工作的主要内容就是评估流浪儿童的需求,制定介入方案。小刘用了两个多星期去和流浪儿童接触,她甚至与孩子们一起捡垃圾,一起吃饭,到他们的住处和他们一起玩耍。孩子们的态度发生了很大的转变,从开始的防备、躲避,到现在接纳并把她当自己的朋友看待。小刘找到了孩子们的真实需要——渴望回家、读书、被关爱,她决定帮助这些孩子。

【思考】

两个案例的需求评估方法有什么不一样?你更愿意使用哪种方法?为什么?

课间休息

讨论:当你领受了一个要求在学校内针对大一新生开展成长小组服务的小组任务时,你会用到哪些需求评估方法去了解大一新生的需求呢?

任务二 策划组建小组

任务描述

策划组建小组主要包括撰写小组策划书和招募小组成员两大部分。在开组前撰写小组计划书是非常必要的,小组计划书需要得到机构的支持和批准,并且还要有资金的资助。撰写小组计划书还能够使小组工作者对小组理念、理论框架、目的等有清晰的认识,能够帮助工作者为每一节的小组活动做好准备。计划书还是一个小组工作的程序设计,工作者可以清晰地知道工作的程序安排和每一个工作阶段的活动节目安排。一个完整的计划书设计也可以为小组评估奠定基础。同时,小组计划书的内容是比较灵活的,可以随着小组的发展和组员的改变而进行适当的调整,以满足组员的需要。本任务要求学生能够具备设计和撰写小组计划书、招募小组成员的能力。

任务实施

为学生提供一些案例资料，要求学生分组，根据案例资料完成一份小组计划书。以下是一份大学生学习与职业生涯规划的小组计划书，仅供参考之用。

一、理念

进入大学后，学生离开了父母的管教与监督，学习任务也没有高中那么紧张了，开始有了更多的自由时间，学习也主要靠自觉；部分学生开始放任自己，对专业不甚了解，逐渐对自己的前途感到迷茫、对专业失去信心，进而自暴自弃，在大学失去了目标与方向。

随着时间的推移，这种迷茫又伴随着一种焦虑情绪，因为现在的竞争异常激烈，早一点做出选择，明确自己的目标与方向，就多一分准备的时间，也就多一分成功的可能，如果迟迟不做出决定，心理上的压力无疑又增加了。

针对这种情况，我们觉得很有必要为大一新生提供一些学习与生涯规划方面的服务，帮助他们走出目前的迷茫、焦虑状态。要做学习与生涯规划，一是要提高学生获取信息、了解外部情况的意识和能力，特别是对专业的了解。二是要加强学生自我认知，很多学生对自己的兴趣爱好、优缺点、人格特征的认识都不是很明朗，由此很容易受急功近利思想的影响，对自己定位不准，而忽视了自己的真正兴趣和优势。三是解决价值观的冲突问题。很多学生在内心其实已经有了自己的选择，但是同父母的期望和意愿相差甚远，或者是得不到周围人的认同，如何解决这方面的矛盾又是一个难题。

考虑到这些因素，我们采取小组工作的方法来介入。小组会通过一些意识提升、自我探索、内心体验的活动，帮助组员增强自我认知，在小组成员的交流、分享、互动中释放迷茫焦虑情绪，对自己、对他人及外部环境有更深入的了解。同时，由于小组成员都面临着类似问题，有着共同需要，因而很容易获得认同和支持，加上工作者的引导和帮助，小组成员将对自己的方向更加明确，对未来更有把握。

二、理论架构

生涯发展理论认为，生涯发展是一个持续不断的选择与适应的过程，是个人将所有教育、职业、工作与生活角色等各种经验整合的过程。生涯发展包括生长期、探索期、建立期、维持期及衰退期5个发展阶段。各阶段发展的年龄是：生长期为0～14岁，探索期为15～24岁，建立期为25～44岁，维持期为45～64岁，衰退期为65岁以后。16～24岁的青少年正处于生涯的探索期，大学正是职业生涯规划中比较重要与关键的一个时期，这个时期的生涯目标是：具有确立事业发展方向、寻找和获得工作的技能；能依据个人意愿、教育机会及职业机会等资料，对职业和事业发展做出合理决定；具有相当程度的职业技能，顺利就业，并在职业社会里获得相当程度的成功；能够选择有意义的工作价值观，以激励自己的学习热情；继续接受教育。

行为主义和社会学习理论认为，人的行为可以通过强化而后天习得，强调教育和环境的重要性。组员可以在小组活动中，通过观察和模仿，纠正错误的行为，习得正确的行为；

强调人在学习过程中认知与环境的重要性。小组中的每个成员都是一个资源库,他们会在小组中真实地表现出各种适应性和非适应性的行为,他们也会分享各自的想法、经验和感受。这样,小组就提供给每个组员一个丰富的行为总汇,组员可以结合自己的风格从丰富的表现和互动中寻找榜样,进行观察、模仿和学习,增加个人的适应性行为,提高学生们对学习与职业生涯规划的认识。

三、小组目标

(1)提高组员对生涯发展与规划重要性的认识。

(2)增进组员对自我的认识和了解。

(3)了解所学专业、社会现实和周围的环境,从而明确自己的发展方向。

(4)协助组员开展对个人职业和未来人生的规划。

(5)增强组员积极主动地接触社会的动机。

四、小组目的

(1)通过小组活动,引导组员对自己有一个比较客观、全面的认识,如自己的兴趣点、优劣势、社会资源等。

(2)通过资料查询和小组分享,对专业当前的发展形势,以及未来的走向、市场需求情况有更深入的了解,并提高获取外部信息的能力。

(3)在小组中营造信任、关怀、尊重的氛围,让成员在小组互动中感到不再孤单和无助,获得信任和支持,消除不安心理,走出焦虑、迷茫的状态,坚定克服困难的信心和勇气。

(4)使组员明确自己努力的方向,并制订相应的计划,同小组成员共同努力,在相互鼓励中付诸实践。

五、小组成员特征

大一新生,对未来发展目标不明确,对所学专业、自己的前途感到迷茫的同学。

六、小组的特征

(1)性质:成长小组。

(2)类型:结构型、封闭型、自愿型。

(3)节数:6节。

(4)日期:　　年　月　日~　　年　月　日。

(5)地点:小组工作实训室。

(6)人数:10人。

七、招募计划

(1)制作招募简章。

(2)找各专业辅导员推荐。

(3)制作宣传海报。

八、具体活动计划

第一节 相见欢

日期： 年 月 日
地点：小组工作实训室（或有电脑、桌椅可移动的教室）

活动时间	目标	内容	所需物资
5分钟	就座，准备开始活动	1. 工作者热情友好地引导组员进入活动场地，男女间隔地坐在场地中央的环形椅子上（主要的工作者也加入其中）	椅子若干（视组员人数而定）
30～40分钟	促进组内成员彼此认识，消除陌生和距离感创造轻松愉快的气氛，使组员初步建立对小组的信任和归属感	2. 圈内每人获发采访卡、笔各一，由指定的一个人开始（可由转空瓶决定），按顺时针的方向相邻的两个人为一组，一人采访，一人回答（完成采访卡上的问题后可自由问感兴趣的问题） 3. 第二轮的采访，被空瓶转到的那位同学成为被采访对象，他右手边的那位负责采访，依旧是两个人一组，顺时针转下去，按照第一轮的玩法开始第二轮的采访 4. 从被空瓶转到的那位同学开始，按逆时针的方向，每位游戏参与者到黑板前把采访卡贴到事先做好的向日葵的花瓣上并向大家报告采访内容，每人两分钟时间 5. 为了增进组员之间的融合，每位参加者根据自己所喜欢的食物为自己起一个别称，新颖别致好记为宜（不能起有人身攻击倾向的别称）——工作者提醒组员要牢记每个人的别称，下次的小组活动有与之相关的游戏，记不住的要受罚 6. 每位成员包括工作者到黑板前，在向日葵中心，用简洁的话语写上自己对这个小组的期望	采访卡、笔若干，黑板上事先贴上制作好的大向日葵，双面胶、粗笔若干
5分钟	向组员介绍小组	7. 工作者用PPT展示的方式说明小组的目的、性质、活动计划、活动进行方式等和小组有关的内容	电脑、投影仪
5分钟	答疑	8. 工作者回答组员的提问	
15分钟	与组员一起订立小组规范，使他们对小组更有归属感，更有主人公意识，能更好地承担责任	9. 工作者积极引导组员打开思路，发挥创意和想象力，与组员一起订立小组规范和奖罚制度，内容包括出勤、迟到、早退、请假、尊重和理解、沟通和分享、观察和参与等	事先做好并贴在大画纸上的树干，将纸剪成形状各异的树叶若干，笔若干，双面胶
5分钟	使工作者了解组员对小组的看法，有助于工作者反思及改进，使其他组员了解别人的感受	10. 邀请组员简单说出对这次小组活动的感受及意见，对下次活动的期望	
2分钟		11. 组员完成小组活动评估表	评估表、笔若干

附录：采访卡内容

姓名：
系别和班级：
喜爱的食物：
喜爱的休闲活动：
喜爱的运动：
喜欢的生活方式：
感兴趣的科目：
未来的发展意向：
对未来的打算：
期望的职业：

第二节 认识我自己

日期： 年 月 日
地点：小组工作实训室（或有电脑、桌椅可移动的教室）

活动时间	目 标	内 容	所需物资
5分钟	让组员再次熟悉，彼此加深印象	1. 一名组员站在圈中，用报纸卷成的棍棒打向另一名组员，该组员如果在棍棒打到身体前用手指出并叫出其他组员的名字，则举棒者立即转向此人，如此反复。如果没有叫出其他组员的名字，或者叫的和指的不是同一人则会受到当头一"棒"，并代替举棒者继续游戏	几张报纸
40分钟	通过自我描述，协助组员强化对个人的认识和促进自觉	2. 工作者为每一组员预备一张12寸×8寸或更大张的图画纸及颜色齐全的粉彩笔（若有可能，用水彩会更好）。然后请组员在自己的画纸上，画出自己。组长可告诉组员，他们可以随自己的意思，用任何形式来画自己。例如，可以很具体，也可以很抽象。然后小组内进行分享讨论	12寸×8寸或更大张的图画纸，颜色齐全的粉彩笔（若有可能，用水彩会更好）
15分钟	增进成员之间的合作、信任，促进成员的互动与了解，加强团体的凝聚力与信任感	3. 工作者在地上放一张全开的报纸，并说明此报纸是汪洋中的一条船，而成员是船上的人。无论用什么方式，每个人皆应站在报纸上，脚踩在报纸外者，则算溺死 4. 由成员合作完成任务后，再将报纸对折，要求成员再站在报纸上 5. 之后，再将报纸对折，下达同样的命令，如此反复下去，直至工作者认为成员通过"考验" 6. 然后组内分享感受	几张报纸
40分钟	促使组员对自己的未来和希望有一个更明确的认识，同时在小组中获得情感支持	7. 让组员自由组合，两个人一组，互相介绍，然后对看1分钟，让他们记住彼此的笑脸和眼睛，然后调暗灯光，背景音乐响起，两个人开始交流，在工作者的引导下互诉：我的理想，我最想从事的工作，我最想成为的人，我以后最想拥有的生活状态。然后，整个小组分享感受	灯光的调配，背景音乐
5分钟	对组员的活动状态有一个更深入的了解，有利于工作者进行小组评估和反思	8. 让组员分享这次小组活动的感受 9. 另外给组员留一个课下作业，即向他人询问，获知别人眼中"我"的优缺点：父亲眼中的"我"，母亲眼中的"我"，兄弟姐妹眼中的"我"，朋友眼中的"我"，同学眼中的"我"。进行自我探索：自己眼中的我。比较一下它们之间的相同点和差异，下次活动时进行交流	每人发两张A4纸
2分钟		10. 组员完成小组活动评估表	评估表、笔若干

第三节 价值大拍卖

日期： 年 月 日
地点：小组工作实训室（或有电脑、桌椅可移动的教室）

活动时间	目 标	内 容	所需物资
5分钟	热身，促进成员之间的关系，活跃气氛	1. 一位成员站在活动场地中间，其余成员围坐成圈。站在中间的这位成员说："大风吹。"其余成员问："吹什么？"这位成员说出要吹的成员所具有的特征，接着围坐成员中具有该特征的人必须离开自己的座位，与站在场地中间的这位成员一起去抢空出来新的座位并坐下，未抢到座位者就得站在活动场地中间继续重复上一位成员所做的，依此类推	椅子（比总人数少一把）
20分钟	促进组员对自己有更深入的了解	2. 回顾上节作业，将组员分成三组进行交流讨论，完毕后，可让两三个成员谈一下自己的感受	
35分钟	了解自己所重视的价值	3. 发给成员"大拍卖项目单"，假定每位成员皆有1万元，每件物品最低价为1 000元，每次加价，不得低于100元，并举例示范，拍卖完成之后，成员分享所得所失，工作者联系所拍卖物品的价值意义，归纳价值观影响我们的决定，必先了解自己所在意的价值，才不会做出令人后悔的决定。然后小组交流讨论，看自己当初是怎么做决定的	几张大纸，几支粗笔，"大拍卖项目单"
30分钟	了解自己所重视的工作价值	4. 工作者发工作价值衡量表给成员，并解释表上所列名词的意义，举例讨论几项职业的工作价值，圈选表上的重要部分，并整理出圈选的项目。根据兴趣、人格特质及工作价值等内容，请成员于表右上方写下4种最想从事的工作，并评定其工作价值。帮助成员整理出最想从事的工作，及未来可能有的生活形态。最后工作者进行总结回顾	工作价值衡量表
15分钟	对组员的活动状态有一个更深入的了解，有利于工作者进行小组评估和反思	5. 让组员分享这次小组活动的感受，对此次活动进行讨论总结 6. 给组员发气质性格量表及霍兰德职业倾向量表，让他们回去后填写，并加以思考	气质性格量表、霍兰德职业倾向量表
2分钟		7. 组员完成小组活动评估表	评估表、笔若干

附录：大拍卖项目单

①学到一技之长（专业地位、成就）；②当一个有名的人（名声）；③成为指挥100人的老板（领导）；④与你喜欢的人朝夕相处（情感）；⑤环游世界（休闲）；⑥书、平板电脑（知识）；⑦帮助残障人士（社会服务）；⑧身心健康（健康）；⑨拥有一份早九晚五的工作（生活形态）；⑩拥有相处和谐的伙伴（人际交往）。

第四节　我的未来不是梦

日期：　年　月　日
地点：小组工作实训室（或有电脑、桌椅可移动的教室）

活动时间	目　标	内　容	所需物资
5分钟	破冰，增加组员之间的融洽，活跃气氛	1. 小组围坐一圈，由一人双手做举枪状，指向其他人，并喊"0"，被指为"0"的人接着指向另一个人，喊"0"，这个人再指向另一个人，喊"7"，被指为"7"的人喊"啊"，左右两个人都做举手状，同时喊"哇"！做错的组员要做一个之前规定的动作（唱歌、跳舞或比画动作等），之后从他开始喊"0"，游戏继续	椅子若干
75分钟	帮助组员整理团体所得，引导组员对自己的兴趣、爱好、人格特质及职业倾向有一个更清楚的认识 思考欲达目标的阻力与助力	2. 与组员共同回想前三次活动的内容与收获 3. 请组员整理自己的兴趣、性格、工作价值、向往的工作，认真地考虑未来可从事的职业，并讨论 4. 请组员思考欲达愿望，及可能面临的阻力与助力，减少阻力，解释并举例 5. 组员3～4人一组，相互讨论如何运用助力，减少阻力，之后，回到大团体 6. 小组内无法解决的问题，由全体组员共同商量解决	纸、笔
15分钟	加深组员对小组的信任及归属感，同时体验完全放松自己时的感觉	7. 参加者围成小圈，面向圆心互相靠拢，站立时一脚前、一脚后，双手置于胸前，掌心向前 8. 一位参加者站到圈中间，双手交叉置于胸前，闭上眼睛，全身放松，想象自己是杨柳，随风摆动，但脚跟不动 9. 周围参加者可轻推"杨柳"上身，使他获得柳树摇摆的感觉 10. 参加者逐一尝试，感受信任别人的感觉	注意事项： 1. 工作者要常常提醒圈中组员放松全身，其他组员则要让圈中组员有信心，这才能培养小组之间的信任 2. 一旦"杨柳"对圈圈的组员失去信任，便很难再放松摇摆。工作者应指出信任的建立十分困难，破坏却十分容易
10分钟	让组员总结感受，加深对自我的探索，同时使工作者了解组员对小组的看法，有助于工作者反思及改进	11. 小组成员交流此次小组活动的收获和感受 12. 让组员回去后收集一些与考研、就业、考公务员、出国等有关的信息，下次来时进行小组交流	
2分钟		13. 组员完成小组活动评估表	评估表、笔若干

第五节　路在脚下

日期：　年　月　日
地点：小组工作实训室（或有电脑、桌椅可移动的教室）

活动时间	目　标	内　容	所需物资
10分钟	热身，介绍义工，让他们尽快熟悉彼此，增进融洽	1. 事先准备一块大石头、（或一块踏板），以此为圆心，大家牵手围成圆圈，面向顺时针方向，将右脚踏在大石头上，利用左脚绕圈圈，然后改为左脚踏石头，右脚转圈圈（逆时针方向旋转）。为增加热闹气氛，可边唱边跳，或播放音乐	义工，大石头（或踏板），音响，劲爆音乐

（续）

活动时间	目 标	内 容	所需物资
35分钟	通过组员的分组讨论，让他们对当前的就业、考研、考公务员和出国的情况有一个基本的了解	2. 小组成员拿出上次回去后收集到的信息，分别就考研、就业、考公务员及出国等各种情况进行讨论，工作者组织好分组和讨论，小组成员汇报后也可加入一些自己了解的情况分析	一块黑板、若干支粉笔
30分钟	通过义工的介绍和与组员的互动，进一步了解当前就业、考研及考公务员等各种形势，让其感受义工的抉择过程，可以给组员作为参考	3. 让三名义工（三个已经就业、考研或考上公务员的师兄、师姐）介绍一下当时自己是如何做出选择的，并和组员分享这中间的种种感受和经历；组员可以向义工提出一些自己想了解的问题，让他们一起互动，共同讨论各种形势的相关情况，并讨论如何更好地进行生涯规划	三名义工
35分钟	让小组成员表达自己内心的感受，以及对自己未来的设想	4. 让每位组员表达自己的感受并谈谈自己未来生涯规划的想法，进行大学规划分享 5. 通知组员下次将举行化装舞会，请组员打扮成未来自己最想从事的职业人员，并准备所需要的用品；思考未来可能有的生活方式 6. 请组员假想自己是圣诞老人，要送给团体的每一个人一份礼物，礼物的内容可以是对方需要的东西，如欠缺的人格特质或一些祝福的话等，将相送的礼物事先写或画在纸上	
2分钟		7. 组员完成小组活动评估表	评估表、笔若干

第六节 今宵多珍重

日期： 年 月 日
地点：小组工作实训室（或有电脑、桌椅可移动的教室）

活动时间	目 标	内 容	所需物资
30分钟	帮助组员面对与处理目前的困扰，使其能拥有较愉快的生活，并能顺利发展	1. 请组员将目前最感困惑的一件事写在纸上，并将纸折叠好置于团体中央 2. 工作者抽出一张纸，念出内容，请组员共同思考，解决纸上的问题 3. 解决方式可以是讨论、示范、角色扮演、书面资料提供等各种方法 4. 逐一解决纸中的问题 5. 工作者整理团体所得，并引导组员思考如何从他人的经验中学习成长	纸笔若干
10分钟	进一步明确自己的优点、长处，增强自信	6. 组员围成一个圆圈，其中一个组员站在小组中间，大家轮流说他的优点，进行优点"大轰炸"	椅子若干
50分钟	整理别人对自己的回馈，进一步明确自己以后最想从事的工作，同时得到大家的支持鼓励，增强自信	7. 团体开始进行化装（放音乐） 8. 每个人皆互相握手、打招呼及自由交换所扮演工作者可能有的心得及生活方式，并解释打扮的意义 9. 组员轮流站在中央，听取其他组员对他打扮及所选工作的感想 10. 站在中央的组员分享自己的装扮过程与接受别人回馈的心得和感受	电脑、音乐

（续）

活动时间	目标	内容	所需物资
15分钟	分送礼物	11. 请组员假想自己是圣诞老人，要送给团体的每个人一份礼物，礼物的内容可以是对方需要的东西，如欠缺的人格特质或一些祝福的话等，将相送的礼物事先写或画在纸上 12. 分送礼物	背景音乐
15分钟	总结，分享，小组活动结束	13. 总结，分享 14. 大家站起，手臂搭在左右成员肩上围成圈，哼着温柔的歌曲，如《朋友》《相亲相爱一家人》等，随后轮流紧握双手，互送联系方式，道别	背景音乐
5分钟	看看组员是否从此次小组活动中有所收获，评估小组目标是否达到，便于工作者反思	15. 制作一份问卷	

九、预料的问题及应变计划

（1）问题：招募不到足够的参加者。

对策：若离计划只差一两人，小组活动照常进行，若招募的组员严重不够，则考虑延长招募时间，加大宣传力度，甚至去挖掘合适的组员。

（2）问题：招募的组员过多。

对策：可适当分组，如分为两组，若分为两组仍过多，则可考虑对参加者进行筛选。

（3）问题：若遇到需要使用电脑等设备而又停电的情况。

对策：可考虑进行计划中的其他活动。若遇场地不能用，可考虑将活动转到室外。若室外也不可行，则可考虑将活动推迟。

十、评估方案

（1）在小组活动前对小组成员做一次问卷调查，结束之后再制作一份内容相同的问卷。通过前后对比，检测组员对于规划自己的学习与职业生涯是否有更深的认识。

（2）活动中安排一名记录员，对小组成员的参与和活动情况进行记录。通过记录员的记录和对活动情况的观察与评分来进行评估。

（3）在结束的问卷调查中，让组员表达自己对活动的感受和评价。通过与组员的沟通及各组的分享来了解他们对活动的感受和评价。

任务引导

一个完整的小组计划书主要包括小组理念与理论、小组目标、小组成员、小组特征、明确的目的、活动程序计划和日程、招募计划、需要的物资、预计困难及应变措施、预算和小组评估等11项。

其中，小组理念与理论包含机构的背景、设计小组的原因、小组的理论或概念构架；小组成员包含组员的特征、年龄、性别、教育背景、需要和问题等；小组特征包括小组的性质、活动频率、持续时间、规模、组合等；活动程序计划和日程包含每次聚会的计划草案、程序活动、日期、时间、地点、活动的具体目的、社会工作者的责任、活动的准备、所需要的物资；招募计划包含小组成员的来源、宣传和招募方法、允许的招募时间、招收方法；需要的物资包含器材、地点、设备、道具、人力资源、有关人员等；小组评估包括：评估的范围、评估的方法等。

小组计划书最难写的是第一部分——小组理念与理论。很多人认为开展小组没有必要运用理论，这种认识是错误的。专业小组的开展是离不开理论与理念的指引的，小组工作者正是利用小组的形式把助人的理论、理念付诸实践。在设计小组计划书时，一定要清楚小组活动的理念与理论是什么。作为小组工作课程的学习者，一定要能够掌握一些常用的小组理论。

知识链接

1. 小组计划书

在正式开组前，小组工作者要制订小组计划书。小组计划书的内容比较灵活，可以随着小组的发展和组员的改变而进行适当的调整，以满足组员的需要。一份完整的小组计划书，大致包含以下内容：

（1）理念的阐述。

1）机构的背景。

2）设计小组的原因。

3）小组的理论或概念架构。

（2）目的及目标。小组目的是小组最根本的目标和小组存在的原因。一个清楚且反映适当期望的小组目的是小组成员发展联结和达到小组目标的基础。小组的目的源于机构、小组工作者和小组成员。与此相应，小组的目的可以分为机构的目的、小组工作者的目的和小组成员的目的，当三者的目的一致时，小组的发展会更顺利、更和谐。因此，成立小组时应尽量使三者的目的一致。小组目的的陈述应当简洁明了，并以清楚和概括性的方式提供给潜在成员，以便让潜在成员知道参加小组对他有什么好处。

下面是一些小组目的陈述的实例：

1）这个小组是为父母离异的小孩成立的。通过同辈之间的相互支持，鼓励成员讨论他们关心的事情，发展适当的适应技巧，使他们能够处理因父母离异而带来的失落情绪，并且可以痊愈。

2）这个小组是为精神科新的住院病人成立的。讨论的重点是介绍医院生活，以减少不必要的压力。成员可以提出个人的问题，也可以从工作者和其他成员身上得到建议。

3）这个小组将通过会议为血液透析病人、家属和治疗团队讨论病人问题提供机会，并讨论如何一起努力解决问题。

（3）小组成员。

1）特征、年龄、性别、教育背景。

2）需要处理的范围，如他们的问题和需要等。

（4）小组的特征。

1）小组的性质。例如，是治疗性小组，还是康乐性小组，抑或是成长性小组。

2）小组的形式。小组工作者应当决定，对于新的成员，小组是开放还是封闭，即成立开放式小组还是成立封闭式小组。开放式小组维持一定的规模，成员离开时工作者可以安排其他成员取代。封闭式小组则从开始到结束都是相同的成员在一起。开放式小组和封闭式小组各有其优缺点。

开放式小组的优点是可以有持续的成员流动，如果某一成员离开，一个新的成员可以很快填补这个空缺；成员可以自由地加入小组，而无须等到小组管理重组，这对需要紧急和暂时性帮助的案主特别有价值。开放式小组的缺点是新成员的加入会影响小组的持续性和凝聚力。如果新成员没有小组经验，还会阻碍小组的成长，并且工作者必须用额外的时间来帮助新成员融入小组。

封闭式小组的优点是组员长时间相处，联系较多，认同度和信任度较高，小组的凝聚力也较高。封闭式小组的缺点是小组可能因为成员的离开而结束，而且并不是每一个成员都适合亲密性高的小组。亲密可能是具有威胁性的，有一些成员会反应激烈或暗中抗拒亲密。在成立小组时应综合考虑，以确定小组的形式。

3）小组的规模。多少人组成小组比较合适？这是一个很现实的问题。社会工作者常常以小组的目的和自己的感觉作为确定小组大小的主要依据。一般来说，如果期望每一个成员都参与，并且强调亲密的关系，那么由 5～12 人组成小组是比较理想的。当小组的规模降至 4 人或更少时，小组的运作通常会停止。

4）小组持续的时间。一般而言，小组持续时间越长，意味着小组成员将要投入的精力越多，花费的时间和金钱也越多。小组时间持续时间过短，又难以达到小组的目标。小组有没有时间限制，会对成员产生不同的影响。有时间限制的小组由于有明确的时间长度，小组成员知道小组不会永远持续下去，因此他们对达成目标会产生一定的压力，这有助于提高小组工作的效率。但是，有时间限制的小组可能会出现小组目标达成的时间不够的问题。对于有时间限制的小组，20 次聚会是比较理想的。持续性小组的好处是可以让每个成员在适当的时间深入处理自己的问题，且小组工作者也有足够的时间为面临生命中重要改变的成员提供其所需要的支持和挑战。不是每一个小组成员在十几至二十次聚会的小组中都可以发生改变，许多小组成员在离开小组到外面的世界之前，需要有较多的时间在小组中做模拟情境的练习。持续性小组的缺点是成员会依赖小组，并且比有时间限制的小组产生的动力要小。

5）小组聚会的时间长短和聚会频率。小组聚会应该持续多长时间，要视小组成员的挫折忍受力和能够专注的时间而定。对小孩和功能有限的人，每次聚会的时间不宜太长，一般而言，30～40 分钟是比较合适的。对功能高的成人来说，一个半小时或两个小时的聚会是很正常的。这样可以让每个人有足够的时间分享，而不会感到疲倦。小组每隔多长时间聚会一次，取决于小组成员的多少，以及小组工作者对时间间隔的认识。对某些特殊的治疗机构（如医院）而言，由于几乎每天都会有一个或更多的新成员，可以增加小组聚会的次数。

如果工作者的时间允许，甚至可以每天都举办小组聚会。如果小组成员是小孩和功能有限的人，聚会可以每周安排一次。

6）小组聚会的物理环境。这对成员的行为有很大的影响。隐秘、亲密、舒适和专注这4个有关物理环境的因素会影响成员之间的互动。成员有安全感是很重要的，不能让外面的人听到里面发生什么，不能让他们突然进入小组聚会的房间，小组活动不能安排在过道之类的场地进行。没有干扰的视野景观，可以增强小组的注意力。温度应合适，如果一个房间太冷或太热，将对小组的互动产生负面影响。房间太大，会破坏小组的亲密感；房间太小则可能引起成员的惊慌和焦虑，因为如果他们的私人空间被侵犯，他们将被强迫与不认识的人建立亲密关系。桌子可供成员休息、喝茶，同时也是让成员和小组工作者隐藏在后面的屏障。没有桌子往往会对小组造成明显的阻碍，因为那样会让许多穿裙装的女性成员不能舒服地坐下来，而且对正在进行的事情无法集中精神。在使用桌子时，圆桌要比方桌好。

（5）小组活动内容。小组活动内容是小组工作的重要组成部分，小组活动内容的设计要注意以下几点：

1）内容的有趣性。每次小组活动的内容大概可以简单分为两大部分，即小组游戏和小组讨论。在设计小组游戏时，应保证这些游戏的趣味性，这可以让组员在轻松、愉快的氛围中开展小组讨论并顺利实现小组目标。

2）内容与目标的匹配性。小组活动的内容必须根据小组活动所要达到的目标而有选择地设计。在设计小组活动内容时，一定要时刻反思所设计的内容是否与目标相适应。

3）内容的适量性。因为每次小组活动的时间不长，所以每次小组活动的内容不宜太多和太复杂。

2. 招收和遴选小组成员

成立小组的计划和小组目的确定以后，就可以开始招收小组成员。招收小组成员可通过张贴招收公告，寄送成立小组的计划书，或将有关资料置于潜在小组成员经常出入的地方等方式来发布信息。这些方式可以吸引有需要且乐意参与的人前来报名。对于工作者或其他机构工作者认为有需要参与小组，但本人起初不愿参与小组的人，工作者可以上门邀请并说服其参与小组。前者如各种兴趣小组，后者如拒医病人小组。

小组将包括哪些人？将排除哪些人？不是每一个潜在成员都适合某个独特的小组。这就存在一个选择小组成员的问题。遴选小组成员首先要考虑这个潜在小组成员的需要是否能在即将成立的小组中得到满足；其次还必须考虑成员的相似性和相异性，小组中可以选择不同的成员，但不能差异太大；再次还应考虑某个潜在成员的加入是否会给小组带来破坏性的危险。综合考虑之后，再决定哪一个潜在成员应加入小组或被排除在小组之外。

在平衡小组的同质性和异质性时，可从以下几个方面来考虑：

（1）性别。单一性别还是两种性别？

（2）年龄。相同年龄还是有大范围的年龄层？

（3）婚姻状况。已婚、单身还是混合？

（4）智力程度。一个窄的还是宽的智力范围？

（5）教育。单一教育程度还是多个教育程度？例如，只有大学毕业生还是有其他学历？

（6）社会地位。相同的社会阶层还是处于不同的社会阶层？

（7）生活经历。大致相同还是差异较大？

（8）民族。同一民族还是多个民族？

（9）风俗习惯。大致相同还是差异较大？

（10）自我强度。相同的忍受力和相近的问题处理能力，还是某个大范围程度的信心和适应能力？

（11）问题。成员真正要处理的问题是相同（或相似）的还是不相同（或不相似）的？

小组前的准备工作

> **案例阅读**
>
> 假如你是某一多元化社区中心的社会工作者，试回答下列问题。
>
> **背景：**
>
> （1）陈某无心学习，经常流连于附近商场的电子游戏厅，并认识了一群在游戏厅经常出现的青少年，这使他更加抗拒回学校，而且经常和妈妈陈太太争吵。
>
> （2）陈太太接受工作者的建议，参加社区中心的妈妈小组，在较熟悉社区中心的服务后，她将陈某的情况告诉中心的职员。在陈太太的强邀下，陈某到社区中心参观，但表示对中心的活动没有兴趣。
>
> **讨论情况（一）：**
>
> 你在社区内的商场里发现了一群包括陈某在内的经常聚集在一起的青少年，他们的结构关系如图6-1所示。
>
>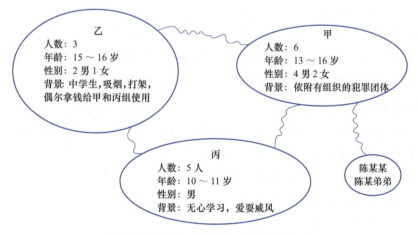
>
> 图6-1　聚集在一起的青少年的结构关系
>
> 注：圆内成员存在紧密关系，连线表示两圆内成员之间存在松散关系

工作者所取得的资料,是由丙小组的李四所告知的。

如果你是这位工作者:

(1)试解释你会选择哪些成员成为你的可能服务对象?

(2)你会采用什么策略,如分散小组或重整小组?步骤如何?

(3)你会用哪些手法接触这些服务对象?原因何在?

讨论情况(二):

假设在情况(一)的社会工作者的影响下,3名丙小组的成员(张三、李四、王五)、陈某及其弟弟参加社区中心的一个"乐学组",其目标是帮助对学习失去兴趣的小学四年级、五年级学生,用活动的形式,增加他们对学习的兴趣,也希望通过小组活动,使他们互相支持。

小组共有 10 名成员,3 女 7 男,都在社区小学就读。除了陈某及其朋友外,其他人以前都参加过社区中心的其他小组活动,对中心及其运作已有一定的掌握。

在第一次聚会时,小组内出现了明显的次小组,小组的结构如图 6-2 所示。

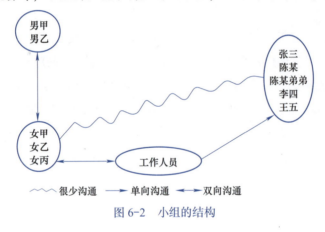

图 6-2 小组的结构

(1)作为工作人员,你如何理解这个小组沟通图?

(2)你会使用何种策略,以使组员的沟通有所优化?

(3)如果在尝试后,陈某的次小组与其他组员的沟通次数仍没增加,你又有何应变之策呢?试加以解释。

讨论情况(三):

在第二次聚会时,小组正在进行合作填色游戏,小组分成 3 小队,由工作者用英语说出颜色,要求每个小队在人体图上填色。

小队用报数的方式成立,分成以下三队:

第一小队:张三、李四、女甲。

第二小队:陈某、王五、女乙。

第三小队:陈某弟弟、女丙、男甲、男乙。

在游戏过程中,出现以下情境:

①第三小队的反应很快，但陈某弟弟被遗忘了。

②第二小队在女乙的影响下，也能跟随工作者的步伐，但往往由女乙做决定，王五及陈某协助完成。

③第一小队由于张三及李四对女甲的抗拒，往往只有女甲工作，张三和李四则经常私语并讥笑女甲。

工作者尝试鼓励张三和李四参与，但他们只是冷漠回应，在工作者不留意时便取笑女甲。女甲在游戏中途突然放声大哭，而第三小队的组员除陈某弟弟外都指责张三和李四，张三和李四也进行反击。

（1）如果你是这个小组的工作者，试说出你对这个情境的理解。

（2）你会不会立即采取措施？如果会，是什么措施？如果不会，理由何在？

（3）这个情境会对小组的发展带来什么样的影响？你又会做出何种策略上的回应？

课间休息

交流和分享在案例阅读环节中设计的小组计划书，看看自己组设计的小组计划书还有哪些环节可以改进和完善。

课外阅读

小组工作的基本理论

小组工作是现代社会学、人类学、心理学、教育学及伦理学等各种社会科学共同支持而形成的产物。这些科学构成了小组工作的哲学基础和科学理论基础。这里我们将重点讨论人类行为发展理论、需要理论、小组动力学和社会学习理论对小组工作的支持。

一、人类行为发展理论

1. 个人行为发展理论

在心理学理论中，有关人类行为发展的研究结果，与小组工作密切相关，主要包括以下几个方面：

（1）人类早期的生活经验对他们以后的人格特征和人格发展具有重大的影响作用。精神分析学派认为，人的"出世"本身就是一种创伤的经验，以后儿童开始适应周围环境，在此过程中，儿童积累了一定的社会经验，这些经验成为他们以后行为的基础。

从这一理论出发，我们认为，小组工作者应该重视小组成员的早期生活经验及他们的生活背景，以便了解小组成员现在所存在问题的成因。

（2）人的一生是不断成长和改变的过程。该理论认为，人类具有潜在的能力，这种潜能能够随着他们对社会的适应和工作、学习的不断深入，被逐渐挖掘出来并无限增长。

此理论的支持者认为，学习和发展能够建立小组工作者人类发展的价值观，使他们可以在小组工作中通过小组经验，促进小组成员潜能的挖掘和身心的发展。

（3）人类的行为除了意识状态以外，有时还存在"前意识"和"潜意识"。根据这一观点，工作者在实施小组工作中，特别是在开展治疗性小组的时候，必须注意小组成员不容易被觉察的行为动机，重视他们早期生活中形成的潜意识经验。

（4）人类既有潜意识动机的存在，也有自我合理发展的能力。这种被称为"自我的功能"的能力，在行为过程中有时很强、有时很弱，会出现失调或不适应。

据此，小组工作者认为，当人类自我功能转弱或消失时，小组工作者通过小组活动能够适时地协助他们恢复这种"自我的功能"。

（5）人类可以同时处在两种相对的境况中。人可以同时对同一个人或境况具有两种相对的情绪或反应。心理学认为，人类在有目的的活动中，常常会因为同时具有一个或数个目标而产生两个或两个以上的动机。当这些同时存在的动机不能同时得到满足，而且在性质上又呈现彼此互斥的状态时，人类就会产生动机冲突或心理冲突。这种冲突的形式可以分为三类：

1）双趋冲突。两个目标，选择其一。如鱼和熊掌不可兼得。

2）双避冲突。两个目标，回避其一。如两种威胁；前有断崖，后有追兵。

3）趋避冲突。同一个目标，既有吸引力，又有排斥力；既希望实现，又不得不回避。如想当好班干部，又怕耽误学习。

在小组工作中，工作者要认识和了解小组成员及事实，在化解小组成员冲突时要考虑利弊得失，帮助小组成员解决他们存在的问题。

（6）人类在解决内在动机、需求、欲望和解决外在的困惑时，常常会使用防御机制、投射作用等方法。心理学认为，个体在日常生活中，通过学习和实践，能够学会适应或应对挫折的方式、方法。由于这些方式、方法在性质上是防卫性的，可使自己不受焦虑的侵害，主要有：

1）合理化作用，如酸葡萄、甜柠檬等。

2）认同作用，如崇拜偶像、幻想英雄等。

3）代替作用，可分为升华作用（如学习的升华）和补偿作用（如望子成龙）。

4）投射作用，将厌恶的特质施与他人。

防御机制是人类适应内在、外在关系的方式、方法，它既有积极的作用，又有消极的作用。工作者要承认这种心理适应的方式、方法，并且较好地利用这种防御机制去解决小组成员的问题，提高小组成员的社会适应能力。

2. 小组生活发展理论

人类的需要是一个整体，如生理需要、心理需要，这两大需要之间相互联系、不能分离。小组工作者认同这样的假设，即人类各种需要彼此相关、无法分离，并且这些需要能够在人与人之间的关系中体现出来。由此，小组工作者假定人类不仅有"被爱"的需要，也有"爱他"的能力，对此，个人均会努力克服各种困难去实现"被爱"和"爱他"。小组工作者还认同另一种假设，即人类在其行为发展的过程中，一定要有健全和适当的小组生活，并且这种小组生活应该伴随其一生。所以，健全的小组生活对个人的健康成长具有非常积极的作用。

健全的小组生活必须具备以下条件：

（1）能够有机会使小组成员之间产生相互认同。在小组生活中，应该有机会使小组成员接受其他小组成员的思想、价值观，并能使他们交流情感、交换意见，同时学习他人的正向行为。

（2）能够有机会使小组成员产生温暖的感觉。在小组生活中，应有机会使小组成员与他人建立良好的关系，从而避免恐惧、焦虑并获得安全感。

（3）能够有机会使小组成员获得选择自己喜欢的朋友的自由。在小组生活中，小组向小组成员提供各种活动的机会，使他们能够在活动中相识、相知、相交，从而建立良好的人际关系。

（4）能够有机会使小组成员自由地表现自我，展示自己的与众不同。在小组生活中，小组成员个别化的存在是必然的，每位小组成员与他人的不同也必然会在小组活动中展现出来。

（5）能够有机会使小组成员表现其独特的个性并接纳他人的独特性。在小组生活中，小组成员所表现出的独特个性是其个人的风格，而只有使自己的个性与他人的个性相融合，才能体现出小组的风格。

（6）能够有机会使小组成员表现其自身的独立性。在小组生活中，小组成员需要遵从小组的行为规范，但这并不意味着要求小组成员将自己的独立性掩盖起来或放弃自己的独立性。相反，小组工作者应该认同他们独立性的存在，并通过活动向他们提供支持。

二、需要理论

需要是有机体内部的一种不平衡状态，它表现在有机体对内外环境或外部环境生活条件的一种稳定的要求，并成为有机体活动的源泉。

1. 马斯洛的需要层次理论

马斯洛认为，人的需要由5个等级构成，它们按照从低级到高级的排列分别是：

（1）生理需要。生理需要是指对食物、水分、空气、睡眠、性的需要。它是人所有的需要中最基本的，也是最有力量的。

（2）安全需要。安全需要表现为人们要求稳定、安全、受到保护、有秩序、能免除恐惧和焦虑等。

（3）归属和爱的需要。归属和爱的需要是指一个人要求与其他人建立感情的联系或关系，如结交朋友、追求爱情、参加一个小组并在其中获得某种地位等。

（4）尊重的需要。尊重的需要包括自尊和受到别人的尊重。自尊需要的满足会使人相信自己的力量和价值，使其在生活中变得更有能力、更富有创造性。缺乏自尊会使人感到自卑，没有足够的信心去处理面临的问题。

（5）自我实现的需要。自我实现的需要是指人们追求自己能力或潜能的发挥和完善的需要。

2. 舒茨的人际需要理论

人际需要理论主要是阐述人际关系的形成、取向类型，以及小组聚散过程特征的理论。了解这一理论会提高工作者在小组工作过程中对成员的行为和成员之间关系的洞察力。其理论主要有以下两点：

（1）每个人都有三种基本的人际需要，即包容需要、支配需要和感情需要。包容需要是指与人接触、交往、隶属于小组的需要，支配需要是指控制别人或被别人控制的需要，感情需要是指爱别人或被爱的需要。

（2）舒茨界定了6种基本的人际关系取向，即主动包容型、被动包容型、主动支配型、被动支配型、主动感情型和被动感情型。舒茨发现，相同类型者在一起大都能较好地相容，尤其是相同需要的主动者和被动者常常能够互补，但同属主动支配者在一起就不易相容。

舒茨的人际需要理论为小组社会工作者提供了了解组员人际需求的理论指导，该理论可以帮助其更好地去深刻认识组员的人际需要，从而提供贴切的小组活动服务，顺利实现小组目标。

三、小组动力学

小组动力学理论是由心理学家库尔特·勒温（Kurt Lewin）创立的。1935年，勒温在艾奥瓦州立大学儿童福利研究所进行了一系列小组行为的学术研究。20世纪40年代中期，这个研究小组转移到麻省理工学院，并正式成立了小组动力研究中心，后来此中心又转移到密歇根州立大学。

小组动力学研究内容包括小组的形成、维持、发展，小组内部的人际关系，小组与个体的关系，小组的内在动力，小组之间的冲突，领导方式对小组的影响，小组行为等。勒温始终强调小组是一个动力整体，应该把小组的每个部分放在整体中进行研究。小组动力学的研究成果对小组工作有直接和重要的影响。其中影响最为深远的理论内容包括场域理论、小组气氛的研究、小组凝聚力、小组规范等。

小组动力是描述小组在实现目标的过程中，参与小组生命发展的各种复杂力量及其交互作用和交互方式。这个过程包括小组的形成、启动、发展、成熟、落幕、结束、跟进等所有过程。影响小组动力的因素包括静态和动态两个方面的内容：静态方面包括机构、小组特性、领导者的个人特点、小组成员4个部分；动态方面包括小组的领导方式与形态、小组气氛和凝聚力、成员的参与、沟通模式、冲突和冲突的解决模式、小组的成文和不成文的规范、小组的决策过程、问题解决过程等。

四、社会学习理论

社会学习理论的代表人物是美国社会心理学家阿尔伯特·班杜拉（Albert Bandura）。他的理论是建立在行为主义理论的基础上的。行为主义关注的核心问题是人类行为的学习过程，此处的行为不仅包括外显的可被观察的行为，也包括认知、情感反应方式等内在心理过程。行为主义强调人类行为的习得性，即教育和环境的重要性。社会学习理论继承并发展了这一观点，并且强调人的行为、思想、情感反应方式和行为不仅受直接经验的影响，同时也受间接经验的影响；行为与环境具有交互作用；观察和模仿是学习的重要过程，在学习过程中，认知是非常重要的；人在学习过程中具有特别的自我调节的过程。社会学习理论强调人们通过观察和模仿他人的行为就可以获得改变，形成新的行为方式。

社会学习理论的核心内容可以总结为以下几个方面：观察、学习与模仿，替代强化，认知的重要性和交互决定论。

任务三　开展小组活动

任务描述

小组活动是有时期和阶段的，但关于小组活动时期和阶段的划分，不同的学者有不同的观点。我们在这里采用常用的划分方法，即把小组活动划分为初期（筹备阶段、聚会阶段和形成阶段）、中期（冲突阶段、维持阶段）和后期（结束阶段）三个阶段。严格来讲，小组活动时期和阶段的划分并无可套用的固定界线，因为小组活动时期和阶段的划分还要根据小组活动的实际进程来进行。例如，活动进行到小组后期时，可能仍然会发生小组冲突。即便如此，小组初期、中期、后期通常都具有其一般性的特点，是可以被同学们认知、理解和掌握的。本任务属于小组活动的初期，要求学生能够掌握小组活动初期组员的特征，以及运用于该阶段的方法与技巧。

任务实施

通过角色扮演的方法，在课堂上呈现小组初期组员的特征，以及社会工作的工作内容与方法。然后组织学生进行讨论。建议提前给学生进行分工，如选择 10 个组员（提前让学生熟悉所要扮演的案主的背景资料），2 个社会工作者（提前告知社会工作的内容与方法），1 个小组会议记录人员（提前告知如何记录），其他同学是观察者。如果有小组实训室更好，可以让表演者在模拟室表演，其他同学在观察室观看，这样观察者的言行、笑声等都影响不到表演者，即给表演者创造了一个不受外界干扰的小组活动模拟室，有利于表演者自由发挥。

同时，要求记录员一定要按照小组会议记录格式，把小组活动的过程记录下来，每次小组活动都要求做活动记录，记录的格式都是一样的。所以，关于小组会议记录格式只在本任务中给出，见表 6-1，后面不再赘述。在此阶段，工作者还要引导组员完成小组契约书，见表 6-2。

表 6-1　小组会议记录表

基 本 资 料	
1. 小组名称：	8. 活动地点：
2. 活动时间：	9. 聚会次数：
3. 记录时间：	10. 领导方式：
4. 小组类型：	11. 社会工作者：
5. 小组模式：	12. 志愿者：
6. 小组阶段：	13. 缺席组员：
7. 迟到组员：	14. 守时组员：

本次活动目标	
本次活动所用物资与设备	
活动过程	
沟通方式	
是否有小组冲突	
社会工作者如何解决小组冲突	
是否有小组规范	
社会工作者角色	
主动、积极的组员	
被动、沉默的组员	
介于主动与被动之间的组员	
组员的一些突出特点与表现	
有哪些次小组	
游戏名称	
本次活动环节	
社会工作者的专业态度及所应用的理论、知识和技巧	
总结与反思	
跟进计划	
督导意见	

表 6-2　小组契约书

为了我们在小组中的共同目标，我们达成如下约定：
- 准时出席小组：若有事不能参加，应设法通知小组。
- 分享小组时间：小组是大家的，时间共享，不应该独占。
- 保密：在小组内所谈到或所发生的事，出此小组后绝对不能说，尊重别人的隐私。
- 倾听每个人的表达。
- 尽力坦诚表达自己的所思、所感和对自我的认识。
- 尊重每个人的选择，自己决定要表露什么、保留什么。
- 每个人有参与的权利，但也有不表达或不参与某活动的权利。
- 讨论时就事论事，不进行人身攻击。
- 尊重别人的观点与感受，不坚持只有自己是对的。
- 讨论或表达时内容要与小组话题或目标有关。
- 沟通时尽量具体、清楚。

立约成员签名：

立约时间：　　年　月　日

任务引导

在完成以上任务前，应该让学生先熟悉小组工作初期的知识点，熟悉小组会议记录及小组契约的书写内容与格式，特别让有任务的学生提前熟悉资料，做好充分的准备。同时，老师要能够创设一个安静、独立的模拟环境，这样才有利于模拟效果的产生。小组契约是组员们之间、组员与社会工作者之间的一些承诺，大家靠自觉遵守。在完成小组契约书时，组员们可以增加一些想象，美化契约书。社会工作者要记住的是，小组契约是组员们达成的共识，而不是社会工作者独断决定的，但当组员们讨论不出小组契约内容时，社会工作者要适当地引导。

这一阶段是小组成员第一次正式聚会。严格地说，此时的小组还只是一群人的聚集，不能算是一个真正的小组。因为他们非常关注自己，很少关心小组，也很少与其他成员互动，小组中存在着一种不确定性，很少有小组规定可以遵循。对工作者和成员来说，第一次小组聚会可能既充满兴奋，又充满威胁。在此阶段，小组工作者要掌握好下面"知识链接"中所介绍的知识与技巧，才能够顺利地开展好小组初期的活动，为以后小组活动的顺利开展奠定基础。

知识链接

1. 小组初期成员的特征

此阶段的小组成员因为处于新的小组情境，很多的小组规则、期待与活动都可能是新鲜而陌生的，同时小组成员对工作不太了解，对自己的期待也不甚清楚，因而可能产生许多焦虑、疑问或试探。例如：

（1）小组工作者是一个怎样的人？他会不会喜欢我？他会不会尊重我和我的感觉？
（2）我能不能把我的真实感觉与其他小组成员分享？他们会不会嘲笑我、伤害我？
（3）我可以信任其他小组成员吗？
（4）其他小组成员是会同情我、支持我，还是会攻击我、威胁我？
……

小组成员过去的小组经验会影响他在小组中的分享。如果成员在过去的小组经验中曾经遇到困难，或受过创伤，他对于参加新的小组会非常小心。成员参加第一次小组聚会时，常常会尝试将其他成员分类，以决定自己在小组中的位置。成员会询问一些问题以建立自己与其他成员彼此的兴趣。例如，你在哪家单位工作？你就读于哪个学校？

2. 小组初期工作者应该做的工作

工作者必须牢记成员在小组初期会感到的焦虑，即使成员对参与小组表现出高度的渴望，并且努力地朝着小组的目标迈进，他们依然会对小组的未知感到担心和恐惧。因此，工作者必须以一种开放且正向的态度，向成员强调小组初期可能产生的正面和负面感受。在小组初期强调成员之间的相似性，鼓励成员分享彼此的感觉，尤其是此时的不安、兴奋、害怕或快乐，能增加成员对小组的投入，并且减少成员的孤立感受。因为发现其他人对小组有相同的感觉，对成员也是一种支持。在小组的初始阶段，一个害怕和不安的案主，当他听到其他成员也感受到害怕的时候，会发现自己的勇气。

（1）工作者在第一次聚会中努力完成的目标。

1）让小组成员相互认识。由工作者介绍和成员自我介绍来完成。

2）做一个简要开放性的陈述，澄清赞助此小组的机构，同时也让成员提出他们觉得紧急的主题或关心的事情。

3）邀请成员提出他们对于自己需要的想法，比较其与机构对于所能提供治疗的看法是否相符，并给予回馈。

4）澄清小组工作者的角色。

5）介绍小组日后的运作方法及小组成员如何能从参加小组工作中获益。

6）直接处理可能会阻碍小组有效发挥功能的任何障碍。

7）鼓励以成员之间的互动取代小组工作者与每个成员之间的讨论。

8）形成一种让成员可以感觉到安全和支持的文化。

9）帮助成员为他们自己和小组的未来形成一个试验性的计划。

10）澄清个人目标与小组的整体目标，澄清机构和成员相互之间的期待。由个人及工作者完成。

11）鼓励成员对于小组的有效与否提出诚实的回馈。

12）讨论保密的需要及建立小组的基本守则。

13）了解小组成员对小组运作的期望或顾虑，给小组成员足够的时间提问并对提问进行解答。

14）引导组员完成小组契约。

（2）工作过程中的注意事项。

1）工作者要尽可能创造一种和谐的气氛。

2）要尽量认识每个小组成员，叫出他们的名字，了解他们的情况。

3）要表示出对每个小组成员的接纳和友好。

3. 适合小组初期的游戏

（1）游戏1——破冰船。

1）活动目的。当学员全都互不认识时，可用这个游戏来破冰，或用此游戏来阐述手势的作用，以及说明手势在谈话中是十分自然的，也可以用来说明如果不使用任何肢体语言，口头交流将会多少显得有些拘谨和尴尬。

2）活动说明。

形式：2人一组。

时间：10～15分钟。

材料：不需要。

场地：教室或会议室。

3）实施程序。

①小组工作者告诉组员接下来的几分钟将进行一项简单的游戏。请他们2人一组，与邻座的人进行交流。时间2～3分钟。交流的内容不限。

②2～3分钟后，请大家停下来，并请他们说明在刚才的交谈中发现对方有哪些非语言的表现（如肢体语言或表情）。例如，有的人不停地摆弄手中的笔，有的人则一个劲地轻敲桌子。

③当大家说完后，告诉学员我们常常是无意识地做这些动作的。

④请大家继续交谈2～3分钟。但这次要十分注意，不要有任何肢体语言。

4）补充说明。

①在第一次谈话中，我们中的大多数人是否意识到自己的肢体动作？

②有没有发现对方有什么令人不快或心烦意乱的动作或姿势？

③当我们被迫在交谈中不使用任何肢体活动，有什么感觉？不做动作的交流是否和先前的一样奏效？

（2）游戏2——大风吹。

1）活动目的。打破组织的防备心理，活跃小组气氛。

2）活动说明。

形式：8～12人一组。

时间：15～20分钟。

材料：不需要。

场地：教室或会议室。

3）实施程序。

①全体围坐成圈，野外可划地各人固定的位置，主持人没有位置，立于中央。

②主持人开始说："大风吹！"大家问："吹什么？"主持人说："吹穿鞋子的人。"则凡是穿鞋子者，均要移动，另换位置。主持人抢到一位置，使得一个没有位置的人成为新主持人，如此循环。

4）补充说明。可"吹"的资料还可以是有耳朵的人、戴表的人、穿某颜色衣服的人、戴戒指的人、打领带的人、涂口红的人、有太太的人……

（3）游戏3——棒打无情人。

1）活动目的。

①促进成员彼此的认识。

②活跃小组气氛。

2）活动说明。

①人数：8～12人。

②时间：30～40分钟。

③材料：纸棒。

④场地：室内或室外皆可。

3）实施程序。

①用报纸或杂志搓成一根纸棒，大家围成一个圈，选一位执杖者站在圈内。执杖者所面对的人开始叫出一个人名，然后执杖者马上跑到那位被叫的人面前，刚刚被叫到姓名的人要马上喊出另一个人的姓名。如果他无法马上叫出另一个人的姓名，则执杖者即可一棒打下，将他喝醒；如果他能马上喊出另一个人的姓名，则执杖者就再跑到第二个被叫的人面前，如果第二个被叫的人无法喊出下一个人的姓名，则执杖者照样一棒打下，如此连续下去。

②可挑出3～5个人轮流出来任执杖者。

（4）游戏4——认识大家。

1）活动目的。

①引发个人参与小组的兴趣。

②小组初期，组员可借此活动进行自我介绍并复述与熟记其他组员的个人信息，从而使彼此有更多的了解。

2）活动说明。

①人数：8～12人。

②时间：30～50分钟。

③材料：笔、纸。

④场地：安静舒适的室内或室外。

3）实施程序。

①组员围圈而坐，领导者（第一号）先报自己的姓名，然后右手边的成员（第二号）报自己姓名，接着复述第一号姓名。

②第二号的右手边成员（第三号）报自己姓名后，再复述第二号姓名与第一号姓名，依此类推。最后一号复述所有组员的姓名。所有人复述完后，本轮结束。活动次序也可以相反，即每人复述完后，其左边的人接着复述。

③第二轮游戏除了报自己的姓名外，每个人另加一种其他信息（如住处）。

④第三轮游戏还可以加上其他信息，如主要兴趣、特征、个性等，依此类推。

4）补充说明。

①第二轮游戏时，可换其他成员担任第一号，4次最好由4个不同的成员开始。

②此活动在成员原先互不认识的小组中做效果更佳。

③活动结束后大家可将彼此的兴趣、特征等归类，也可讨论活动经验。

案例阅读 受虐妇女小组第一次活动记录截选

工作者宣布活动正式开始，工作者首先进行自我介绍，说明活动的内容、形式及对参加者的基本要求。此时7个成员或低头，或注视着工作者，表情严肃，室内十分安静。为了活跃一下气氛，工作者建议采用邻近成员相互介绍自己，然后将自己的伙伴介绍给其他成员的方法令成员相互熟悉。很快气氛活跃起来，在工作者宣布结束两两介绍时，有一对成员还在兴致勃勃地交谈着。此时小组成员的面部表情丰富了许多，在"介绍伙伴"这个环节中，没有结束交流的这对成员中的一位，抢先发言。接着大家分别进行了介绍和补充。一个成员提到，她原来觉得自己是世界上最倒霉的人，没想到还有比自己的境遇更糟糕的姐妹，说这话时被提及的成员有些激动，大家对她投以同情的目光。于是工作者建议大家谈谈各自遇到的麻烦和处理的方法，希望到小组来获得什么帮助。此时，小组安静了几秒，大家的表情又都严肃起来。在工作者的启发下，一位年纪稍长的成员开始介绍自己被丈夫和婆家虐待，自己从无助、躲避到逐渐"适应"，后来到法律援助中心求助的过程，希望工作者对她进行法律援助，帮助她申领低保。她的介绍引起了大家的共鸣，其他人也开始讲述自己的遭遇，有的说到动情处抑制不住自己的眼泪，伤心地哭了起来。工作者一方面安慰该成员，另一方面趁机进一步说明小组的目标是希望在精神上给予组员支持，帮助大家澄清对自我的认识，重新树立信心开始新生活，由此澄清组员对小组目标的认识，调整期望值。

【思考】

案例中反映了小组初期的哪些特征？工作者应该做哪些工作？

课间休息

讨论：如果第一节小组活动交给你带领，你会选择哪些破冰游戏和安排哪些内容呢？

任务四　控制小组进程

任务描述

本任务属于小组活动的中期，在小组中期，随着组员的沟通和互动增强，组员之间会在价值观、权力位置等方面产生冲突和矛盾。如果小组能够顺利地解决这些冲突和矛盾，小组就会进入凝聚与和谐阶段，即进入大家期待的成熟过程。这是每一个组员的理想，也是大家共同努力的结果。小组中期是小组工作的重要时期，对小组工作者来说至关重要。小组中期可以分为冲突阶段和维持阶段。本任务要求学生能够掌握小组中期组员的特征、小组成员互动关系、小组冲突及冲突的解决方法等方面的问题。

任务实施

通过角色扮演的方法，在课堂上呈现小组中期组员的特征，以及社会工作的工作内容与方法，然后组织学生进行讨论。建议提前给学生进行分工：选择10位组员（提前让学生熟悉所要扮演的案主的背景资料），2名社会工作者（提前告知社会工作的内容与方法），1名小组会议记录人员（提前告知如何记录），其他同学是观察者。如果有小组实训室更好，可以让表演者在模拟室表演，其他同学在观察室观看。这样观察者的言行、笑声等都影响不到表演者，即给表演者创造了一个不受外界干扰的小组活动模拟室，有利于表演者自由发挥。

任务引导

在完成以上任务前，应该让学生先熟悉小组工作中期的知识点，尤其要让有任务的学生提前熟悉资料，做好充分的准备。同时，老师要能创设一个安静、独立的模拟环境，这样才有利于模拟效果的产生。

这是小组发展的关键阶段，因为在这一阶段会出现两种现象：小组冲突和小组融合。可以说这个阶段又可以划分为两个时期：冲突期和融合期。小组工作的主要任务就是要使小组从冲突阶段顺利发展到成熟阶段。在此阶段，小组工作者要掌握好下面"知识链接"中所介绍的知识与技巧，才能够顺利地开展好小组中期的活动，把小组顺利地推向成熟阶段和后期。

知识链接

1. 小组中期成员的关系特征

小组成员互动关系可分为小组成员之间的关系、小组成员与工作者之间的关系，以及小组成员与小组之间的关系。

（1）小组成员之间的关系。在小组中期之初，小组成员之间的关系呈探索性特征，表现为观望；随后，小组成员之间的关系呈凝聚特征，表现为冲突、理解和互助；在小组中期之末，小组成员之间的关系呈知交特征，表现为宽容、互敬和归属。

（2）小组成员与工作者之间的关系。这种关系将经历由小组成员对工作者较多依赖到逐渐减少依赖、地位逐渐接近甚至相等的变化过程。

（3）小组成员与小组之间的关系。这种关系受规范维系和感情维系两个方面的影响。规范维系是指小组成员如果想被小组接纳，就应当遵守小组的规范，否则他将被小组排斥。感情维系是指小组成员对小组产生信任感，在感情上接纳小组、归属小组。

2. 小组中期工作者应该做的工作

经过小组中期之初短暂的观望之后，小组成员开始表白自己，小组中产生权力分化，小组成员的观点、立场、兴趣、爱好、价值观的分化也表现出来。在小组中，冲突变得不可避免。其中最突出的两种冲突是小组成员之间的冲突和小组成员与工作者之间的冲突。

对待冲突应采取一种不焦虑的态度，因为冲突对小组并不一定是一件坏事，没有冲突的小组就像一潭死水。适当地处理冲突，往往可以将小组冲突转化为小组动力。不过在实务工作中，由于冲突会使人产生焦虑，所以很少有人（包括工作者）能够对冲突感到舒服，大部分人会试图避免冲突，并倾向于只要冲突浮现出来就压抑它或把它消灭。但是，身为工作者，我们应从解决冲突的角度来思考。一个较具功能性的思考架构是冲突管理。任何人都不能期待完全解决冲突。虽然单一的问题可能被解决，但冲突的原因仍然存在，而且潜在的冲突也可能继续下去。因此，解决冲突应注意努力营造一种环境，让冲突可以被提出来、被了解，并且转化为小组成员正向成长的经验。要做到这一点，我们必须保持一种不焦虑的态度，尤其是当成员觉得受伤、声音提高、被说坏话、被歪曲事实、过早离开聚会，或自己感到苦恼的时候。

解决冲突的方法主要有冷静与包容、澄清过程、分享与公正、建立解决冲突的规范、磋商和修正小组成员的价值观，以及少数服从多数等。

（1）冷静与包容。有时候小组成员的生气和挫折会直接针对小组工作者。当此种情况发生时，小组工作者应保持冷静，并采取包容的态度，同时应明白小组成员与工作者之间的冲突是小组过程中不可避免的。工作者保持冷静可以传达出有控制力，不论小组中出现什么都不会有灾难的事情发生等正面信息。而且，如果能保持冷静，我们可以有更多的时间来观察和思考，并且有机会弄清事实是什么，决定是否有什么事要做。保持冷静的方法很多，可以做几次深呼吸，重复告诉自己"这些都会过去的"。

（2）澄清过程。在小组争议的情境中，沟通会变得混乱，对语言和非语言信息的错误理解，会导致困惑、生气、焦虑和受伤的感觉产生。小组工作者应尽快让参与冲突者对冲突给出一个共同的定义，帮助他们重新回顾引起冲突的事件，尤其是语言和非语言行为；帮助他们对问题进行分类，把问题分成几个处理的部分，并且澄清彼此同意和不同意的范围。工作者也可以让其他成员分享他们的观察和看法。

（3）分享与公正。不仅在澄清过程中工作者可以让其他成员分享他们对冲突参与者的观察和看法，而且在整个冲突期间，工作者都可以让其他成员分享冲突过程。因为冲突不光是冲突参与者的事，它会直接或间接地影响小组中的每一个人。整个小组越了解解决冲突的利害关系，可用来解决冲突的资源就会越多。而且把其他成员纳入冲突，工作者可以引导出更具中立的意见。

（4）建立解决冲突的规范。为了以结构的方式处理冲突，小组需要有一个结构和彼此同意的规范，保护成员免受伤害、虐待和尴尬。有关解决冲突的小组规范包括：生气是可以的；不能有攻击行为或说坏话；即使生气，也要留在聚会的房间里。

（5）磋商和修正小组成员的价值观。当冲突是由于小组成员的价值观各不相同所引起的时，工作者可以与小组成员进行磋商，修正部分小组成员的价值观。

（6）少数服从多数。当小组冲突经过上述多种方法仍无法解决时，可以采取少数服从多数的方法来解决问题。不过，工作者应特别注意，不到迫不得已时，一般不采用这种方法。因为这种方法可能会招致少数组员的不满。

值得一提的是，在争议的情境中，工作者应尽量避免助长输赢的情绪。

3. 适合小组中期的游戏

（1）游戏1——不倒翁。

1）活动目的。

① 体验在一定的风险中，学习如何信任及支持他人。

② 培养小组成员彼此的信任感。

③ 在活动中培养个人在小组中的责任感。

2）活动说明。

① 人数：7～10人。

② 时间：30～40分钟。

③ 材料：不需要。

④ 场地：地面相对松软的场地。

3）实施程序。

① 组员分组。每组成员并肩围成一个圆圈，大家都一脚在前一脚在后，两脚相距约30厘米，每组中需请一名组员自愿站在圆圈的中间，其他组员紧密地并肩站立。

② 站在中间的组员双手交叉抱住自己的大臂并闭上双眼，然后对其他组员说："你们准备好要支持我了吗？"其他成员齐声回答："我们准备好要支持你了！"然后其他组员将双手举至胸部高度且手心向外，做好支撑准备。

③ 站在中间的组员说："我准备倒了。"其他组员同时说："倒下。"此时站在中间的组员倒下的方向需由两位组员支撑着，并将其轻推至另一个方向。依此类推，使站在中间的组员在圆圈中倒向不同的方向。

④ 约一分钟后，其他组员共同将站在中间的组员扶正，使其恢复身体平衡。接着，再换另一位组员自愿站在中间，按上述程序继续玩游戏，直到所有组员完成这项体验活动。

⑤ 游戏结束后可请大家一起讨论以下问题：

A. 在活动中，当你担任支撑者和志愿者时，分别有什么样的感觉？

B. 活动中你应该怎么做或怎么想，才会相信其他人会安全地支持你？

C. 从信任其他组员并倒下开始直到结束，你觉得身体有什么变化？

D. 通过这样的活动，你觉得大家之间的关系会有什么改变？

E. 生活中，什么时候你才会完全信任一个人？

4）注意事项。

① 每组所围成的圆圈，尽量使中间者倒下的角度在 15°～30°。

② 站在中间的组员倒下时身体尽量保持直线，不要弯曲。

③ 站在中间的组员倒下时，支撑的组员要尽量撑住其背部或肩膀，且顺势轻推至另一个方向。

④ 注意要保证活动的安全，建议选择地面相对松软的场地。

（2）游戏 2——盲人走路。

1）活动目的。通过亲身体验，让组员体会信任与被信任的感觉。

2）活动说明。

① 人数：8～12 人。

② 时间：15～20 分钟。

③ 材料：不需要。

④ 场地：相对开阔的室内或室外。

3）实施程序。

① 将组员分为每 2 人一组（如 A 与 B 一组）。

② A 先闭上眼睛，将手交给 B，B 可以虚构任何地形或路线，口述注意事项，然后指引 A 行进，如"向前走……迈过台阶……跨过一道小沟……向左拐……"，等等。

③ 然后交换角色，B 闭上眼睛，A 指引 B 走路。

4）注意事项。

① 被指引的一方应全身心信赖对方，大胆遵照对方的指引行事。

② 指引者应对伙伴的安全负起全部责任，每一个指令均应保证准确、清楚。因为万一指令有错，信任受到怀疑后很难重建。

（3）游戏 3——解手链。

1）活动目的。让组员体会在解决团队问题方面都有什么步骤，体会聆听在沟通中的重要性，以及团队合作的重要性。

2）活动说明。

①人数：10～12人。

②时间：15～20分钟。

③材料：不需要。

④场地：室内外均可。

3）实施程序。

①所有组员围成一个圈。

②小组工作者向大家发出指令："先举起你的右手，握住对面人的手；再举起你的左手，握住另外一个不相邻的人的手；现在你们面对一个错综复杂的问题，在不松开手的情况下，想办法把这张乱'网'解开。"

③小组工作者告诉大家一定可以解开，但答案会有两种：第一种，解开后是一个大圈；第二种，解开后是两个套着的圈。

④如果过程中实在解不开，小组工作者可允许学员将相邻的两只手断开一次，但再次进行时必须马上拉住。

（4）游戏4——齐心协力站起来。

1）活动目的。让组员体会团队合作的重要性，并让大家明白：参加游戏的人越多，越需要大家齐心协力。

2）活动说明。

①人数：8～12人。

②时间：20～30分钟。

③材料：不需要。

④场地：室内外均可。

3）实施程序。

①先邀请两位组员进行游戏，两个人应以身体高度相近为佳。两个人先背靠背，手臂扣着手臂，然后坐在地上，接着依靠背与背的支持一起站起来。

②当两个人站起来后，增加一个人，成为三个人一组，试着以同样方法手臂扣手臂、背靠背一起坐下，然后再一起站立起来。

③依此类推，每次游戏成功后就再增加一个人，大家按上述方法坐下，再尝试一起站起来。

④当参加游戏的人越来越多时，站起来可能会越来越费力，当大家站不起来时，游戏结束。

⑤游戏结束后可请大家一起讨论以下问题：

A. 人数的变化对游戏有什么影响？

B. 人少时和人多时用力方向有何不同？大家怎样合作才能顺利站起来？

4）注意事项。

①这个游戏很简单，但消耗体力，讲求组员合作，具有挑战性。

② 当参加游戏的人比较多时（一般超过 7 个人后），应提醒组员不要硬把他人带起，要互相支持一起站起来。

> **案例阅读** 受虐妇女小组第三次活动记录节选
>
> 　　一位被婆婆和丈夫逐出家门的小组成员，特意化了淡妆很早就来到中心，她说自己觉得到中心来心情才会好些。其他组员陆续到来，不用工作者组织，她们就坐在一起很自然地就近来的生活状况进行交流，还对第二次因病未出席的成员给予了特别的关心，使之很受感动。活动开始后，由于个人的经历基本被小组了解，工作者带领大家开始从自己个性中的弱点方面寻找问题的症结，大多数成员都能很诚恳地结合自己的境遇剖析自己，对个别成员出现的认识上的偏差，也能表达个人的看法。年轻的小丽快人快语，讲述她和丈夫之间的矛盾，她说自己不能容忍丈夫及其家人对自己的轻视，常常与丈夫争辩导致丈夫被激怒后的暴力；虽然丈夫现在表示会改过，她也要与他离婚。于是女性在家庭中应该保持什么样的性格，如何保持良好夫妻关系成了大家议论的主题。有人认为她很勇敢、很自主、令人羡慕；也有人认为女性应该保持传统美德，应维护男性的尊严，要能容忍或者是有策略地与丈夫沟通。在整个讨论中，大家给小丽出主意时其实也在对照反思自己，工作者不断启发和引导，小组成员的认识逐渐统一起来。
>
> 【思考】
> 案例中反映了小组中期的哪些特征和工作？

> **课间休息**
>
> 　　讨论：在日常生活中，你是如何面对发生在你身上的矛盾与冲突的呢？这些方法可否用来处理小组活动中组员之间的矛盾与冲突呢？

任务五　结束及评估小组

> **任务描述**

　　本任务属于小组活动的后期，这时小组很快就会结束。小组结束可能带给人失落感，因此，处理失落感，利用小组结束帮助组员了解失落的意义十分重要。小组的后期作为即将收尾的阶段，有其特殊性和重要的功能，同样是小组工作不可忽视的环节。此时，工作者应该帮助组员进行工作总结、评估，使大家了解自己的收获、发现新的目标和需求、寻找新的小组、克服不良心态和消极行为的发生。本任务要求学生能够掌握小组后期组员的特征和社会工作的工作内容与方法，能够撰写小组结束评估报告。

任务实施

通过角色扮演的方法,在课堂上呈现小组后期组员的特征,以及社会工作的工作内容与方法,然后组织学生进行讨论。建议提前给学生进行分工:选择 10 位组员(提前让学生熟悉所要扮演的案主的背景资料),2 名社会工作者(提前告知社会工作的内容与方法),1 位小组会议记录人员(提前告知如何记录),其他同学是观察者。如果有小组实训室更好,可以让表演者在模拟室表演,其他同学在观察室观看。这样观察者的言行、笑声等都影响不到表演者,即给表演者创造了一个不受外界干扰的小组活动模拟室,有利于表演者自由发挥。

要求记录员一定要按照小组会议记录格式,把小组活动的过程记录下来;每次小组活动都要求做活动记录,记录的格式都是一样的。关于小组会议记录格式已在小组初期任务中给出,在此不赘述。

社会工作者在此次活动的最后,要组织组员完成对小组的评估工作并完成小组结束评估报告的撰写。老师可以组织学生根据案例的情况,分组讨论并形成一份评估问卷。以下是小组工作在设计评估问卷时可以参考使用的问题和一份社会工作使用的小组活动结束评估报告格式,供大家参考之用。

小组工作在设计最后的评估问卷时,可以从以下问题着手:组员参与小组的途径与方式,组员喜欢的游戏、内容,组员不喜欢的游戏、内容,组员认为小组人数多少为宜,小组活动的频率多少为好,组员对小组的满意度,组员是否清楚小组目标,组员参与小组活动有哪些障碍,参加完小组活动后对小组有什么新的认识,参加完小组后有哪些收获,对工作人员的评价,以及对小组活动的意见与建议。小组结束评估报告格式见表 6-3。

表 6-3 小组结束评估报告格式

小组名称		社会工作者姓名	
起止时间		活动次数	
目标达成情况			
参与者参与/表现情况			
社会工作者自我总评			
开展小组工作遇到的困难			
总结与反思			
建议			
督导意见			
签名:_____ ___年__月__日			
社会工作站意见			
签名:_____ ___年__月__日			

任务引导

俗话说"天下没有不散的宴席",正如人生历程的发展是一个周期一样,小组的历程也有开始和完结。

小组按计划完成自己的任务之后,工作者需要对自己的工作进行总结:一方面了解小组是否完成了自己预定的目标和任务,另一方面为以后主持类似的小组积累工作经验。因此,在小组的最后阶段,工作者会设计一些问卷或量表,让组员根据自己的改变情况,来评估小组的效果。常用的评估方法有小组结束后的跟进访谈、组员的自我评估报告、小组目标达成表、小组满意度量表、小组感受卡、小组领导技巧登记表等。小组评估在小组工作中非常重要,它不仅可以让工作者知道小组目标达成的情况、组员改变的情况,还可以帮助工作者了解自己工作的情况,为今后小组工作提供借鉴。

在此阶段,小组工作者要掌握好下面"知识链接"中所介绍的知识与技巧,才能够顺利地开展好小组后期的活动,顺利结束小组活动。

知识链接

1. 小组后期组员的特征

(1)正面的、积极的情绪。组员通过参加小组活动,进一步增强了对自身的认识和了解,自我不断完善,自我形象和社会功能也有所提高,有能力去面对和支配自己的生活,也会热切期待在未来的生活中可以实践在小组中学到的东西,对自己的将来有美好的憧憬。

(2)负面的、消极的情绪。面对即将分离的情境,有的组员可能有担忧、失落、否认、逃避、行为倒退等一些负面的、消极的情绪与行为。小组工作者要客观看待和谨慎处理。

(3)组员之间的连接呈现松散状态。小组后期,小组的影响力和小组规范的约束力都逐渐减弱,组员之间的联系也比较松散,互动频率和强度相对降低。

2. 小组后期工作者应该做的工作

(1)巩固组员正面的、积极的情绪体验。工作者可以通过强调组员的正面成功的感受,来增强小组成员的信心和成长的力量。

(2)消除组员负面的、消极的情绪体验。工作者并非要消除组员所有的负面情绪,而是要协助组员认识及面对客观现实,树立对事实和即将面对的新环境的正面和积极的态度,运用自己的能力和资源去适应新环境。例如,工作者可以适当地肯定和揭露组员的情绪;可以与组员一起表达彼此对小组完结的感受并率先分享自己的感受;可以表现出谅解、宽容的态度,并让组员明白工作者了解与理解他们的感受;与此同时,工作者还应明确小组本身的限制,避免组员对自己及小组产生过分苛刻和不切实际的要求。

(3)巩固小组成果,帮助组员独立地、有成就感地离开小组。

(4)巩固组员在小组中的学习经验,使其能够运用于日常生活中,从而进一步发展和成长。

（5）尽可能增进组员对小组经验的良好印象，从而吸引小组成员日后参加类似的小组活动。

（6）评估小组目标的实现情况。评估小组工作的效果和效率，评估目标达成情况、小组动力情况、有何特殊事件和处理情况等，不仅是对本次小组工作的总结，也可为下次小组工作提供参考。

（7）转介。了解特殊组员的需要，对那些要给予进一步关注的组员，可安排转介服务，鼓励其转向其他机构寻求帮助。

3. 适合小组后期的游戏

（1）游戏1——水晶球。

1）活动目的。这是一个"未来取向"的游戏，组员借着对未来的展望，投射他现在的感受，并经由其他成员的回馈，增进游戏者的自信心。

2）活动说明。

①人数：8～12人。

②时间：30～40分钟。

③材料：纸、笔。

④场地：安静、舒适的场地。

3）实施程序。

①将一物件当作水晶球，大家假定从水晶球中可以看到自己的未来。游戏由一名组员开始，该组员拿着水晶球，叙述从水晶球中看到自己5年后的情形（具体多少年后，这个数字可由小组工作者视情况而定）。

②该组员叙述完毕后，其他成员给予回馈，然后将水晶球传至其他组员，游戏依次进行，直至所有组员都参与过。

（2）游戏2——道别活动。

1）活动目的。

①组员了解经过小组活动后彼此的改变。

②讨论小组结束时的感情。

2）活动说明。

①人数：8～12人。

②时间：80分钟。

③材料：纸、笔、礼物。

④场地：室内。

3）实施程序。

①重温旧事。组员重温小组活动开始第一刻，相互介绍（或自我介绍）与推传活动（约30分钟），大家如何一起分享并讨论收获的体验（10分钟）。

②大家互赠礼物，礼物可以是一束花、一封信、一张邮票、一句赠言、一首歌曲，等等（约 20 分钟）。

③大家一起谈论离别时的感情，以及对以后的展望（约 20 分钟）。

（3）游戏 3——祝福与道别。

1）活动目的。

①了解经过小组活动后彼此的改变。

②圆满地结束小组活动。

③借数个小活动，讨论小组的成果。

2）活动说明。

①人数：8～12 人。

②时间：80 分钟。

③材料：纸、笔、礼物。

④场地：室内。

3）实施程序。

①改变印象。由一名组员开始，大家轮流讨论这名组员现在的状态与刚参加小组时有何不同，或者他在参加小组后，发生了哪些改变；然后这名组员叙说自己的感受。接着换另一名组员，依此类推。

②互道祝福。给每一个组员一张 8 开的白纸，让组员在白纸顶端写上"对×××（自己的姓名）的祝福"，然后将这张纸传给其他组员，其他组员在白纸上写上一句或数句祝福的话，也可用绘画的方式来祝福，最后由被祝福者右边的组员念出其他组员的祝福，若祝福是用绘画的方式呈现的，需由绘画者加以解释。

③结束活动。大家起立，手臂搭在左右成员肩上围成圈，哼着温柔的歌曲，随后大家轮流握手，进行道别。

小组工作技巧

案例阅读 **受虐妇女小组第六次活动记录节选**

第五次活动结束时，工作者已经告诉成员活动到了尾声，所以第六次活动时，组员们都准时地到达了。活动中，工作者带领大家就前几次活动进行了回顾，引导小组成员总结自己的收获和变化，大家表达了自己参加小组后思想认识上的收获，小组成员彼此交流心得和感受，还提出了许多建议和对今后的打算，对工作者的工作，特别是给予她们在婚姻及家庭认识和法律知识方面的帮助表示了由衷的感谢。但是也有个别成员表示不想离开，希望再有类似的活动还想参加，不为别的，只是在小组内感到安全、舒服，回到家心情压抑，没有安全感。大家提议小组结束后彼此可以成为好姐妹，今后可以互相鼓励和支持，通过电话联系、互加微信或找机会重聚，并合影留念，希望有机会与工作者再见面。

整个活动的气氛十分融洽,最后大家更是依依不舍。与第一次活动时相比,大部分成员无论是仪表还是神态都更加自信和爽朗,更可贵的是大家不再怨天尤人、自暴自弃,已经开始规划自己今后的生活,小组成员彼此建立了关系,而且已经开始了相互的关注与支持。

【思考】
案例中反映了小组后期的哪些特征和工作?

课间休息

讨论:如果最后一节小组活动交给你来带领,你会选择什么样的游戏呢?你会如何策划最后一次小组活动内容呢?

课外阅读

小组促进和干预技巧

1. 联结

联结是一种技巧,指的是将个别组员沟通中的相同点联结在一起,用来帮助组员之间获得更大的认同。它的目的是减轻组员之间分离的感觉,以增强小组的凝聚力。例如,在第一次活动期间,我们可以邀请组员分享他们在参与小组时最喜欢的事情。

2. 阻止

阻止是一种干预的技巧,指的是避免小组或某些组员做出不好的、不合情理的或不适当的行为。这种行为包括侵犯别人的生活、总喜欢讲很长的故事、一直向别人问问题、攻击他人等。

3. 设限

工作者在关键时刻必须设定好界限。设限使得小组在小组互动中有架构,避免逾越小组的规则,或偏离小组的目的与目标。

4. 综合

融合的一种状况,是综合每一位组员语言和非语言的信息,把某人说了什么和做了什么相联结,使他的内在感情及想法更清楚,顺便可以指出他重复的行为,使其隐藏的内心想法表现出来。

小组工作者也可以联结先前小组聚会的意见、话题与关注事项,让小组成员可以意识到,那些事物是过去曾经分享而与现在有关的。一位组员可能说出四五个生活中的独立事件,却没能意识到这些事件有怎样的相关性。如果把这些独立的片段建立联系,小组工作者就能帮助组员把他们个人的困惑集中在一起,这对于问题的解决可能有所帮助。

小组工作者也可以联结小组成员正在努力奋斗的特殊主题，如顶撞权威、害怕冒险、过度的罪恶感。对于小组工作者而言，发现并做好这些联结，并不是一项简单的工作，这意味着要将看起来没有相关性的片刻和片段连在一起，以小组成员可能了解的方式使它们产生关联。

5．摘要

在小组工作过程中，摘要是指一个小组工作者简明扼要地回顾小组成员讨论过的核心重点。一般而言，摘要是在聚会即将结束时，将相异的线索汇总在一起的一种方法。在互动过程中，组员们经常会一心一意地去聆听细节，并分享他们的想法及感觉，而忽略了对整个事件的洞察。小组工作者需要通过摘要来帮助小组成员了解聚会中发生了什么事情。通常，小组成员不会记得小组以前所发生过的事情，尤其是曾经缺席的组员，他会感到失落，因为他没有办法了解小组曾经发生的事情。所以，有些小组工作者在每次小组开始时，会对之前的聚会做一摘要。

6．分类

在小组工作中，分类是指工作者拆分小组成员的问题或小组成员所关心的事，使之成为可以处理的单位。这是把组员在小组时所提出的问题加以区别，并且转变成治疗焦点的过程。工作者的目标是帮助每个小组成员解决问题。分类的技巧让任务或主题不至于过度复杂，可以对很多事情进行挑选和整理。首先，分类使每位小组成员及整个小组，可以控制将要面对的任务和问题；其次，分类使小组成员有机会以现实的方式面对议题的焦点，降低小组成员和工作者的无力感及无助感；最后，分类有助于小组带领小组成员把能量集中在小组目标上。

7．面质

无论如何，小组工作者对于小组冲突通常会觉得不舒服，而且不愿意面质他们的案主，然而让他说出不愿意的理由，工作者也并不清楚。这可能与工作者个人的风格有关，也可能与工作者的形象需要有关。大部分人喜欢别人认为自己是温暖的、亲切的、可爱的、照顾人的，不论何时都表现支持与关怀。但是，有很多学者观察到，因为工作者不愿意面质案主，已经使治疗无效，也意味着案主的问题不能得到真正的解决。

面质是精神分析和非指导性治疗的一部分。许多精神分析学者强调其意义与价值，认为面质可以使病人的潜意识浮现出来，是一种重要的治疗策略。在对问题有所解释和处理之前，病人必须面对他曾经逃避的事。面质这个词语会使人联想到敌对和攻击。在治疗情境中，面质会让我们联想到处于困境的情节，它不仅是治疗的规范，也是干预的主要形式之一；面质这个词内含生气、敌意、不舒服和攻击性，它使人联想到被惩罚和对某些人的无情。

面质也是一种意识行为，由工作者带领案主或整个小组，与小组成员的长处、软弱、盲点和资源有直接接触。面质可以用人性和感性的方式来传递了解。同样，面质也意味着小组工作者鼓励其组员，勇于处理他们语言和非语言的行为。要做到这些，小组工作者必须首先明白他们进行面质的原因。实际上，面质是邀请组员为自己做检查甚至检讨，让他们可以看到自己，就像他人看到自己一样。在小组进行期间，工作者对于案主在小组中和在小组外的活动，都期待能够自我检查和自我挑战。面质可以有不同的侧重点，可以以一个人或小组为焦点进行面质。

拓展训练

讨论题

请仔细阅读下面两个不同的案例，讨论小组工作者如何用分类化的技巧去回应组员。

组员小清："最近，倒霉的事情好像接连不断。我姐姐上个星期确诊癌症，这个星期必须住院动手术。我丈夫最近下岗了，一天到晚心情不好，在家里睡大觉，每天还得等我回来做饭。我一说什么，他马上就发脾气，说想过就过，不想过就离婚。儿子在学校又闯了祸，昨天下午老师打电话到我单位，说儿子在学校调皮捣蛋，影响别人学习，不行就领回家里算了。昨天晚上回到家，我把最近积压下来的火统统发泄在儿子身上，对他真是一顿暴打……（哭）。你说我这样的日子还有什么盼头，真想一头撞死算了。"

组员小王："两个星期以前我非常难过，我被解雇了；上周我出了点意外，现在我的车子正在车厂修理，那将花去我 2 000 元钱，而我没有办任何保险；比这更糟的是，今天早上我收到赵老师打来的电话，说我儿子又逃课了，当他三点半从学校放学回家时，我对着他发了一通脾气，将自己这个月以来积压的不良情绪都发泄出来了。在我的生活里，事情都搅和在一起，使我没法有条理地思考。"

模块四 / Module 4

04 社区工作

社区工作（Community Work）是指以社区和社区居民为工作对象或服务对象，通过专业社会工作者的介入，确定社区的问题与需求，发掘社区资源，动员和组织社区居民实现自助、互助和社区自治，化解社区矛盾和冲突，预防和解决社会问题，从而促进社区服务质量、福利水平的提高和整个社会的进步。

在推行社区工作时，实际上是有多种模式可供选择的，如地区发展模式、社会策划模式，以及社区照顾模式。

社区工作的过程观点引导我们考查介入的原因。通过过程说明，我们可以按社区工作的每个阶段和整个进程更好地理解社区工作介入的目的。

本模块分别用社区工作解析、社区工作开展两个项目予以介绍。

项目七　社区工作解析

> **项目概述**
>
> 　　自20世纪90年代以来，随着改革开放的不断深入和市场经济体制的逐步确立，单位制开始解体，人们逐步从"单位人"变为了"社会人"，社区成为人们生活的中心。与此同时，伴随着经济和体制改革产生的诸多问题，人们对社区服务的需求日益增长，于是社区建设和社区工作在社区发展和建设中的作用越来越受到重视。在本项目中，通过案例分析，学生将了解社区工作的基本概念，了解社区工作及其学科的发展历程，在此基础上，能够分析社区工作与其他助人活动的联系与区别。
> 　　项目包括：解析社区及社区工作概念、选择社区工作模式。

背景介绍

　　社区是一个古老而又年轻的概念。说它古老，那是因为很久以前，人类就在一个个大小不一的村落中休养生息。同一个村落的人们在生活上相互关心、守望相助，在精神上相互抚慰、彼此支持。说它年轻，那是因为直到19世纪晚期，德国社会学家斐迪南·滕尼斯（Ferdinand Tönnies）才首次提出了社区的概念，人们才逐步认识到社区与社会的区别，并将其独立出来进行研究。社区工作也源于西方。历史上，欧美国家较早从农业社会进入工业社会；工业化和城市化一方面使人们的居住和生活逐渐社区化，另一方面也引发了贫穷、失业、犯罪等很多社会问题。为了解决这些社会问题，一些人就以社区居民为对象，通过组织社区活动，动员社区资源，开展了社区自助的社会工作。随着社会工作的发展，社区工作逐步发展成为社会工作的专业方法之一，与个案工作、小组工作一起并列为社会工作三大传统方法。

　　相对于个案工作和小组工作而言，社区工作较晚被确认为社会工作的一种介入方法。在美国，个案工作和小组工作分别于20世纪20年代和40年代得以确认，而直到1962年，美国社会工作教育课程才正式认可社区工作为社会工作的基本方法之一。然而，什么是社区？社区工作的含义是什么？社区工作的发展历史是怎么样的？社区工作的发展模式又有哪些？这些正是本项目需要详细阐述的问题。

任务一　解析社区及社区工作概念

任务描述

除家庭以外,社区是社会生活的基础。对每个人来说,社区是其成长、组织家庭、适应变迁和舒缓生活压力的重要场域。

在社会工作中,社区经常被视为一个重要的介入目标,以帮助人们处理他们的共同利益和关注的问题。

尽管社区是被广泛使用的一个词,然而人们对于它的含义没有共同的看法。由于"社区"一词有多种不同的含义,我们需要认识社区的一些主要特点,以便我们可以对"社区"一词有更清楚的了解。

任务实施

资料(一)　我国社区的基本情况

据民政部《2021年民政事业发展统计公报》,截至2021年年底,全国共有省级行政区划单位34个,地级行政区划单位333个,县级行政区划单位2 843个,乡级行政区划单位38 558个。社区综合服务机构和设施56.7万个,社区养老服务机构和设施31.8万个。全国基层群众性自治组织中,村委会49.0万个,村民小组395.0万个,村委会成员208.9万人;居委会11.7万个,居民小组135.2万个,居委会成员65.7万人。

截至2021年年底,全国持证的助理社会工作师55.9万人,社会工作师17.7万人。

注:除省级行政区划数以外,各项统计数据均未包括香港特别行政区、澳门特别行政区和台湾省。

资料(二)　21世纪新型社区建设的问题

新型社区,概括来说,就是生活便利、管理有序、环境优美、人际关系和谐的社区。在社区工作中,第一是要注意体现以人为本的原则,围绕为居民提供的服务、居民的需求去开展工作。第二是资源共享,共治共建。我们要共同建设、资源共享,才能提高利用资源的效率。各个部门的参与应该是建设性的,而不是争权性的。第三是管理有序。一定要有一套比较合理、科学的操作程序、规范。第四是扩大民主,居民自治。从事社区建设工作,不管哪个部门,都不要压制居民,也不要什么事都包办代替,要多听听居民的意见,要让他们在社区建设当中充分发挥民主权利,让他们的愿望能得到充分的实现。第五是因地制宜,循序渐进。不要一哄而起,工作要逐步推进。

【分析】 从资料（一）和资料（二）中不难发现，我国社区不但数量庞大，而且发展速度较快；随着我国经济飞速发展，新型社区纷纷涌现，社区建设的内容正发生着变化。这就给社区工作提出了更高的要求，社区工作的内容就显得更为重要。试举例说明社区工作的主要内容。

任务引导

社区工作的内容主要包括以下几个方面。

（1）社区服务。社区服务包括福利性服务和满足日常生活需求的经营性服务，前者如孤老残幼的照顾，后者如一般居民的日常生活服务。

（2）社区卫生。社区卫生包括社区医疗，如门诊咨询、设置家庭病床、出诊与转诊、体检等；社区预防，如传染性疾病的预防与监控、疫苗接种等；社区保健，如优生优育、老幼保健、妇女保健等；社区康复，如智障人士和精神病患者的康复工作；社区健康教育和社区公共卫生等。

（3）社区治安。社区治安包括法制教育、矛盾调解、治安防范、社区矫正、秩序维持、事故预防和处理等。

（4）社区教育。社区教育包括文化科学教育、社会公德教育、家庭生活教育、生命健康教育、民主思想教育、时事政治教育以及爱国教育等。

（5）社区救助。社区救助包括物质救助和精神支持，如最低生活保障，帮困难居民申请、发放物资等。

知识链接

1. 社区

（1）社区概念的由来。社区自古以来就被认为是人类生活的基本场所。作为社会学的一个基本概念，则是由德国社会学家滕尼斯最早提出来的。他在1887年出版了成名作《社区与社会》（又译为《共同体与社会》，德文书名是 *Gemeinschaft und Gesellschaft*，英文版译为 *Community and Society*）。在这本书中，滕尼斯首次提出了"社区"（Community）一词，其含义是共同体和亲密的伙伴关系。他认为，社区是指那些有着相同价值取向、人口同质性较强的社会共同体，其体现的是一种亲密无间、守望相助、服从权威且具有共同信仰和共同风俗习惯的人际关系。

20世纪30年代初，费孝通先生根据滕尼斯的原意首先使用了中文"社区"一词。1948年10月16日，费孝通在学术刊物《社会研究》第77期上发表的论文《二十年来之中国社区研究》中，谈到当初翻译滕尼斯著作及汉译词汇"社区"的形成过程："当初，Community 这个词介绍到中国来的时候，那时的译法是'地方社会'，而不是'社区'。当我们翻译滕尼斯的 Community 和 Society 两个不同概念时，感到 Community 不是 Society，成了互相矛盾的不解之辞。因此，我们感到'地方社会'一词的不恰当，那时，我还在燕京大学读书，大家谈到如何找一个确切的概念。偶然间，我就想到了'社区'这么两个字样，最后大家援用了，慢慢流行。这就是'社区'一词的来由。"

（2）社区的构成要素。社区作为一种人类生活共同体，主要由下列基本要素构成。

1）人口。社区的人口是具有稳定的社会交往关系的一定数量的人群。人群因长期聚居在同一个地方而逐渐形成了多层次、成系统的内部交往关系，群体成员因共居一地而拥有共同的归属感。与此相对照，那些偶然聚集在一起的人们不应被视为社区人口，如车站、码头滞留的人群，体育场来自四面八方的观众等。

2）地域。社区是地域性的社会，就是说，社区具有一定的边界。不过，确定社区边界是一个比较复杂的问题。有的学者认为社区的边界应限定在人们日常生活中直接发生互动的范围内，有的学者则认为应限定在满足人们基本需要的经济、社会控制等设施、机构发挥作用的范围内。总之，社区的范围主要依据代表性、复杂性和研究条件而定。大致上，一个自然村、镇、城市的一个街道所涉及的空间范围，可以看作一个社区的边界。

3）区位。区位是指人类群体及其活动的空间分布。共同居住在一地的人们在长期交往的过程中，逐渐出现了活动与生活设施的空间分布特征。一系列的生活设施为了人们活动的便利而逐步形成了不同的区域，如自发形成的菜市场、集市、体育运动场所、文化娱乐场所、住宅楼等，这些空间分布构成了人们生活的区位结构，而不同的社区其区位结构也是不同的。

4）组织结构。社区都有一定的组织形式。我国城市社区的街道社区管理（建设）委员会、居民委员会，以及各类服务、咨询中心、团体等，都是一种社区组织。同时，社区又是由一定的社会群体和家庭、邻里、学校、服务机构、企事业单位等社会组织共同组成的。社会群体、社会组织之间的关系形成了社区结构。了解社区的组织和结构，是认识社区的一个重要方面。

5）生活方式。长期生活在同一个地方的人们会形成一种具有地方特点的生活方式，如衣着服饰、饮食习惯、待人接物、婚丧礼俗、流行语汇等。这些均体现了社区居民的价值取向和趣味偏好，并且被当地人们熟悉乃至形成一种默契。生活方式是使不同社区得以彼此区分的一个重要方面。

6）社会心理。社区的性质、规模、结构等方面的不同会对社区成员的心理和行为产生不同的影响，生活在不同类型社区的人，其心态和行为方式也会不同。社区成员对自己生活于其中的那个社区具有一定的认同感、归属感，即从心理上归为那个社区的人，同时也把生活在那个社区的人视为"自己人"。社区归属感是一个社区的社会心理的核心，也是影响社区工作的一个主要因素。因为一个社区归属感强的社区，往往凝聚力强，居民积极性易调动，工作开展顺利，易显成效；反之则工作难度大，工作成效不明显。

（3）社区的分类。社区的分类是指按照一定的标准，对社区进行类型划分。社区类型的多样性是一种客观的社会现象，科学地解释这一现象，对于正确认识社区的功能，具有重要的实践意义。社区概念的最早提出者滕尼斯曾把社区分为三种类型：

1）地域社区，又称地理的社区或空间的社区。它以共同的居住区及对周围（或附近）财产的共同所有权为基础。邻里、村庄、城镇等都是地域社区。

2）非地域社区，又称"精神"社区。这种社区只是为了一个共同目标而进行合作和协调行动，同地理区位没有关系。这种社区包括宗教团体和某种职业群体等。

3）亲属社区，又称血缘社区，是由具有共同血缘关系的成员构成的社区。

随着社区研究的深入和社区本身的历史演进，社区分类标准呈现出多元化状态，我国学术界对社区的分类大致有以下几种。

1）按社区功能分。按社区功能，社区可分为经济社区、政治社区、文化社区、军事社区和特殊社区。

① 经济社区是指社区内的劳动者多数从事生产经营活动的社区，可以根据经济活动的种类细分为工业、矿业社区（如沈阳铁西工业区），农业、林业、牧业、渔业社区，商业社区等。

② 政治社区是指各级行政区域的领导机关、管理中心所在地。城市中各类行政管理机构、政府各种机关聚集的社区，可视为政治社区。

③ 文化社区主要是指教育、科研、文化艺术等单位比较集中的区域（如中国北京的中关村、英国的剑桥等）。

④ 军事社区是指以军营、军事基地、军事院校或科研院所为主体的社区。

⑤ 特殊社区是指以实现社会某种特殊目的为活动内容的区域（如福利社区、精神病院、监狱、劳改农场、传染病隔离区等）。

2）按区域特征分。按区域特征，社区可分为城市社区、农村社区和城镇社区。

① 城市社区是指以非农产业，即第二、第三产业为主的居民所居住，达到一定人口密度和规模，由国家批准设立市建制的社区。其主要特点是：人口集中，异质性强；经济和其他活动频繁；具有结构复杂的各种群体和组织；家庭的规模和职能缩小，血缘关系淡化，人际关系松散；思想、政治、文化相对发达；社区服务设施、物质条件相对齐全。

② 农村社区是指以从事农业生产为主要谋生手段的人口为主的、人口密度和人口规模相对较小的社区。农村社区的主要特点有：人口密度低，同质性强，流动性小；组织结构、经济结构单一；风俗习惯和生活方式受传统影响较大；家庭的社会影响作用较强；社区成员关系密切、血缘关系浓厚；社区服务设施、物质条件等相对落后。

③ 城镇社区，即介于城市和农村之间的、居民主要不从事农业生产劳动，人口达到一定规模的社区。城镇社区是城乡连续体中的一个特殊类型，是农村社区向城市社区转型的过渡型社区，因而它兼有前两类社区的特点。在人口要素上，它与城市社区较接近；在组织和经济结构上，它又与农村社区的特征相类似；在服务设施、物质条件和管理水平上，它又介

于前两类社区之间。这种社区分为建制的和非建制的两种。

3）按空间特征分。社区具有明显的地域空间特征，按此标准来划分，社区可分为法定性社区、自然性社区和专能的社区三种。

① 法定性社区，即通常所说的地方行政区。它们的界限可以明确地标示在地图上并以法律形式加以规定，如城市中各个区、街道所辖的地域范围形成的社区，以及农村乡、镇、村等行政单位所辖的地域范围所形成的社区。法定性社区由一级政府或政府授权的行政派出机关来充当主导管理主体，对社区进行综合管理。这样的社区，政府功能的发挥相对直接、有效，有相对完备的政府管理网络和服务设施，社区功能齐备、服务全面，社区居民与社区关系密切。

② 自然性社区，即人类在生产和生活中自然形成的定居区，如农村的自然村落、集镇和城市等。自然性社区与法定性社区有时是重合的。例如，农村中的许多自然村落同时被划定为"行政村"，一个小城镇同时也是建制镇等。与法定性社区相比，在自然性社区中，社区成员的血缘、亲缘、地缘关系更为密切。

③ 专能的社区是指人们从事某些专门活动而形成于一定地域空间内的聚集区。大学城、军营区、矿区等都是一种专能的社区。

4）按社区内部组织形式分。按社区的内部组织形式，社区可分为整体社区和局部社区。

① 整体社区。整体社区是指具有相对独立意义的，基本上具备了人类社会生活所包括的主要方面，并且能够解决绝大多数社区居民主要需要的比较完整的社区。这样的社区既有供人们进行生产活动的设施，又有供人们进行政治、文化活动，以及其他社会生活所需要的设施、服务行业等，且大多数社区成员的经济、政治和文化活动都是在本社区范围内进行的。例如，一个城市、一个独立的村落，都是整体社区。

② 局部社区。局部社区是整体社区的一部分，如城市中的一个街区。这样的社区，虽然也有构成社区的主要因素，但不能解决绝大多数成员的各种生活需要，不能完整地反映社会结构体系，尽管也有生活服务设施，但社区成员要到社区以外从事生产活动。

此外，按社区成员的互动类型，社区可分为具体社区和抽象社区。所谓具体社区是指人们互动频率高，成员角色全部呈现的社区，如一条街道、一个村庄等。所谓抽象社区，是指尽管社区成员共同生活在一个聚落之中，但彼此只在特定场合发生单一方面的关系。因此，描述这个社区时，往往需要用一系列抽象的数字来说明，所以称之为抽象社区，如较大的城市等。

按社区的地理环境，社区可分为平原社区、山区社区、牧区社区等。

按社区发展的历史，还可以将社区分为流动型社区、半固定型社区、永久型社区等。

按新构建社区的特点，可将社区分为单位型社区——人群主体主要由本单位职工及家属构成；小区型社区——成建制开发的封闭式小区，功能设备配套，有独立的物业管理；板块型社区——按面积、人口、资源要素确定的，以三级以上马路分块划定的社区；功能型社区——具有一定的特殊功能，有的有人群但没有居民，如商贸社区、文化社区等。

（4）社区的功能。

1）政治功能。社区是人们参与社会生活和政治生活的主要场所。社区的政治功能主要体现在以下几个方面。

① 社区居民享有选举权、监督权，通过其选举、监督行为参与社会政治生活。

② 社区自治组织是代表群众监督政府依法行政、社区依法自治的组织机构，是推进政府决策的科学化和民主化建设的载体。

③ 社区管理是在党和政府领导下的人民群众的依法自治管理，社区自治管理水平的高低，是实现"小政府、大社会"政府改革目标的主要标志。随着社区的发展、社区地位的提高，社区的政治功能将不断被强化。

2）经济功能。经济功能即生活、分配、交换、消费的功能，表现为社区通过生产或进口为其成员提供衣、食、住、行等基本的生活必需品和服务，并为社区成员提供就业与谋生的机会。实现这一功能的主要是社区的各个经济组织，如社区的工厂、商店、旅店、餐馆等，能为居民提供生产、流通、消费、娱乐、文化等服务。一个大的社区产品的生产和消费不仅在本社区内，还可以流通到邻近社区，辐射到其他社区。

3）社会控制功能。社区的社会控制功能是指社区在维护社会秩序、解决社会问题、化解社会矛盾与冲突、控制各种非稳定因素等方面，具有自身特色的结构、地位和作用。社区的社会控制功能有助于促进和维护全社会的秩序与稳定。社区的社会控制功能主要体现在以下几个方面。

① 社区拥有一套政府行政管理与社区组织相结合的社会控制体系及运作机制。

② 社区拥有一套社会帮困、社会救助与社会保障体系与运作机制。

③ 社会控制功能还蕴含在社区文化与精神文明建设、社区参与和民主管理、社区服务、人的社会化、社区生态建设与环境保护等社区发展任务之中。

4）服务功能。社区的服务功能是指社区通过基础性保障和福利性照顾，来满足社区居民的日常生活需求。目前，我国社区已普遍建立起社区服务中心，如卫生保健、岗位推介、图书阅览、家政服务、救助中心等各类服务机构，对社区居民提供优抚、家政、治安、就业、文化等各方面的服务。同时，社区的各种志愿者服务队，充分利用社区的人力资源优势，发挥其技术专长，为社区居民解决生活中遇到的各种疑难问题，也是社区服务功能的一大重要表现。随着社区的发展，社区的服务内容、服务方式将不断丰富和完善。

5）参与功能。社区为居民提供经济、政治、教育、康乐和福利等方面的活动的参与机会，促进社区内居民的交往与相互帮助，使居民对社区有更多的认同感和更强的归属感。社区通过开展各种社会公益活动、文体娱乐活动，提高社区居民的参与意识。让他们在参与社区活动中发挥自己的潜能，同时可以充分挖掘社区资源，促进社区的繁荣与发展。

2. 社区工作

（1）社区工作含义。社区工作是一个较为复杂的概念，不同的学者有不同的看法。本书倾向于复旦大学顾东辉教授的定义：社区工作是以社区及其成员整体为对象的社会工作介入手法。通过成员有计划地参与集体行动，解决社区问题、满足社区需要。在参与过程中，让成员建立对社区的归属感，培养自助、互助和自决的精神，加强其社区参与及影响决策的能力和意识，发挥成员的潜能。

（2）社区工作要素。社区工作由服务对象、目标、工作手法、价值和伦理等要素组成。

1）服务对象。社区工作服务对象是社区的部分或整体。与个案工作针对个人或家庭、小组工作针对群体不同，社区工作以社区的部分或整体为对象，地理社区和功能社区都可成为其对象；针对地理社区可有地区发展等类型，针对功能社区可有青少年社会工作等视角。社区又包含外在结构和内在意识，因此硬性要素（如社区地理）和软性元素（如归属感）都可成为社区工作的切入口。

2）目标。

① 任务目标。所谓任务目标，是指解决一些特定的社会问题，包括完成一项具体的工作和服务，满足社区需要，达到一定的社会福利目标等，如修桥铺路、解决老旧小区停车难问题，安置无家可归者、照顾贫穷孤独残障人士等。这些活动给社区及其居民带来的改善是具体而实在的。

② 过程目标。所谓过程目标，是指在达到任务目标的过程中实现的中间目标，主要是指培养社区居民的一般能力，包括增强居民解决社区问题的能力、信心和技巧，提升其对公民权利和义务的认知能力，培养居民和社区邻里交流、协商与合作能力，发掘和培育社区骨干的领导能力等。

3）工作手法。由于工作对象规模及复杂程度超过个案工作和小组工作，社区工作主要依托功能论、冲突论等宏观基础理论及社区分析、机构分析、策划等宏观实务理论，从而采用不同手法。为此，社区工作手法至少有三个特性。

① 采用结构导向。社会成员同时面临某些问题，其根源在于社会环境，因此社区工作就不能仅要求个人改变，而应改善其所处环境，从而政府、社区均有责任协助处理和解决问题。

② 发动成员有组织地集体参与。社区成员最了解自身的问题和需要，有责任对自己的事情负责，是社区工作的重要资源，也会在参与中获得成长。社区工作也秉承助人自助原则，鼓励社区成员参与。由于成员规模较大，进行组织就极其必要，要依靠集体力量达成目标。

③ 运用社区资源。社区工作不仅要求工作者发挥自身能力和激发社区居民潜能，也要善于利用、积极挖掘社区内外的正式和非正式资源。

社区工作还涉及价值和伦理等要素，之前的内容已经有所介绍，这里不作赘述。

> **案例阅读** 重庆市大渡口区茄子溪街道J社区
>
> J社区位于大渡口区茄子溪街道建桥园区内，成立于2015年，辖区面积约2.4平方千米，常住居民1 900余户，5 000余人，是一个新型的商品房社区，包括康田栖樾和琅樾江山两个小区。新型的商品房社区使居住在同一社区的人不再是具有地缘、血缘、业缘关系的熟人，而是来自四面八方、五湖四海的陌生人。在由陌生人组成的社区中，个体之间的利益、情感联系较弱，不利于形成社区的共同体精神，让社区治理困难重重。
>
> 【思考】
> （1）你认为上述社区存在什么样的问题？
> （2）你觉得我们该怎么做，才能解决该社区所存在问题？

> **课间休息**
>
> 与同学讨论对"社区"一词的理解，将你们的讨论结果写下来。

任务二　选择社区工作模式

任务描述

在推行社区工作时，实际上是有多种模式可供选择的。那么在选择运用哪种模式时，究竟要出于怎样的考虑呢？是否有一些既定且易于遵循的准则去帮助工作者做出决定呢？

事实上，社区工作者有这样一个信念：人群和社区的问题会随着不同社会力量的改变而有所变化，因此社区工作的模式或手法并不是恒久不变的，而是要去不断适应有关的社会条件和社会意识的改变。

但是，作为社会工作初学者而言，有必要了解社区工作的三种模式，即地区发展模式、社会策划模式和社区照顾模式，并尝试去分析这三种模式的异同。

完成此任务后，学生应该能够：指出社区工作三种不同模式的特点，包括实践理念假设、基本行动策略、技巧，以及每种模式的优劣；在具体的社区工作实践中运用不同模式。

任务实施

Y村的案例

Y村位于重庆X县南部，毗邻贵州省，距县城48公里，距镇政府所在地22公里，面积27.4平方公里，其中天然林地32 000亩，耕地1 540亩，辖11个村民小组、519户、2 338人。Y村现有留守老人64人、困境儿童122人、留守妇女15人、残疾人38人。

据统计，Y 村留守老人约占全村老年人口总数的 14%。其中，80 周岁及以上留守老人 8 人，占全村留守老人总数的 12.5%；残疾和患病留守老人 4 人，占 6.25%；子女外出务工的留守老人 18 人，约占 28%。

全村 122 名困境儿童中，留守儿童 89 人、孤儿 8 人、服刑在押人员未成年子女 2 人、残疾儿童 5 人、特困儿童 4 人、单亲家庭子女 8 人、其他困境儿童 6 人。其中，留守儿童约占困境儿童总数的 73%。从留守儿童监护情况看，83 名儿童由爷爷奶奶照顾，5 名儿童由其他亲属监护，1 名留守儿童独自居住。父母均外出务工的留守儿童家庭共 66 户，家庭年均收入约 3 万元，其中有 7 户是建卡贫困户，残疾儿童及特困儿童均已享受低保待遇。

全村共有留守妇女 15 人。其中，年龄在 31～50 岁之间的留守妇女 11 人，约占全村留守妇女总数的 73.3%；年龄在 20～30 岁之间的留守妇女 2 人，约占 13.3%。有独立收入来源的留守妇女 9 人，占全村留守妇女总数的 60%。其中，"有稳定工作"的 3 人，"灵活就业"的 3 人，"务农"的 2 人，从事"副业养殖业"的 1 人。

【分析】这是农村地区发展的一个典型案例，不过，该案例不存在明显的制度化歧视和剥夺行为（即不存在直接外力而造成 Y 村及其村民的权利被剥夺或权益的丧失），因此，社区工作的地区发展模式、社会策划模式及社区照顾模式，均可作为改变该社区现状的切入点。

如果选择地区发展模式，工作的重点可能是：工作者与 Y 村村民一道，共同分析 Y 村现存的问题（如经济落后、劳动力输出后的"三留守"问题等），了解 Y 村村民的内在需要；通过找寻相关资源（如地区发展项目），使 Y 村村民摆脱困境，实现 Y 村经济的可持续发展。

如果选择社会策划模式，工作的重点也许是：工作者通过走访 Y 村，与各个层面的人（如 Y 村村干部、Y 村村民，甚至 Y 村所在乡镇的干部等）交谈，以专家的身份对 Y 村的现状进行诊断，进而拿出解决 Y 村现有问题或困境的工作方案。

如果选择社区照顾模式，那就要促成社区中各方成员组成的非正式网络与各种非正式服务系统相配合，在 Y 村内为需要照顾的"三留守"人员提供服务与支持，使其过上正常的生活，提高其在 Y 村内的生活能力，并建立一个具有关怀性的 Y 村。

我们可以看出，实践模式的选择不同，介入的过程及效果也不尽相同。

任务引导

（1）如果你是派驻 Y 村的社会工作者，你将选择何种社区工作模式来开展工作？
（2）列出你的工作设想或工作计划。

知识链接

1. 社区工作定义

社区工作是指以社区和社区居民为工作对象或服务对象，通过专业社会工作者的介入，确定社区的问题与需求，发掘社区资源，动员和组织社区居民实现自助、互助和社区自治，化解社区矛盾和社区冲突，预防和解决社会问题，从而促进社区服务质量、福利水平的提高和整个社会的进步。

2. 社区工作理论

（1）社会分析和意识形态。社会分析帮助社区工作者从理论上把握社区及整个大社会。社区工作者对社区及大社会的分析，将影响其对社会或社区问题、介入策略、社区工作的方向及其在社会上应扮演的角色的看法。因此，对社会的理解便成为社区工作基础理论的重要内容。社会分析理论主要来源于社会学与政治学。

社会上存在着不同的意识。不同的意识形态影响着个人和群体对社会问题的看法，也影响着解决这些问题的建议。社区工作者难免受意识形态的左右。

与社区工作直接有关的意识形态颇多，主要有保守主义、多元主义、马克思主义、社会民主主义、激进自由主义（无政府主义）与女权主义等。

不同的意识形态对社区工作有不同的影响。它们的区别在于对问题的成因有不同的分析，以及采用激进或温和的策略。这些差异不仅存在于不同的意识形态之间，甚至同一意识形态的不同流派之间也会出现。

（2）社会变迁理论。带动社会变迁是社区发展的一大目标。社区工作本质上就是关于人和社会变迁的事情，它关注如何协助人们和服务提供者，使两者都能配合不能变迁的环境。可见，了解社会变迁及其不同的类型，并善于在不同情况下选择社区工作所适用的模式是非常重要的。

（3）社会运动理论。伍德（Wood）和杰克逊（Jackson）将社会运动描述为非常规性，有不同程度及有组织的集体行动，目的是促进或防止某种社会变迁。吉登斯（Giddens）认为，在现代化的社会中，基本上有4种不同类型的社会运动：①民主运动；②劳工运动；③性别运动；④生态运动。

社会运动理论以阐释社会运动的根源和发展原因为主，基本上可以划分为两大角度：着重个体或群体心理状态的社会心理角度与着重社会状况和条件（包括种种社会矛盾）的结构角度。此外，近期在欧美国家还出现了一种从另一些层面探究的理论，如"新理论运动"，包括20世纪60年代以来发生在西方的和平（反核）运动、环境生态（反污染）运动、妇女运动、消费者权益运动，以及消费合作社运动、绿色运动等。

3. 社区工作模式

（1）地区发展模式。地区发展模式认为，只要社区内的多数人广泛地参与决策和社区活动，就能实现社区的变迁。这一模式注重发掘与培养地方领导人才，发掘地方资源，强调民主程度、志愿性的合作、居民自助与教育，如社区服务中心执行邻里工作方案、在村镇实施的地区发展方案、成人教育领域的社区工作等。

地区发展模式的特点如下：

1）从社区问题来看，适用该模式的地方社区一般缺乏良好的人际关系与解决问题的技术，社区中的居民是孤立的，或者社区被传统束缚，社区领导者思想保守，对民主程序一无所知，缺乏解决问题的能力。

2）从变迁的策略与方法来看，该模式注重激发社区居民的广泛参与，强调一致与共识，即通过不同的个人、团体充分地讨论与沟通，以达成一致与共识。

3）从目标来看，该模式着重建立社区自我发展的良性机制，着重培养一种态度、氛围、程序与机制。在这个基础上，社区成员就能自发地、有效地解决具体问题。

4）从社区工作者承担的角色来看，在实施该模式的过程中，社区工作者是一个"促成者""协调者"或者"教导者"。他协助人们表达不满，发现自身的需要，培养良好的人际关系；协助社区建立组织与制度。

5）从案主（社区工作的对象）体系来看，该模式中的案主通常是一个地域性的实体，包括社区中的各种团体，其中，社区中的权力精英也是社区工作中分工合作的一部分。

6）从案主角色来看，案主被看成是有相当丰富的未开发潜能的公民。案主在与其他案主互动及与社会工作者的互动过程中，被看成积极主动的参与者。

7）从该模式对公共利益的假设来看，该模式比较倾向于理想主义，即认为对社区的共识是可能取得的，社区中各团体与阶层的利益是可调和的，社区的公共利益是可能实现的。

总之，这个模式是在一个地域内鼓励居民通过自助及互助去解决社区内的问题。工作的重点是提高居民的民主参与意识与挖掘、培养当地人才。社区工作者发动、鼓励居民关心本社区的问题，了解问题，进行讨论并采取行动。

社区工作者在这一过程中，需要发动并鼓励居民去思考问题的根源，了解他们的需要，从而引发改变现状的意愿、动机、信心及希望。社区工作者的工作主要是提高居民的民主参与意识，解决问题的能力和居民之间的合作精神，加强居民对社区的归属感。

这个模式通常用于那些比较简单的社区：居民背景比较单一、关系良好、冲突不明显；社区政治情况比较稳定，居民信任政府；社区变迁较缓慢。它采用的方法是自助与合作，以具体目标为主，通常未能有效地引进外来的资源。

（2）社会策划模式。社会策划模式也称社会计划模式，它强调专业人员的参与，强调理性设计的社会计划在社会变迁中的作用。只有专门的计划者运用专业技术知识才能制订合理的社会变迁计划，引导复杂的变迁过程，才可能为社区居民提供合适的服务，解决犯罪、住宅、心理卫生等社会问题。

社会策划模式的特点如下：

1）从社区问题来看，适用该模式的社区中一般存在着许多具体的问题，这些问题因为缺乏合理的社会计划与实施能力而产生，所以解决问题的途径是专业技术人员的参与。

2）从变迁策略来看，强调获得事实真相，然后采用合乎逻辑的下一步来解决问题，即侧重于资料的收集、正确计划的制订与实施。这些离不开专业技术人员的参与。

3) 从目标来看，与地方发展模式寻求解决问题的普遍机制相比，社区策划模式更着重具体问题的解决。

4) 从社区工作者承担的角色来看，该模式强调专家的角色与专家的参与。社区工作者从事调查研究、方案拟订，并与各种不同科层体系及各种不同学科的专业人员建立关系，既承担事实的汇集者与分析者的角色，又承担方案的实施者的角色。

5) 从案主体系来看，该模式的案主是整个社区或社区的一部分。

6) 从案主角色来看，案主更倾向于被看成"服务的消费者"，他们享受各种社会计划的成果，如住宅、娱乐、福利等；他们的主动性与积极性主要表现在服务的消费上，而不是政策或目标的决定上。社会计划是社区权力精英所聘请的专家制订的，所以社会计划本身较多地反映了权力精英的共识。

7) 从该模式对公共利益的假设来看，该模式倾向于理想主义，认为社区内各团体的利益不受政治利己主义的影响，应当强调知识、事实与理论，应当采取一种客观中立的态度。

这个模式是依靠专家的意见，通过有关专家的调研、论证、计划，然后落实、推行，去解决社区内的问题。这一模式可以说是一种由上而下的方法。

居民在这种模式中的参与比较被动，只限于对计划提出一些修改意见。社区工作者承担的是组织实施者的角色。对于处理复杂的社会问题，这一模式比较常见。

(3) 社区照顾模式。社区照顾就是社会工作者动员社区资源、运用非正式支持网络、联合正规服务所提供的支持服务与设施，让有需要照顾的人士在家里或社区中得到照顾，在其熟悉的环境中向其提供照顾和帮助的福利服务模式。社区照顾可以看作是一个社会服务网络，这个网络由非正式网络与各种正式的社会服务机构相互配合构成。

英国学者沃克（A.Walker）指出，社区照顾的主要实施策略有三种：在社区内照顾（care in the community）、由社区照顾（care by the community）和与社区一起照顾（care for the community）。

1) 在社区内照顾，是指将一些服务对象留在社区内而开展的服务，即指有需要及依赖外来照顾的弱势人群，在社区的小型服务机构或住所中（即由政府及非政府的服务机构在社区里建立的小型的、专业的服务机构）获得专业人员的照顾。"在社区内照顾"的核心是强调服务的"非机构化"，发展以社区为基础的治疗与服务设施、技术和计划，将服务对象放回社区内进行照顾，让他们在熟悉的社区环境中生活，协助他们融入社区生活，使所提供的服务更贴近人们的正常生活，从而避免了程式化的专业照顾带来的负面后果。

2) 由社区照顾，是指由家庭、亲友、邻里及社区内的志愿者等提供的照顾和服务。"由社区照顾"的核心是强调动员社区内的资源。发动社区内的亲戚、朋友和居民协助照顾是实行社区照顾的一个核心策略。

3) 与社区一起照顾，其服务主要包括日间医院、日间护理中心、家务护理、康复护士、多元化的老年社区服务中心、暂托服务、关怀访问及定期的电话慰问等。只有充分提供这些服务，才能扶助社区把需要照顾的人留在社区里生活。"与社区一起照顾"的核心是强调正规照顾和非正规照顾相辅相成、互为补充的重要性。

案例阅读

某贫困村被政府纳入异地搬迁扶贫规划，村民们被安置到县城的 A 社区。A 社区有多个社区社会组织和多支志愿者队伍，社区党员也比较活跃。然而，搬迁一年后，有些村民依然不适应新的社区生活。一些老年村民表示，原来的老邻居被拆散了，感觉身边没有人可以交流。部分年轻村民到企业上班后，孩子放学回家无人照顾，家长们向社区多次反映，希望解决这个问题。与其他安置社区相比，A 社区缺少专门为安置村民组织的社区文化活动。某社区工作服务机构在评估服务需求时，也发现这些村民缺乏城市生活适应能力。

材料源自：2017 年全国社会工作职业水平考试《社会工作实务》（中级）真题。

【思考】
（1）上述案例中，作为社会工作者，应该采用什么样的社区工作模式？
（2）列出你的工作计划。

课间休息

与同学进行讨论：何为社区工作模式？它在理论研究或工作实践中起到什么样的作用？

拓展训练

1. 假设你是在某城乡接合部工作的社区工作者。一天，你探访了某社区内一破旧不堪的公寓。这里居住的是一些低收入者，他们的生活环境十分恶劣，并存在着火灾的危险（私自乱接电线）和老鼠与蟑螂的烦恼。业主们似乎并不关心公寓的情况，也不肯花钱去维修。

在上述情况中，根据社区工作实践的不同模式，你会采取什么介入行动去帮助住户改善他们的居住环境？是地区发展模式、社会策划模式，还是社区照顾模式？

2. 也许你会注意到，在社区工作中，工作者必须灵活和弹性地运用不同的工作模式和方法。也只有这样，社区才可以从你的介入中受益。现在讲述一下你会怎样结合和运用不同模式的方法去帮助住户解决问题。

项目八　社区工作开展

项目概述

社区工作是帮助社区居民认识他们的需要、表达他们的需要，并开展服务和行动以满足其需要的一种社会介入过程，这实际上涉及社区工作的具体开展。

具体而言，社区工作的开展，指的是从社区工作者关注社区某一（或某些）问题、计划进入社区到某一（或某些）问题解决的全过程。这一过程不但掺进了社区工作者的某种情感（即价值介入），而且涉及许多社区工作技巧的运用。

项目包括：了解和认识社区、计划介入、建立关系、动员和组织社区居民，以及社区工作评估。

背景介绍

在上一项目里，我们详细介绍了社区工作实践的三大模式。这类模式主要阐述有关社区工作的不同类型的目标、假设和策略。但是，认识到不同的模式并不意味着知道怎样从事社区工作。本项目将帮助工作者了解社区工作的过程，并指引工作者如何去计划工作。

"过程"这一概念作为一种实践的架构在社区工作中是非常有用的。社区工作的过程观点引导工作者考查介入的原因。通过过程说明，工作者可以按社区工作的每个阶段和它的整个进程更好地理解社区工作介入的目的。

在本项目中，我们以上述的"Y村的案例"作为蓝本进行介绍，分析社区工作不同阶段的特点，以及工作者应该掌握的工作技巧。

在此有必要特别指出，之所以介绍"Y村的案例"，是因为本书主编对那里的情况相对比较熟悉。

任务一　了解和认识社区

任务描述

在社区工作中，工作者在介入社区之前，要尽可能多地了解和认识社区。了解社区是一项具体和系统的活动，包括收集资料、汇集社区简介和对社区需求与资源实施评估的过程。这是拟定和实施有用战略的一个先决条件。

就认识社区而言，工作者必须具备"眼观四处，耳听八方"的本领，前者指观察的技巧，后者指聆听的技巧。社区工作要面向群众、胸怀社区，更需要拥有敏锐的洞察力，才能够认识社区，感受到群众和社区的脉搏，才能有效地计划和开展工作。认识社区就是广泛地、深入地去观察和聆听社区内所发生的一切事情，它可以是社区行动计划的基础，也可以是社区工作的一种组织策略和动员群众的手法。完成此任务后，学生将能够：列举和描述工作者在从事社区工作前应了解有关社区生活的哪些方面；论述和说明在收集社区资料时运用的技巧和方法。

社区工作流程

任务实施

1. 收集与 Y 村相关的资料

Y 村是重庆市三区社会工作服务项目支持计划（简称"三区计划"）的项目实施点之一，该项目由重庆城市管理职业学院承接。

（1）党的十九大提出实施乡村振兴战略，而对精准扶贫提出了更高要求，强调精准扶贫的高质量。为此，项目团队深入学习了《中共中央 国务院关于实施乡村振兴战略的意见》，确保该项目始终保持正确的工作方向。

（2）土家族村落特点。Y 村是一个典型的土家族村落，在驻村前，项目团队需要对土家族的生活习惯、民风民俗，甚至民族禁忌等，从文化的高度做一个全面的了解。另外，查阅当地的县志也是了解土家族的一个有效途径。

（3）劳务输出的特点。Y 村是一个典型的劳务输出村落，刚驻村时，项目团队需要借助村支两委的力量，就人口数据方面共享相关资料，了解到该村"三留守"（留守儿童、留守老人、留守妇女）现象比较突出。

2. 阅读相关文献

在进入 Y 村之前，项目团队（项目负责人及社会工作实习生）用一个星期左右的时间阅读《社会学的想象力》《发展的幻象》《寂静的春天》《专业限制与文化识盲：农村社会工作实践中的文化问题》等著作。之后，以工作坊的形式，就相关问题进行了深入细致的探讨。探讨的内容涉及"文化与发展""全球化下的三农问题"等，使项目团队可以用历史的脉络去审视农村、审视 Y 村。

3. 社区行

通过社区行，我们对 Y 村的基本情况有了一定的了解，虽然路途遥远，但我们从中体会到了"农村问题也是城市问题"的观点并非危言耸听，同时感受到了村民的热情与淳朴。

任务引导

（1）如果你是派驻 Y 村的实习生，你将采取何种方法了解和认识 Y 村？

（2）除了上述三种认识和了解社区的途径，你还能想到什么方法？

知识链接

1. 为什么要收集资料

（1）有助于汇集有关社区的资料，这些资料将用以指导工作者在介入活动中该做些什么决定。这是十分重要的，因为资料收集有助于规划和加强合理性。同时，可以降低直觉和主观印象的影响。

（2）为工作者与当地人和服务机构的初步联络提供一个集中的和适合的途径。收集资料能为将来与他们一起工作提供基础。

（3）在介入活动的后期，工作者可能会有更具体的研究行动，资料收集正好提供了一个基准线，如基于起初收集所得的资料。

2. 收集资料的方式和途径

（1）回顾现存的历史资料和文献资料。回顾现存的历史资料和文献资料，如人口普查数据、当地的数据资料、机构记录和来自其他团体的记录。

（2）参与式观察。参与式观察包括工作者对所从事工作的直接观察和参与。工作者可以到社区的商店、游乐场和公园看看，也可以观察并参与人们的自由谈话。这种活动对理解社会行为模式和居民在其自然环境中的社区生活是很有帮助的。它们也能使工作者与经常出入该地区的部分居民建立联系。

（3）提问题。

1）问卷。问卷由标准的和结构式的问题所组成，以求得到受访者的回应。可以将问卷邮递给受访者，受访者按要求完成问卷并送回，还通过面对面的访谈和电话访谈来进行。这种方法为收集人们对他们所在社区的观点提供了一个系统而科学的途径。

2）要点访谈。要点访谈是非标准的和无结构式的。访谈者会有一张关于问题或要点的清单，以此向被访问者提问。另外，访谈者也可以自由地探查受访者的答案是否适当。在进行访谈时，若受访者提出相关的但又是未预料到的问题，访谈者可以自由增加或修改访谈问题。

3. 社区工作者需要了解什么

（1）该地区的历史。一个地区的事件和问题与地区居民、组织和过往所发生的事情是相关联的。该地区的居民通常是历史资料的最好来源，工作者与居民联络从而了解这一地区的历史，可以使他们开始关心及介入社区事件。

（2）自然环境与设施。

1）自然环境与设施可能是一些居民关注的问题的来源。例如，康乐空间不足和交通不便的问题。

2）自然环境与设施会影响当地居民工作和闲暇生活的方式。同时，也会影响他们与其他人的联系。例如，一条将地区划分为两半的道路使居民无法聚集在一起或无法使用另一边的服务场所。

（3）居民资料。工作者必须收集该地区居民的资料，这些资料可以帮助工作者了解他们将要服务的社区的性质。其中一些数据可以显示这些居民所面对的困境或被剥夺权利的处境状况。有关居民的资料可以划分如下：

1）基本资料。

① 社会人口学信息。人口规模和流动，年龄构成比例和分布，人群中的社会经济团体，家庭规模和类型，不同民族的群体。

② 居住情况。过分拥挤的情况，屋内是否有洗浴、马桶和供水等基本设施，是独居还是合住，空置房间的数量。

③ 就业活动。就业和失业的人数，居民从事工作的类型，全职或兼职妇女的数量，夫妻两个人均就业的家庭数目，为工作来到和离开该地区的人口数量。

2）价值观和传统。工作者必须避免做出侵犯或藐视该地区的习惯和价值观的事情。如果工作者的行为超出了该地区中被视为"适当行为"的标准，将产生与当地居民疏离的危险。

3）非正式的网络和结构。居民通常是该地区关系和联系网络的一部分。这些网络包括与家庭、邻里和朋友的关系。非正式团体的存在对社区的社会生活是非常重要的。它们也是社区中的重要支持力量。

4）该地区居民的理解力。

① 工作者需要了解该区居民的洞察力，以及他们认为自己生活与工作的社区有什么优缺点。

② 工作者可能也需要知道该地区居民把什么视为问题和争端，这类问题的起因和他们是否愿意介入未来社区行动计划。

③ 居民对组成社区的各类人群和团体的态度，他们对服务机构和像地区咨询员那样的人的观点也是令人感兴趣的。

（4）正式结构和组织。在地方社区中有大量的正式组织，每个组织都有不同的目标、角色和运行程序。这些组织包括政府机构和非政府组织，如宗教团体和经济组织、民事协会和志愿服务机构。

（5）权力和领导。社区中非正式机构和正式组织都会影响社区层面的决策。因此，工作者应该积累有关权力（如社区领导权）是怎样行使的知识。

4. 社区环境的基本资料

（1）位置与范围。如这一地区位于何处，是否与市区分隔，其行政管理范围是什么。

（2）自然设计和土地使用。如该地区的土地使用和工业、商业及居住用途之间的平衡；房屋的性质是属于公共租赁房、廉租房，还是私人楼宇；街道和街区的自然设计，以及它们对居民生活方式的影响。

（3）运输。如公路运输的流量及性质，道路和步行设施的状况，所使用的运输方式及其服务水平和便利程度。

（4）基本的社区设施。

1）供电。电力供应是否充足和连贯？是否有非法连接电线的现象？

2）供水。是否都有室内供水？居民是否需要依靠公共水龙头？如果需要，其数量是否足以满足该区居民的需要？区内的公共水龙头是否平均分布？有人使用受污染的泉水吗？

3）社区卫生。有足够的公共厕所吗？它们对使用者来说，是否方便？它们是否得以及时清扫？

4）排水系统。下水道是否堵塞或外溢？如果是，原因是什么？

5）垃圾收集和处理。居民怎样处理他们的垃圾？垃圾收集点在什么地方？数量足够吗？位置分布是否适当？每天收集垃圾多少次？足够吗？

6）街灯状况。公共照明是否充足？其分布恰当吗？公共照明设施是否经常损坏？

7）乡村小路和通道。小路和通道是否平坦或难于行走？是否经常发生事故？在危险的山坡上有路吗？

8）邮政快递服务。有挨家挨户的邮政快递服务吗？安装了公共信箱吗？居民怎样收发邮件？邮递的信件有丢失的吗？

9）娱乐场地和设施。有足够的游乐场、公园和康乐空间吗？游乐场所中的设备和设施够用吗？这些设施是否处于良好状态或是否需要修理？

（5）社会服务的提供。

1）教育服务。该地区有多少所学校和幼儿园？它们分布在何处？它们对居民是否方便？

2）健康服务。附近有多少家诊所或医院？它们提供什么服务？它们对居民（特别是在夜间）是否便利？

3）社会福利服务。该地区有没有家庭和儿童照顾服务中心，儿童及青少年中心和老年服务中心？这类服务中心是否容易接触，数量是否足够？

4）其他法定的、志愿的服务。该地区有哪些法定服务，如警察服务、市政服务、消防服务等？该地区有民间组织和志愿服务的计划吗？它们是否容易接触，数量是否足够？

（6）经济和商业活动。该地区有什么形式的商业服务和活动？它们是否容易接触，数量是否足够？

> **案例阅读**　重庆市万州区A社区
>
> 　　A社区位于万州北部,辖区面积0.8平方千米,共有居民小区34个,居民住宅楼276栋,住户3 051户,常住人口8 998人,移民占90%以上,流动人口1 134人,国家机关13个,学校1个,幼儿园2个,医院1个,非公有制经济组织26个,个体商业网点214个,红岩党员志愿者队伍4支80人,社会保障人数1 143人,优抚12人,残疾人100多人。
>
> 　　社区主要开展了文化娱乐、环境绿化、邮政、健身、居家养老等社会服务。同时提供社会保障、劳动就业、计划生育、民政、卫生等一站式服务。
>
> 　　通过访谈、走访等形式,我们发现A社区残疾人比较多,其中大多数是肢体残疾和智力残疾。针对残疾人的服务,社区一直在开展,但缺乏专业人士为残疾人提供专业的社会工作服务,其中包括康复服务,致使社区里的残疾人没有在社区得到很好的社区康复照顾与服务,从而也引起了一些社会问题。A社区里的残疾人存在对社区康复、职业康复的需要,针对他们开展社区残疾人社会工作服务是有必要的。因此,我们把为残疾人群体提供专业服务作为试点建设工作的突破口和介入点。
>
> 　　【思考】如果机构派你去了解该社区,你将从哪些方面入手?

> **课间休息**
>
> 假定你是被指派到你自己所居住社区的一名工作者,请回答下列问题:
> (1)你需要的是哪些类型的资料?
> (2)你为什么认为这些资料有用?

任务二　计 划 介 入

任务描述

　　了解社区以后,社会工作者应该详细说明行动的计划,行动的依据可能是认同的问题和资料。计划介入是一种有目的的和有意识的预期行为,通过计划,社会工作者可以预测介入活动的未来;可以尝试制定活动的目的与目标,以及实现这些目标的步骤。

　　在通过收集与Y村相关的资料、阅读相关文献及社区行等方式了解重庆市"三区计划"项目之后,我们应该拿出具体介入的工作方案。

任务实施

　　本项目是以行动研究为取向的,其间项目团队成立了几个很有针对性的工作坊,在工作坊里，项目负责人、社会工作实习生以及志愿者等就项目进展中出现的某一问题进行深入的探讨，以期寻求合理的解决方法。通过多次研讨，结合民政部社会工作宣传周活动主题，最终将主题定为"关爱一老一小"。工作目标是：①建立 Y 村留守儿童及留守老人的台账；②从年龄、性别、居住方式、生活条件、身体活动能力等维度，将留守儿童及留守老人细分，为提供个别化、精准化服务奠定基础；③通过激发留守儿童及留守老人的内生动力，或为其链接资源，使 Y 村"一老一小"的生活水平显著提升。

任务引导

为了实现工作目标，我们需要将工作计划细化到每月、每周，甚至每日，计划中应清晰地列出时间、地点、工作人员、工作内容及工作对象或协助人员等详细信息。工作计划的格式见表 8-1。

表 8-1　工作计划的格式

时　间	地　点	工作人员	工作内容	工作对象/协助人员	备　注

知识链接

1. 评定问题和争端的性质

在收集和评价资料后，工作者可能会了解到与人们相关的利害关系和问题表。工作者要做的事情是通过问题分析理解这些问题。对这些问题和争端的评价与分析可按如下步骤去做：

（1）描述问题。描述问题即"人们是怎样感受到这种问题的？"在此，重要的是，工作者要明白居民的感情和他们对问题的描述。工作者应该尝试理解居民怎样体验他们的问题。

（2）界定问题。界定问题即由谁界定，为什么这样界定。切忌从自己的观点出发将社区事务的状态视为问题，工作者应该从居民的角度去考虑。

（3）问题的范围。例如，受问题影响的人数是多少？这些问题以什么方式影响有关人们的生活？这种状况持续了多久？它被人们认定为问题已经有多久了？通过尝试去改善问题，个人和社区有什么得失？

（4）问题的起源。工作者关心的应是这些问题是怎么产生的，以及使问题产生和持续的因素。

（5）解决这些问题的行动。对工作者而言，有三个实践性问题：①已准备行动的人存在吗？假如有，他们想怎样行动？②在什么情况下他们准备行动？③他们愿意为行动贡献些什么？

2. 确立目标和优先发展次序

（1）工作者可以确定在社区中与居民有关的许多问题。工作者必须决定需要对哪些问题进行探索。在进行有关目标和优先次序的选择中，工作者应考虑以下因素：

1）工作者对客观和主观需求的评价。
2）工作者所在机构的期望和可用以解决问题的资源。
3）工作者自己的经历、技术和兴趣。
4）成功的可能性。
5）人们工作的动机。

（2）工作者应尝试将广泛的"首要目标"的陈述归为"子目标"以及达到这些目标所用的方式的陈述。"子目标"是工作者为达到目标而采取的介入行动的具体和明确的表述。

3. 决定方式和策略

在整理出目标和子目标之后，工作者要确定实现它们的方式和方法。工作者必须问自己这样的问题：

（1）我将怎样组织本地区的居民？哪些计划和行动会与之相关？
（2）我和其他人会需要怎样的实践和资源投资？
（3）我会遇到什么类型的困难和阻力？怎样才能克服它们？

4. 确定评估标准

必须计划如何记录介入行动，以及介入的目的怎样能够适当和合理地被评估的程度。在确定评估的标准时，有几件事情是十分重要的：

（1）表述的目标（或子目标）和预期的结果之间应有一种联系。
（2）结果应被清楚地指明。表达应清楚和明确，以便工作者准确知道对介入活动有什么期望。
（3）确立的计划目标应是现实的、可达到的。

案例阅读　重庆市黔江区Q社区L安置区

L移民安置区主要安置6个社区征地搬迁移民3 351人，全区29个乡（镇、街道）易地扶贫搬迁413户1 531人，公租房、廉租房政策安置人员5 298人，容纳Q社区户籍居民2 246人，青杠小学师生1 180人，规划安置总人口12 923人。其中6～35岁青少年和儿童3 000余人。安置区人员组成结构较为复杂，新老问题交织，社会矛盾集中，发展任务较重，社会治理难度较大。搬迁贫困户与原住社区居民相互融入、社区生活适应、社区安全和规范意识普及、社区文化融合、家庭发展能力提升等普遍性或个性化需求日益突出。

【思考】
（1）在计划介入时，你将有哪些方面的考虑？
（2）请列出你的工作计划。

> **课间休息**
>
> 在制订介入计划的过程中，可能会出现工作者的需要跟社区居民的需要不一致的情况，你将如何平衡两者之间的关系？试举例说明。

任务三 建立关系

任务描述

本任务是有关建立关系和与居民建立联系的。在社区工作中，工作者必须与居民建立联系，使他们加入团体。联系的失败也就意味着组织的失败。工作关系的建立是一个目标指向活动。工作者为了一个目的的实现或特定任务的完成而进入社区，应该是有计划和准备的，应该从与居民的接触和与政府部门的接触两个方面着手。

但建立联系并不仅仅是通常的含义。它要求工作者有多种多样的技术。本任务将介绍与人们建立联系的基本技巧和方式。因为社区实践经常会运用一些事件把人们组织起来并采取行动。另外，也会介绍就特定的问题组织居民的方法和步骤。完成此任务后，你将能够：讲述在社区关系中建立联系的目的，简述建立关系和与居民建立联系的过程，描述和说明建立联系的途径，确认围绕问题而进行组织的步骤和工作。

任务实施

社区工作关系建立与维系的原则：

（1）掌握群众参与的动机，有针对性地进行动员。
（2）让群众看到参与带来社区问题解决的成效。
（3）为参与者带来个人的改变。
（4）注意选择动员对象。社区工作者应动员态度积极、工作热情的社区成员。
（5）让参与者有成就感。
（6）减少参与者付出的代价。不会付出太多的时间、金钱和精力。
（7）注意工作者自身素质对居民参与的影响。工作者的工作成效和自身良好的能力素养，可以产生一种号召力和吸引力，吸引居民积极参与。

任务引导

在与社区建立关系的过程中，无论是城市社区还是农村社区，跟社区的负责人建立并维持一种良好关系，无疑是明智、效率较高的举措。通常，社区负责人能够掌握社区的比较全面的资料。通过他们，我们不但可以迅速地了解社区，而且可以得到他们诸多的人力、物力及场地的支持。

不过，需要注意的是，社区负责人的需要跟社区居民的需要有时并非一致，甚至差距很大。这时，就需要社会工作者除了与社区负责人建立关系之外，还要深入群众当中，通过个别访谈与焦点小组（群众座谈）等方式或方法，聆听群众的问题及需要。

知识链接

1. 与社区居民的接触

社区居民是社区工作的资源，也是社区工作的归结点。居民是社区工作者开展社区工作的依靠对象，又是实现社区工作目标的受益群体。接触社区居民可以是正式的，也可以是非正式的；可以是一对一的，也可以是集体的；可以通过讲话、访问、电话交流、电子媒介等不同形式进行。

（1）接触的种类。一般而言，从接触的动机来说，社区工作者要通过与居民的接触，达到以下目的：了解社区居民和社区，提高其社区参与程度。为此，我们一般运用探索性接触（Explorative Contact）和招揽性接触（Recruiting Contact）这两种方法。

1）探索性接触。了解社区是进入社区的重要一步，而了解社区中的成员，如他们的所思、所想，生活的地方，对事物的感受与看法，他们的互动方式、状态和网络，更是不可或缺的。除通过文献、与社区领袖交谈以外，最直接的方法莫过于社区工作者亲自与社区居民接触。这样的接触可以使社区工作者印证在文献中或从过去工作伙伴处所得到、积累的知识，更可亲自"感受"服务对象的感受，这对社区工作者去界定社区问题和认识居民眼中的社区事件是非常重要的。同时，也让社区居民认识社区工作者，知道社区工作者是谁、来做什么，从而提高他们对社区工作者的接纳、认同程度，为以后建立一个信任、合作的工作关系打下基础。

2）招揽性接触。社区居民是力量的源泉，特别是基层工作。如何招揽、推动基层人员参与他们自己的组织或社区事件是组织者最为重要的工作。简单来说，招揽就是使被接触对象的参与有所提升，使他们"置身其中"，由冷淡、无奈、无动于衷转变为关切、希望和积极行动，以达到"增权"（Empowerment）的目的。

（2）接触的过程。

1）接触前的准备。考虑清楚接触的目标和出发点；选择建立联系的对象和时间；准备话题，引导访问的开始；穿着得体；预想可能遇到的问题和克服的方法，以免临场阵脚大乱；对前往访问的场所环境有所了解，要做好准备。

2）与居民接触。对于第一次接触的居民，首先是设法建立信任关系和引起谈话兴趣，所以要以"介绍自己""展开话题"及"维持谈话"等步骤分层次地开展。另外，初次接触不要太长，除非对方有特殊的个人问题需要及时和深入了解。肯定个人和任务目标完成的情况并做总结，临别时留下进一步联系的方式，鼓励他们主动联系你。

总之，与居民接触是做好社区工作的第一步，社区工作者要以高度的热情，投入自己的工作中，真正地用心去了解被访者的需要和心声，熟悉他们的喜怒哀乐和心理特征，将爱与关怀传递给他们，这比技巧和方法更重要。

2. 与地区团体和政府部门的接触

（1）社区工作者与不同组织交往的重要性。与一般组织相同，任何团体都无法拥有所有资源，因此不可能自给自足。当服务对象要解决问题时，社区工作者通常是协助他们争取资源，如经费、活动场地等；或者是协助他们合理运用不同政府部门所提供的服务，如申请低保。同时，社区工作者在服务过程中发现某些问题具有普遍性时，应提出政策建议以影响和改善社会政策。

（2）影响组织行为的各种因素。

1）组织分析。了解组织的目的、任务、结构、组织文化的表现和特点；关注组织内有影响的人士，表面有影响力与真正有影响力的人是有区别的；注意组织内成员执行任务的表现、价值观和性格，明确哪些是社区工作者要交往的成员；应为各组织机构建立档案。收集资料的方法包括社区内的走访、不定时的探访，集体文化娱乐活动、请各组织部门领导观看文艺演出，请组织以外的人士谈话（如服务对象及辖区内的重要人物），收集组织之间交换的刊物和报纸等。

2）组织关系分析。组织关系不是一成不变的，因而交往要因时制宜，以能维持和谐关系、增加未来合作可能性为出发点。当团体或组织服务对象遇到问题时，视其具体情况分析所需资源及可能予以协助的组织；分析不同组织和团体在某问题上的利益及组织之间的关系是交换关系、权力依赖关系，还是授权关系；摸索不同组织在提供资源上的合作意愿和动机；根据不同组织之间的关系来计划不同的交往工作。

通常组织之间关系的状态会有一定的规划，政府组织对服务对象来说通常是权力依赖关系，而权力主管部门和下级之间则一般是授权关系，当上级需要下级提供信息或支持时，则又可转变为交换关系。因此，不同组织关系下的交往方法也各不相同。交换关系下，双方应明确彼此的期望和建立合作的目标任务，以保持双方共同获利；权力依赖关系中，寻求帮助的一方要想方设法地吸引对方合作，所以要不断地维持吸引力和压力，并防范对方反攻以维持对方的合作；授权关系下，要处理好各组织的期望，不断发现合作中各自可获得的利益，以增强各组织参与的积极性，且双方要有一定的规范和职责范围，尽可能减少纷争和互相猜测的行为，巩固交往。

> **课间休息**
>
> （1）如果你是派驻某社区的社区工作者，你如何与社区建立关系？
>
> （2）如果你被派驻到一个少数民族村寨去做社区发展工作，你又将如何与该村寨建立关系？

任务四　动员和组织社区居民

任务描述

社区工作通常都会有一定的项目周期。从理念上来讲，工作者进入社区的第一天起，就要为自己离开社区做准备，但工作者离开社区并不意味着社区工作的结束，而是新的社区工作的开始；从技术上而言，工作者在社区工作的过程中，要善于动员和组织社区居民，让尽可能多的社区居民参与项目，并使他们自身的能力得到提高。

任务实施

总体而言，动员社区居民可以是单一的行动或活动，也可以是一系列的活动或计划。在社区居民参与的深度方面；可以是"游离分子"离身式的参与，也可以成为组织的核心领袖。站在社区工作者的角度看，最理想的参与层次是动员社区居民成为核心领袖，承担更多的责任，以及持续地参与社区的事务。不过，并不是每一位社区居民一开始参与时，便可以达到社区领袖的层次。有时候动员群众会从简单及"离身式"的工作入手，待建立关系后再慢慢提升社区居民的参与层次。

任务引导

（1）社会工作者为什么要动员和组织社区居民？
（2）社会工作者在进行动员和组织前，应做好何种准备？

知识链接

1. 社区组织动员的过程

（1）策动人员。社区工作的开展通常在两种情况下发生，一是市民遇到社区问题时，感觉到单凭自身的力量不足以解决问题，于是主动找社区工作者协助。二是社区工作者进入社区后，经过探索及市民的反映，找出了社区需要，于是便着手组织居民，合力寻找资源，满足社区需要。第一种情况虽然是市民采取主动，但他们的数目通常不多，需要策动社区内的其他居民参与。第二种情况由于是社区工作者采取主动，更需要策动多一些市民参与工作。

（2）策动物质资源。在当地社区策动物质资源是一项较困难的工作，对于一些文娱康乐性的活动，可以找外界的厂家、商店或富裕人士赞助，或寻求相关组织的支持。但对于一些社会性、政治性工作，应从社区工作计划的经费中拨出，或向一些社会团体或机构寻求资助。

（3）积极培育社区自组织。社区居委会是居民群众自治组织，也是社区工作的主体。社区工作者在依托居委会落实社区工作的同时，也需要协助社区居民建立其他类型的社区自组织。组织的结构则视形势上的需要而定。

（4）联系组织。联系组织有两重意义：一是联络当地的居民组织、社团、福利机构、企事业单位等；二是把与自己工作性质相同的团体组织起来，建立"组织中的组织"。

（5）推展工作。推展工作就是顺着既定的目标向前迈进。达成目标的途径与方法有很多，具体采用什么途径与方法，可以根据目标、居民参与情况及工作人员的不同而做出选择。

（6）巩固组织。巩固就是巩固已建立的正规的组织或非正规的小组。

2. 社区组织动员的技巧

发展社区网络的技巧

（1）社区传媒利用。

1）制定媒介策略，发展媒介关系。

2）制造媒介事件，吸引传媒报道。

3）运用传媒的途径和技巧。

（2）居民活动组织。

1）群众发动。

2）召开居民会议。

3）社区领袖的培训技巧。

（3）志愿者队伍的培训。

培训志愿者树立如下工作价值观：

1）采取行动表达爱心、关怀、分享。

2）体现互助互爱、互相学习的精神。

3）人人平等参与，互相激发潜能，共同贡献社会。

4）增进人际沟通，协助反映社会问题及服务对象的需要。

5）提供丰富的人力资源，协助加强及改善服务的质量。

6）志愿者充分发挥桥梁作用，协助加强福利机构与社区的沟通。

7）丰富个人的生活体验。

8）发挥所长及学习新知识和技能。

9）恪尽公民责任，贡献及回馈社会。

3. 组织动员时应注意的问题

（1）活动在构思时思路要灵活，要尽量吸收一切有意思并且可行的创意，丰富活动内容，增加亮点。

（2）提前做好准备，包括人力和物力等资源。

（3）活动报名信息应提前一段时间发布。

（4）发布信息时，组织者要体现出诚恳和端正的态度。

（5）只要可以，就应让参与者以信息发布通知规定的方式进行正规的报名。

（6）活动结束后，应及时把此次活动的概况、照片、经验、花絮等发出来，形成活动简报。

（7）不要组织有危险的活动，尤其是在组织者和参与者经验不足的情况下。

> **案例阅读**
>
> 某建筑工地白天施工的噪声和晚间照明灯光严重影响了附近小区居民的生活，部分居民甚至产生了轻微的病征，如头痛、眩晕和失眠现象。社区工作站的社会工作者根据居民的意见将社区居民组织起来，收集了相关证据，和居民一起到建筑公司解决这一问题。小区居民最终从建筑公司得到了一定的经济补偿，并且成功阻止了建筑公司的扰民行为。
>
> 【思考】
> （1）上述案例反映了社区中的什么问题？
> （2）社会工作者运用了何种方法动员和组织社区居民？

任务五　社区工作评估

任务描述

一般而言，评估是回应一般问题的一种活动。例如，我们做得怎样？是否完成了工作所预期的目标？从一个更为技术的角度看，评估可视为一种系统的资料收集和分析活动，目的是要去检查、评估有关程序如何去实现它的目标，或者程序的效能是否如我们所期望的那样。

通过评估活动，社区工作者可以监督有关程序的实施和进行；获取资料去帮助了解程序所面对的问题和困难，并从中找出可以改善之处；检查程序的表现，从而选择对参加者更有效的服务和计划。

当然，对于社区工作者来说，也需要向政府及一般公众交代工作的成效和表现，这是一个资助交代。社区工作者不能单说自己的工作对受助人有帮助，必须通过实际的评估来评判工作是否有成效。因此，社区工作者必须对自己的工作进行适当的监督和评估，以证实工作的效能，这样服务才可以得到公众的赞许和支持。

社区评估是指在一定的时限内尽可能系统地、有目的地对实施过程中或已完成的社区项目、社区计划或社区政策的设计、实施和结果的相关性、效果、效率、影响和持续性进行判定和评价。

任务实施

宣传发动工作不仅可以使项目或活动顺利推进，从一定的角度来说，它也可以起到社区教育的作用。社会工作本身就是社会柔性治理的重要方法，社会工作者基于自身的角色优势（中立角色的体现），在宣传发动过程中更容易调和基于信息不对称，或者民众对政府所制定政策的不理解，而产生的政府与民众的矛盾。项目团队始终贯彻社会主义核心价值观，通过深度访谈、搜集老照片及实物展示等方式，反映Y村不同历史阶段的变迁过程增强Y村村民的自豪感与归属感。

任务引导

在整个活动中，三区计划团队成员、Y村村委会工作人员、扶贫驻村工作队员以及很多志愿者都起了很大的作用。但一个活动的举办，即便组织者考虑得再周全，也会有值得我们反思的地方。

1. 宣传发动方面

Y村属于典型的山区，村民居住较为分散，这就为我们的宣传发动工作带来一定的难度。况且，村中多为"三留守"人员，信息在传递过程中会产生一定的偏差。

2. 社会组织的培育方面

对社会组织培育过程的认识还不到位，培育技巧的掌握还有待提高。具体而言包括以下几个方面：

（1）需求调研。应通过日常走访、居民会议、党员会议等，了解社区居民的喜好或需求，特别是社区骨干居民的想法和建议，同时根据社区面临的问题和发展规划，确定培育相应的社区社会组织方向。

（2）组建团队。确定社区社会组织相关对接工作负责人和有意向的组织牵头人或社区居民骨干，以老带新的形式招募动员居民，壮大团队，发展队伍成员，并通过了解成员各自的喜好特长、参与活动方向，建立团队互助支持网络。

（3）制定方案。根据社区发展面临的问题、居民不同的需求、组织牵头人不同的特点，针对每个社区社会组织的培育方向，确定个别化的培育方案、设计培训内容和发展规划，初步拟定组织类别和组织架构。

（4）寻找骨干。通过他人推荐、活动发掘和居民自荐等方式，继续寻找愿意加入的成员，招募能够持续参与组织活动的人员加入团队，并通过观察挖掘、成员推选等方式选出1～2个所在组织的领导者，培养成组织负责人。

（5）开展培训。采用小组工作、教育培训、知识讲座等活动类别开展组织能力建设活动，注重组织的管理、人员的培育、活动的开展、理念的提升，内容包含组织的章程架构、发展目标、规章制度、人员分工、行动计划、服务内容、团队建设等。

（6）打造阵地。为组织发展提供活动阵地，包含活动场所、组织匾牌、工作办公室、工作和管理制度、活动公开栏，有条件的社区还可以为社区社会组织提供公开展示场所及展架。

（7）强化服务。根据社区需求和组织成员意愿、特质等设计组织的日常服务，确定服务对象、服务时间、服务频率、服务区域范围等，并跟踪指导，给予相应的人力、物资、技术等支持。

（8）激励支持。建立社区社会组织发展和参与社区服务激励机制，对运作规范且为社区建设做出突出贡献的组织及个人进行物质或精神奖励。

（9）备案管理。依据相关法规，对社区社会组织的名称、章程、活动场所、负责人、日常活动等进行备案管理和日常管理，统筹社区社会组织参与社区治理等活动，并在培育过程中做好档案记录。

知识链接

1. 评估的目的

为了改善目前和将来活动的计划与施行，评估的时候也要系统地收集计划的资料和成果评价。目的是要找出一个社区计划在哪种程度上实现了其目标，或者它进行的过程中是否如我们所预期的那样。评估活动可以提供资料以改善进行中的计划；让社区工作者监督计划的执行；使机构能选择对组织及其参与者最为有效的计划；提供有关"行得通"及"行不通"的资料，以便机构能从中学习。

2. 评估的类型

（1）计划努力的评估。计划努力的评估主要是获取有关计划活动类型和数量的描述性资料，关注的是计划实施时在哪种程度上符合原定的设计。

1）提供了多少服务？

2）有多少人接受服务，他们的背景如何？

3）受助者所提问题的类型是什么？

这些资料可以使机构和工作人员对计划的进程有基本的了解。当突发事件发生时，工作人员可以调整计划。

（2）计划效用的评估。计划效用的评估主要是获取现阶段计划达到目的进展的资料，即计划完成了目标的哪些部分。

1）该计划能否有效地取得预期的变化？

2）可以用与计划无关的原因解释吗？

3）计划是否出现预期之外的结果？

在这种形式的评估中，获取的信息可以帮助机构调查该计划是否在受助者中产生了变化，以及变化有多大。它也有助于确定计划特别成功和失败的原因。

（3）计划效益的评估。计划效益的评估主要是获取与计划努力有关的计划效益的资料。这里关注的是计划的成本效益，即投入计划的成本和努力得到了什么结果。

在社区工作中，我们很难从成本效益的角度去分析，因为按金钱标准衡量社会计划是很困难的。当涉及社会因素时，用成本效益分析测量会很棘手。例如，怎样改善人们之间的相互合作关系才算值得？这很难说清楚。

3. 评估的步骤

我们可以将计划评估视为可以借此判断已经完成了某些活动的一系列步骤。

（1）具体化目标。目标应当反映在社会工作评估中所得到的信息，并且应当用具体语言描述在治疗结束时有何不同。通常目标涉及行为、思想或感觉的变化，也可能涉及社会关系或环境的变化。目标应当反映案主的需求和期望，并且目标的达到是现实的。但是，它也必须是能被详细地界定和测量的结果。

在评估实践中，详细说明目标可能是最重要的一步。

（2）选择合适的测量方法。评估要求所期望的结果必须是可以用某种可靠的方式测量的。可测量意味着结果必须是可定量的，至少能够告诉人们结果是发生了还是没发生。但是，也可以用量表或某些其他工具评估结果的水平。

1）直接观察。许多案主的结果是行为。当结果可用行为术语加以陈述时，可直接由案主或其他人通过观察进行测量。直接观察要求清晰、客观地定义行为。清晰意味着两个使用同一定义的人对行为的发生意见一致。客观意味着行为可以直接观察，即它不需要由观察者加以推测。

行为可以被观察并且可以用多种方法加以计算，常用的方法是频数计算。只需简单地记录在某个时间段行为发生的次数。例如，你可以记录每天孩子发脾气的次数，或者每次数学课孩子正确解题的次数。

与观察相关的方法是计算有差别的行为。这些行为仅仅在具备明确的、具体的前提下才会发生。例如，孩子只有在父母要求下才会做某事，或者丈夫和妻子只有在他们意见不一致时才解决他们之间的差异。

连续行为或高频行为可以用时间—样本方法加以观察。在时间—样本方法中，观察时段被区分为小的时段。在此期间记录下行为是否发生。通常，这种方法的操作基础是要么全有要么全无，计算结果为百分数。例如，你可以在 10 分钟内每间隔 15 秒钟来观察精神病人是否加入治疗小组的讨论。如果观察到病人在 40 个时段中有 35 次参加讨论，你可以报告病人参加讨论的时间是 88%。

有时也使用其他一些观察方法。潜伏时间法测量特殊事件与行为之间所间隔的时间。例如，一个孩子被告知上床睡觉之后，要用多长时间才上床。持续时间法测量行为持续的时长。例如，孩子做家庭作业的时间长度或者头痛持续的时间长度。

2）自我固定评估量表。并不是所有的结果都可以用行为术语加以陈述。有时，结果是内在状态（例如，思想、感情、信仰）的变化，测量的最直接方法必然是某种自我报告的形式。

3）标准化测量。在大多数情况下，测量案主结果的常用方法是行为的直接观察或者内在状态的自我固定评估。这是因为这些方法可能对结果做出直接和敏感的测量。但是，有时标准化测量能对结果做出更适宜的测量，而且可以提供与知名组群比较的基础，或者可以肯定你正在测量你认为你要测量的东西。

4）测量中的一般问题。通常，我们把测量中的一般问题归结为测量的信度与效度问题，这些术语描述了测量的方法论的恰当性。效度指的是量具所测量结果的连续性和一致性程度，信度指的是量具能够准确测出所需测量事物的程度。如果量具是不可信的，它就不能给出连续的和精确的读数。例如，当观察行为时，重要的是对行为的描述应当是清晰的和客观的，以便观察者能够连续地、日复一日地测量行为。

除了信度和效度，也需要量具对期望的变化具有敏感性。直接观察案主行为和自我固定评估量表对于大部分案主结果的测量具有敏感性。标准化量表常常不如用以测定人格特质的量表敏感，因为这些人格特质通过定义相对稳定，并且在干预过程中不大可能发生重大的变化。在单一系统评估中，对量具的另一个要求是在治疗过程中，量具应当适合反复使用。

5）考虑案主对测量的反应。在大部分情况下，案主的行为会被记录，测量过程本身可能对被记录的行为产生某些影响。例如，如果你要求抱怨孩子发脾气的母亲记录孩子发脾气的次数。可能的情况是，她将注意孩子行为中某些新的方面，以及她自己行为中的新的方面，并且她和孩子的行为作为结果都会变化。

由于反应影响量具所测量的行为，因此要区分出多少行为变化是因为干预和多少行为是因为反应是困难的。研究者通常通过不引人注目的测量（如让其他人观察）来消除反应的影响，以便他们对有关干预的确切影响更加肯定。

反应是一个复杂的过程，并且它的效果很难评估。但是，一般来说，由于反应的效果容易增加而不是减少反应的比例，因此应当让案主记录积极的行为或内在状态的行为。例如，不是记录两餐之间吃快餐的非意愿行为，而是让案主记录他们想吃快餐但是未吃的次数。

（3）记录基线数据。选择好测量工具后，下一步就是在实施干预前收集一个时间段的数据，即基线调查。基线是在干预发生前和期待的结果发生前形成的结果测量数据，其主要目的是为治疗中和治疗后所得的数据提供比较的基础。由于在基线调查阶段可能不实施测量，因此一个重要的问题是基线调查应当持续多长时间？

1）基线数据要反映最低限度数据的三个方面的特征，即数据的水平、趋势和稳定性。

2）继续进行基线调查直到形成稳定模式的数据。通常，在基线调查期间，事实存在着某些波动或者变化。例如，有时一天可能发4～5次脾气，而第二天1次不发，或发脾气的次数似乎正在减少。

（4）实施干预和持续监督。一旦确定了基线数据，就该实施干预了。从评估实践的观点来看，详细而清晰地描述干预包括什么是最重要的。假定案主有所改善，社会工作者会想知道自己做了什么，这样才能再次采取行动，并且将自己的成功经验也告知其他专业人员。

（5）评估变化。当在基线调查期间收集好结果测量的数据和治疗过程的相关资料之后，下一步是评估是否发生了变化，实际上就是从统计学或临床的角度评估重要的变化是否已经发生。

（6）推测结果。推测结果关系的基本标准是伴随性变化。也就是说，案主结果的可观察变化必须发生在干预实施的时候（或者紧随其后）。如果变化发生在干预之前，我们按照逻辑就得不出结论,并不是干预带来了变化。类似地,如果变化发生在干预之后很久,其他的解释可能更有说服力。

拓展训练

假设你已选择首先着手处理社区中娱乐设施不足的问题。在"为孩子们改善娱乐设施"的首要目标下,你将怎样界定介入的子目标?

【提示】图 8-1 显示出子目标是怎样从首要目标"为孩子们改善娱乐设施"发展出来的。

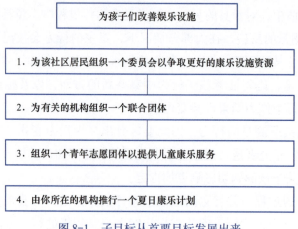

图 8-1　子目标从首要目标发展出来

模块五 / Module 5

05 社会行政

社会行政（Social Administration）是指社会服务机构的工作人员在国家社会政策的框架下，利用管理学、社会学、社会工作学等学科的理论知识和方法，确定一个社会服务机构的组织目标，获取并妥善利用资源，通过计划、组织、领导和控制等环节来协调人力、物力和财力等资源，以保证服务机构的效率与效果的活动和过程。

社会行政作为一种间接的社会工作方法，是一种通过社会服务机构将社会福利、社会保障政策转变为各种社会服务活动的程序。从其运作程序的角度来看，社会行政一般包括领导、决策、计划、执行、效益与评估5个环节。

本模块分别用社会行政解析、社会行政过程两个项目予以介绍。

项目九 社会行政解析

> **项目概述**
>
> 本项目要求学生通过课堂学习与讨论，能够了解社会行政的由来，尤其是其专业化历程；掌握社会行政的含义和特征；分析社会行政的功能。在此基础上，能比较社会行政与社会工作三大直接方法的异同。
>
> 项目包括：了解社会行政的由来、分析社会行政的功能。

背景介绍

随着我国经济社会的快速发展和改革开放的深入，社会福利事业在整个社会发展中的地位和作用日益凸显，传统的以直接服务为主的社会工作已经不足以应对社会问题。于是，以间接服务为主的社会行政得以发展，成为具有整体性、综合性的社会工作。

任务一 了解社会行政的由来

任务描述

与个案工作、小组工作、社区工作等三大直接服务方法相比，社会行政的出现时间相对较晚，在20世纪40年代才开始得到重视。在前面，我们已经介绍了个案工作、小组工作和社区工作，那么社会行政的发展与它们有什么样的历史渊源呢？社会行政又是怎样发展起来的呢？

任务实施

首先，组织学生回顾社会工作的发展历程，包括个案工作、小组工作和社区工作的发展历程。

其次，从回顾社会工作的发展历程中，找出有关社会行政发展的事件。

任务引导

（1）社会行政起源于何时？

（2）社会行政成为社会工作的一种专业方法经历了几个发展阶段？

知识链接

1. 社会行政的起源

17—19世纪以来，工业革命在欧美蓬勃发展。生产力高速发展的同时，也引发了大量的社会问题，许多社会适应不良的人面临丧失社区认同、疏离、失业、社会关系瓦解等困境。政府部门在这个时期的福利又有限，不能满足贫困人群的需求。为满足这些人群的需求，一些民间社会服务机构开始建立并发展起来。不过，早期从事社会服务的人士大多是没有受过专业训练的牧师或富裕阶层的善心人士，以至于在效率和效果方面常常不尽如人意。1900年以后，大都市纷纷设立私立救助机构来协助失业者、穷人、病人、身心障碍者及孤儿。但这些机构之间往往缺乏协调联系，所提供的服务往往出现内容重叠、案主反复接受救助等现象。在此情形下，慈善组织会社（the Charity Organization Society，COS）得以创立，并发展出"机构间合作"的思想，目的在于整合各私立社会福利机构的服务内容，协调行动，提高服务质量与效率。

慈善组织会社一方面派"友善访问员"实地访问受助者，以了解其社会背景及确定应采取的措施，强调依探访结果按个别情况不同分别处理，并成立中央单位对个案注册登记，从而避免服务重叠；另一方面开始聘请带薪的社会工作者，担任行政秘书。当时，COS获得市政府的契约来管理救济基金，于是聘用行政秘书来组织并训练"友善访问员"，同时建立会计制度以审核救助基金的运用。

由此，社会工作者开始朝着专业化方向迈进的同时，行政学、管理学方面的知识也被引入社会服务机构中，以加强对社会服务机构的管理。

2. 社会行政的专业化历程

社会行政起源甚早，但作为一种专业实务的合法定位要晚于个案工作、小组工作和社区工作。总结起来，社会行政的专业化历程大致可以分为三个阶段。

（1）行政获得名义上的承认（1900—1935）。1917年，玛丽·埃伦·里士满（Mary Ellen Richmond）出版了《社会诊断》一书，1922年又发表了《什么是社会个案工作》的论文，这些著述标志着专业社会工作的诞生。因此，当时的社会工作理论主要是个案工作理论，对社会工作者的训练内容也主要是个案工作的原理和技术。从而，个案工作获得了独特的地位，被称为"核心技术"（Nuclear Skill）。随着社会工作的发展，一些实践者和研究者认识到，将个案工作作为社会工作的核心技术似乎过于狭窄，社会工作应当拓展领域。他们对只看重个案工作的观点做了批判，其中较为著名的是阿伯特（Abbott）。阿伯特和她在芝加哥公民与慈善学院的同事们认为社会工作应拓宽专业视野，不仅要训练学生从事实务工作的技能，而且要为将来可能从事的行政和政策工作做些准备。阿伯特说，社会工作不等于个案工作，实务技能不等于管理技能和领导艺术。她的观点得到了一些人的赞同。在这种情况下，行政管理的问题逐渐受到了重视，相关课程开始出现在一些学校的课程表中。但总的来说，当时人们并不认为行政是一种单独的方法，而仅仅给予名义上的承认，认为它是个案工作的一种补充。

（2）争取行政的合法地位（1935—1960）。20世纪30年代，经济危机的爆发使得西方资本主义的发展受到了严峻的考验。大量失业人口所面临的贫穷、疾病、就业问题，以及由此引发的社会安全问题促使资产阶级政府的思考和决策行为发生改变。当时，美国联邦政府对社会危机的介入，对行政发展为一种专业的实务方法起到了重要的推动作用。为了应付工业社会所遭遇的社会问题、消除社会不安定因素，1934年，美国设立了"联邦紧急救济总署"，随后又创立了公共救助制度，从而刺激了对社会服务人员的大量需求。尤其是那些新设立的各级公共福利部门，更是急需大量能从事计划、组织、执行、监督及评估工作的社会工作者。

"联邦紧急救济总署"成立后不久，美国政府便出资请社会工作学院开办一些短期密集型的培训课程，以便为公共福利部门输送既懂得社会工作技巧，又懂得行政管理知识的专门人才。这种情况一方面促进了学术研究的繁荣，另一方面也促使学校重新审定课程设置。也正是这个时期，公共行政学在西方蓬勃发展起来，这也为社会工作和行政管理的结合提供了契机。1944年，美国社会工作院校协会的课程委员会将"社会福利行政"规定为社会工作8门核心课程之一。1946年，美国全国社会工作大会第一次讨论了行政的问题，内容涉及行政过程、领导动态学、薪酬、工作分类、理事会、公共关系、劳工、项目开发和退休计划等。

在这一阶段，虽然社会危机的出现使行政获得了较为有利的发展形势，但是人们并不认为行政具有和三大方法一样独立的功能。所以，这一时期社会行政的发展可以概括为"谋求行政的合法地位"。总的来说，行政仍然被排除在主流方法之外。

（3）社会行政的确立和发展（1960—1970）。1955年，美国社会工作者协会（National Association of Social Worker，NASW）成立。1960年，该协会组织实施了一个大型项目，即在社会行政和社区发展方面进行调研。该项目组织集中了一批知名的专家学者和实务工作者，在最后的研究报告中，学者们提出了在社会工作领域中发展行政管理的重要观点，认为社会工作的目标如果仅仅停留在对个别人的救助上，忽视通过立法、设置特定组织和机构、争取政府预算等方式从根本上解决问题，那么社会工作的效果将是零星的、有限的、缺乏整体效应的。该报告整合了当时有关社会福利组织和行政方面可以利用的理论成果，提议在社会工作专业开设专业化的行政课程——社会行政。

此后，美国社会工作界的权威人士伯恩斯（Burns）亲自设计了社会行政课程的框架，并经美国国家教育委员会审议通过。1963年，美国社会工作者协会在组织内部增设了"社会行政组"，表明了美国社会工作界对社会行政的认可。20世纪60年代到70年代中期，社会行政随着西方国家社会福利的发展而不断受到重视。1976年，全美84所社会工作学院中有35所开设了社会行政专业相关课程。同年，美国创办了《社会行政》专业刊物。可以说，在20世纪70年代，社会行政作为社会工作的方法获得了独立，被认可为一种区别于个案、小组、社区的间接的、宏观的工作方法。

> **课间休息**
>
> 结合自己所在的学校,思考你们的专业主干课程是哪些?

> **课外阅读**

我国社会行政课程的发展

1986年,国家教育委员会同意北京大学、中国人民大学、吉林大学等高等学校设置社会工作与管理专业,各校也陆续招收本科生,开启了社会工作专业教育的历程。社会行政是与社会工作一同发展起来的,这从高校设置专业的名称上可以反映出来。可以看出,行政管理占有很重要的地位。

2002年,为规范社会工作专业教学,教育部高等学校社会学学科教学指导委员会指派王思斌教授编写《社会工作专业主干课程教学基本要求》,并得到教育部高等教育司的同意。经教育部高等学校社会学学科教学指导委员会暨社会学系主任联席会议几次讨论,社会工作专业的主干课程被确定为:社会学概论、社会工作导论、个案工作、小组工作、社区工作、社会行政(或社会政策)、社会保障、社会福利思想、社会调查研究方法、社会心理学,其中的社会行政,是社会工作专业十大主干课程之一。

随着社会工作专业化和职业化的推进,作为社会工作专业的主干课程之一的社会行政,也开始快速发展。从学者编写的教材来看,2006年王思斌教授主编的《社会行政》,广泛应用于社会工作专业教学中。随着教学与实务的结合越来越紧密,更多的学者将社会行政课程聚焦于实务工作中,尤其是社会服务机构的行政管理领域。2015年,时立荣教授主编的《社会工作行政》[《社会工作行政》(第2版)已于2022年出版],从社会服务机构的角度出发,围绕社会行政的基础、过程和管理方法对机构社会工作行政做了完整的解释。目前,社会行政的相关教材,不仅适用于各类高校的社会工作专业,也可供社会服务机构管理培训使用。社会行政将社会政策转化为实际的社会服务,这也是社会行政课程发展的现实推动力。

任务二 分析社会行政的功能

> **任务描述**

社会行政作为一种宏观的社会工作实务方法,是指社会服务机构的工作人员在国家社会政策的框架下,利用管理学、社会学、社会工作学等学科的理论知识和方法,确定一个社会服务机构的组织目标,获取并妥善利用资源,通过计划、组织、领导和控制等环节来协调人力、物力和财力等资源,以保证服务机构的效率与效果的活动和过程。对比个案工作、小组工作、社区工作，它们之间在功能上有何区别？

任务实施

组织学生先回顾社会工作的功能，然后依次回顾个案工作、小组工作及社区工作的功能；在此基础上，教师对上述问题进行总结，然后告知学生：社会工作的功能，个案工作、小组工作及社区工作的功能。

任务引导

（1）社会工作（包括个案工作、小组工作及社区工作）的功能是什么？
（2）举例说明社会行政有哪些功能。

知识链接

1. 社会行政的含义

社会行政是由英文 Social Administration 翻译而来的。因其主要内容涉及社会福利，故社会行政也称"社会福利行政"。当然，在不同的国家、不同的历史阶段，人们对社会工作和社会福利的理解是有差异的。在西方国家，社会福利的内涵很宽泛，一切旨在提升人们的生活水平、增进人类福祉的活动都可涵盖其中；而在我国，社会福利的内涵却相对狭窄，仅仅是指社会保障的一个子系统。正是由于对社会工作、社会福利的不同理解，导致了学术界对社会行政的内涵界定有所差别。

学者基德内（Kidneigh）认为，社会行政是一种双向的活动，一方面是把社会政策转变为社会服务的过程；另一方面是用执行政策所获得的经验来修改社会政策的过程。美国学者崔克尔（Trecker）认为，社会行政是一个连续的行动过程，这一过程的运作是为达到共同的目的，发展并运用人力和物力资源，实现共同目标，以协助与合作的方法获得各种资源。我国台湾学者白秀雄认为，社会行政可以区分为广义的和狭义的，广义上指社会福利体制的建立和运行，狭义上指对社会服务机构的领导和管理。

在这里，我们认为社会行政是指社会服务机构的工作人员在国家社会政策的框架下，利用管理学、社会学、社会工作学等学科的理论知识和方法，确定一个社会服务机构的组织目标，获取并妥善利用资源，通过计划、组织、领导和控制等环节来协调人力、物力和财力等资源，以保证服务机构的效率与效果的活动和过程。社会行政的主体包括服务机构的行政管理者与其下属或团队成员。

2. 社会行政的特征

作为一种间接的社会工作方法，社会行政相对于个案工作、小组工作、社区工作，有其自身的特征。概括来说，主要有以下几点：

（1）服务范围的有限性。社会行政以提升民众的福利水平为己任，尤以社会上面临困境的弱势群体为重点服务对象，因而相对于公共行政而言，其服务范围是有限的。

（2）服务目标的非营利性。社会行政的宗旨在于最大限度、最为合理地使国家的社会政策能在弱势群体身上得到贯彻和落实，因而其服务追求的是社会效益，这有别于商业组织的营利行为。

（3）服务手段的专业性。社会行政的执行者是社会福利行政机关及其他社会工作机构，机构管理层面的工作人员多带有社会工作者的特征，在实施具体服务时，更具有社会工作专业化的特点。

（4）服务实施的层次性。社会政策层次上的差异性造成社会行政的层次性。我们可以把执行宏观政策的活动，称为宏观社会行政；把执行具体社会政策的活动，称为微观社会行政。这样，从政府部门到具体实施福利服务的机构和单位，就构成了一个社会福利行政的层次序列。

3. 社会行政的功能

（1）实施社会政策。社会政策是国家或政府部门根据社会发展需要，为解决社会问题、增进民众福祉而制订的一系列原则和措施。这些原则和措施的实施和落实，必须依赖于社会行政。社会行政在将社会政策转化为具体的社会福利活动的过程中，发挥着重要的规划和实施功能，包括解释社会政策、策划社会政策落实的具体方案、推动方案的实施和提供优质专业服务等。例如，对受助者的咨询、辅导及人力和财力的支持，确定政策落实的评估标准，并对服务的效果进行持续的评估。

（2）进行有效管理。要将社会政策转化为社会服务，必须对社会服务机构的服务活动进行有效的管理，社会行政对社会服务的直接活动具有组织、管理、协调和控制的功能，目的在于合理配置各种社会资源，督促社会服务进程，提高服务效率。

（3）总结经验、修订政策。社会政策的制订，应依据实际情况的需要，但是由于政策制订者对实际情况的了解不够，政策执行者对政策的理解不准确，或政策本身在执行过程中难以贯彻落实，使社会政策与实际情况产生偏离。因此在社会政策的贯彻过程中，需要根据实际情况不断总结经验，因此修订和完善社会政策是非常必要的。如果社会行政人员在执行实施政策的过程中对社会服务的实际情况有深入的了解，他们就具备了评价社会政策合理性与可行性的能力。因此，社会行政具有合理调整社会政策的功能。

> **课间休息**
>
> **深圳市社联社工服务中心简介**
>
> 深圳市社联社工服务中心是经深圳市民政局批准成立的民办非企业、非营利专业化社会工作服务机构。中心以"助人自助、专业服务、以人为本、共建和谐"为服务宗旨。其业务范围包括：

（1）为有关单位、社区、家庭或个人提供专业社工服务（咨询、辅导、社会工作者推荐与培训和社工派遣）。

（2）开展社会工作方面的课题研究和学术交流活动，为政府有关部门提供决策参考意见和建议。

（3）开展社区邻里互助和社会关爱活动。

（4）承接政府有关部门委托的社工派遣服务项目和其他任务。

【思考】

社会行政的功能有哪些？

课外阅读

社会工作机构的特征

根据上海社会工作机构的发展及其运作情况，笔者认为，社会工作机构应该具有以下几个方面的基本特征：

第一，社会工作机构的工作内容主要涉及社会服务领域，服务对象主要是弱势群体。例如，上海罗山市民会馆最初的定位是"社区服务中心"，其工作内容主要是开展社区服务，如市民教室、999人道救助热线、乒乓球室、阅览室、假日托儿所等。

第二，社会工作机构是一种民办非企业单位，具有非营利性。正是由于社会工作机构的服务对象主要是社会弱势群体，所以社会工作机构不可能通过从服务对象处收费的方式来维持正常运作。

第三，社会工作机构以社会工作专业理念为核心，运用社会工作专业方法和技巧来开展工作。由于社会工作机构不以营利为目的，其经费主要来自政府支持或社会的捐赠，并且需要通过其努力工作来获取下一年的经费。所以，社会工作机构在运作过程中需要遵循的一个基本原则就是用最少的经济投入来获取最大的社会效益。社会工作的基本理念是"利他主义"和"助人自助"。所以，上述机构都选择以社会工作专业理念为指导，运用社会工作专业方法和技巧来推动工作的开展。也正因为此，笔者才把这类服务机构称为社会工作机构。

第四，社会工作机构具有志愿精神。首先，社会工作者的付出与其所获取的收入不成正比。如果社会工作者不具有一定的奉献意识，就很难在这个领域内做好、做久。其次，为了更好地开展工作，社会工作机构往往会动员一些志愿者参与到活动中来。这些志愿者没有任何报酬，但是需要付出很多。最后，社会工作机构的志愿精神还体现在提供社会捐赠的个人和组织上。所以，社会工作机构开展工作需要以志愿精神为前提。

第五，社会工作机构具有一定的独立性和民间性。政府并没有直接介入社会工作机构的具体工作之中，社会工作机构是以民办非企业的身份独立开展工作的，其工作方式与政府行政性的工作方式已经有实质性的差异，具有一定的相对独立性。

拓展训练

阅读题

阅读社会行政的价值内容，思考社会行政者在实务工作中应遵循哪些具体价值。

社会行政首先要遵循机构社会工作的基本价值观、社会工作核心价值观和与之相应的基本伦理原则。这种基本价值观具体表现为强调对人的尊重、重视个人改变的潜能、尊重案主自我决定权和赋予案主权利、要求正义公平和机会平等。社会行政建立于基本的价值观基础之上，同时，又具有特定的价值内容。机构行政价值的核心内容是资源分配的公平性。

社会行政的具体价值内容包括：

（1）规范机构的规章制度并遵守机构的规定。

（2）在工作过程中诚实守信，不参与或不宽容不诚实、欺诈、诱骗等行为。倡导建立保护隐私权的制度或政策。

（3）优先考虑案主的最佳利益，在机构内为案主需求提供充足的资源。

（4）保证资源流程是公平、公开的。

（5）确保机构有足够的资源，以给工作人员提供适当的督导，规范督导制度。

（6）尊重同事及员工，与同事协同合作，维护员工的利益。

（7）制定宣传价值和伦理规范，设计科学评估方法，调整机构战略。

（8）促进机构内外的合作、交流，整合社会资源。

（9）在社会政策与制度的发展过程中，倡导和协助社会大众参与公共事务。

（10）倡导政策与立法的改变，促进社会正义。

资料来源：时立荣. 社会工作行政[M]. 2版. 北京：中国人民大学出版社，2020.

讨论题

魏女士是一位热心于社会慈善公益事业的人员，也是一个智障人士社区援助中心的负责人。她准备在某市的一个小区建立一个智障人士社区援助中心，为该市的智障青少年提供教育、康复、职业训练等专业服务。这一想法得到了当地政府有关部门的认可，在该部门的支持下，魏女士进行了登记注册。但没想到的是，当这个消息传到该小区的时候，很多社区居民自发组织起来找到魏女士，要求她不要在该小区建立智障人士社区援助中心，认为这样会影响小区形象，会吓到小区的小朋友等。这些居民还表示，如果魏女士不答应，将通过法律途径来解决这一问题。

【思考】

（1）魏女士在成立智障人士社区援助中心的过程中遇到了什么困难？

（2）假如你是社会工作者，你将如何帮助魏女士应对这一问题？

项目十　社会行政过程

项目概述

本项目要求学生通过课堂学习与讨论，了解社会行政的一般过程；重点掌握社会行政领导的方式及运用，社会行政决策的原则及程序，社会行政计划的过程与方法，社会行政执行的过程，社会行政效率与评估中的方案评估步骤及机构评估的框架。

项目包括：社会行政领导、社会行政决策、社会行政计划、社会行政执行、社会行政效率与评估。

背景介绍

社会行政作为一种间接的社会工作方法，是一种通过社会服务机构将社会福利、社会保障政策转化为各种社会服务活动的程序。从其运作程序的角度来看，社会行政一般包括领导、决策、计划、执行、效率与评估5个环节。熟练掌握每个环节的内容是开展社会行政的重要前提。

任务一　社会行政领导

任务描述

领导是社会行政的主要职能之一。但对于什么是领导，则众说纷纭，莫衷一是。对于社会服务机构来说，社会行政领导者应采用什么样的领导方式、运用什么样的领导策略来领导下属员工呢？

任务实施

柳某现任一家社会工作机构的副总干事，他曾经在另一家社会工作机构担任过项目主管，有比较丰富的项目管理经验。但来到新的工作环境后，由于职位的变化，他感觉工作非常辛苦；尽管自己非常努力，但工作的效果不太理想，达不到自己的期望。其中，他认为最主要的原因就是机构的项目主管不买他的账，而下面的员工很听该主管的话，导致其在工作过程中很难协调，导致执行力差。为此，柳某非常苦恼，不知如何是好。

【分析】这是在社会行政领导过程中经常会遇到的问题，作为机构副总的柳某，应该如何处理自己与项目主管的关系，不仅取决于柳某对领导角色及方式的认识，同时也对柳某的业务能力、个人魅力等提出了较高的要求。

任务引导

（1）根据上面的描述，分析柳某苦恼的原因。
（2）你认为柳某应采取什么样的领导方式？

知识链接

1. 什么是领导

对于什么是领导，可谓仁者见仁、智者见智，中外学者有着不同的理解。总体来说，形成了几种代表性的定义。

一是领导者中心说，即领导就是领导者依靠由权力和人格所构成的影响力，去指导下属实现符合领导者意图和追求的目标。

二是互动说，即任何领导活动都是在领导者与被领导者之间的互动过程中，共同实现符合他们双方追求的目标。

三是结构说，即领导是在一定组织结构或人际关系结构中展开的一种特殊活动。这一结构要么是由权力、规章所构成的正式结构，要么是由人际关系、感情纽带所构成的非正式结构。

四是目标说，即领导活动的焦点在于实现一个符合群体需要的公共目标。

综上所述，我们认为领导就是领导者在一定的组织结构中，依据有关的规章制度，依靠其综合影响力，运用示范、说服、命令等方法和手段，有效影响下属去实现群体目标的行为过程。

2. 领导与管理的区别

领导与管理在某些场合可以交换使用，但二者的含义仍有一定的差异。有人说，领导先于管理而出现，当人类合群而居，就有了领导问题，而管理只是人类活动更加组织化、社会化之后才逐渐发展出来的。还有的人说，管理的范围更广泛，领导只是现代组织管理的几个基本职能之一。对此，科特（Coulter）指出，管理意味着操纵事情、维持秩序、控制偏差。相反，领导意味着前进、指挥、带领跟随者探索新领域。其对领导者与管理者进行了区别性描述，见表10-1。

表10-1 领导者与管理者区分表

领 导 者	管 理 者	领 导 者	管 理 者
需要革新	只是督管	独立自主	唯命是从
是一个原件	只是一个复印件	运用影响力	依赖正式权威
力求发展	维持现状	根植于协作网络	依托于等级体制
注重人	强调机制和结构	注重战略和构想	强调计划和预算
依靠信任	依靠控制	兼顾艺术性	只重科学性
擅长激励和改造	喜欢操纵和交易	不怕动荡和挑战	注重确定与安全
高瞻远瞩	盯住细节	注重适应性工作	聚焦技术性工作

（续）

领 导 者	管 理 者	领 导 者	管 理 者
着眼未来	缅怀过去	动员资源	分配资源
多问内容和理由	只问方法和时限	引发思考和疑问	提供指令和答案
常问长远利益	只顾短期利益	选择教育	接受训练
不断创新	仿效他人	做正确事情	把事情做正确
挑战时势	接受现状		

资料来源：科特. 现代企业的领导艺术 [M]. 史向东, 严艳, 译. 北京：华夏出版社, 1997.

从科特对领导者与管理者的区别来看，对"管理者"的描述似乎带有贬义，但实际上那只是一种客观描述，是为了更好地区分领导与管理。现实中的领导与管理往往是交织在一起的，纵然有所侧重，但未必是相互对立的。总之，相比之下，"管理"更像组织运作的"有形之手"，而"领导"则是"无形之手"。要想组织良好运转，二者不可偏废。

3. 社会行政领导的含义及特征

社会行政是公共行政工作的一种。参照前面我们对社会行政及领导的理解，社会行政领导是指社会行政机构中的领导，是社会服务机构中主管社会福利服务职能的承担者，他们依法行使国家权力，组织和管理社会行政事务。具体而言，社会行政领导就是领导者依法行使社会行政权力，全面履行策划、组织、领导、控制以及人员管理等主要管理功能，并能积极有效地激励下属员工实现机构所定目标的过程。

社会行政领导不同于一般类型的领导活动，它是在特定的人为设计的权威结构中进行的，并具有一定社会意义的领导活动。

（1）等级性。现代社会行政领导均是在特定的行政体制中进行，而行政体制则是以权力分层的科层制作为其存在形式的。因此社会行政领导与其他组织中领导活动的最大不同就在于它的等级性，即决策与计划总是遵循着从高层向低层贯通这一特定的线路。另外，行政体制中科层结构决定领导者总是处于一定的行政职位上，并且领导者与被领导者的差异首先体现为职位的高低，居于高职位的人总是要领导居于低职位的人，这样就导致了人们总是在这一科层结构中扮演固定的并有等级差异的"职位角色"。这样就导致了社会行政领导在形式上的等级性。

（2）权威性。社会行政领导的权威性来自其合法性，这是不同于那些自发型领导的一个重要区别。合法性确定了行政领导在其展开的过程中必须建立在相应的地位等级、权力容量基础之上。因此，按照法律规章所配置的权力就成为社会行政领导合法性的重要来源。当然，正如前面所讲过的，具有强制性特征的权力仅仅是构成领导者权威的要素之一，行政领导的成功与否最终还是取决于人们对权威的接受，而如何使法律赋予的权力转化为人们自愿接受的权威，就成为社会行政领导艺术的一个重要组成部分。因为权力并不等于权威，一个拥有权力的人不一定拥有足够强大的权威，人们接受领导者的领导，不是基于对他权力的恐惧，而是基于对其权威的肯定性认同。

（3）综合性。现代社会公众的社会福利需求多元化，社会行政管理日益复杂化，社会行政领导面临的各种矛盾和压力也不断加大，这就导致行政领导的综合程度日益提高。具体而言，社会行政领导活动的综合性主要体现在以下两个层面：

一是政治层面。社会福利政策的功能之一，就是通过政策的协调，在社会经济发展中实现稳定与发展、公平与效率的统一。这就要求社会行政领导要从社会发展的全局出发，从大多数人的利益需求的角度去考虑社会行政管理的相关制度等问题。

二是技术层面。社会福利涉及面极广，从中央到地方再到每一个社会成员，内容极其复杂，从宏观控制到微观管理与服务，操作难度极大。这就要求社会行政领导具有多样化的技术方法和手段，进行整体的协调和管理。

（4）服务性。社会行政活动从本质上来说是一种公共管理活动，居于一定领导职位的社会行政领导者仅仅是社会公众需求满足的代理者，因此服务是社会行政领导的本质所在。其服务功能是通过一系列法律、法规和规章制度转化为社会行政领导的行为规范而实现的。

4. 社会行政领导的基本职能

社会行政领导在行政管理系统中处于主导地位，贯穿于整个社会行政管理活动过程。对于社会服务机构来说，部门之间和人员之间的冲突与矛盾在所难免，再加上行政管理的内容日趋复杂等，这些都需要行政领导来谋求各方面的利益均衡，促使全体人员通力合作，为实现机构的目标而努力。可见，领导在社会行政中的作用越来越重要。具体而言，社会行政领导的基本职能包括决策和计划、指挥、监督、协调与调整、选人用人以及思想政治教育等。

（1）决策和计划。这是社会行政领导的基本职能，也是全部社会行政领导活动的基础。决策，通常是指社会行政领导者通过一定的方法，遵循一定的程序，选择并确定组织目标的活动。计划，是为实现目标而设计的具体步骤、途径、方法、时限、指标等一系列配套方案。

（2）指挥。指挥主要是指推动工作计划的活动，它是社会行政领导的又一项主要职责。一个明显的事实是，社会行政的工作方针不会自动地变成行政组织的活动，它需要在宏观上被推动落实，这一推动工作计划贯彻、实施的活动就是指挥活动。指挥有口头指挥、书面指挥和综合指挥等形式。

（3）监督。这也是社会行政领导的一项重要职责，社会行政领导的监督是行政监督的一种。

（4）协调与调整。这是带有综合性的一种整体性职能，其目的是要保持整体平衡，使各个局部步调一致，以利于发挥整体优势，确保计划目标的实现。

（5）选人用人。社会行政机构的工作要由众多行政人员共同协作才能完成，因此，合理选拔和使用人才，讲究用人之道，已经成为社会行政领导的又一重要职能。

（6）思想政治教育。这是行政领导必不可少的基本职能。因为，行政目标的实现、上述几项职能的完成，都与社会行政领导及全体行政人员的政治觉悟程度息息相关。社会工作本质上是一种服务性工作，是一种奉献。社会行政领导必须努力培养行政人员的服务意识，激发他们的工作积极性、主动性、创造性，及时表扬先进、批评落后、化解矛盾、注重疏导。

5. 社会行政领导的方式

领导方式是领导者从事领导活动所遵循的比较稳定的领导模式。社会行政领导方式选择的正确与否，是决定领导行为有效与否的关键性因素之一。从不同的角度划分，社会行政领导的方式有不同的分类。

（1）按领导贯彻意图的不同方式分类。

1）强制性方式，即通过发布有权威性、非执行不可的命令和批示，来高效率地完成组织的计划和目标。这种方式的运用，要依赖社会行政组织的正式授权，领导者只能在自己的职权范围内运用强制的方式，并且还应有相应的纪律和惩罚作为保障。

2）说服方式，即通过启发、劝告、诱导、商量、建议等，使被领导者接受并贯彻自己的意图。这种方式的运用，要求领导者的职位权威和人格权威合二为一，被领导者对于领导者的人格魅力给予认同，领导者较具影响力。

3）激励方式，即通过运用物质和精神的手段激发员工的动机和需要，使其发挥内在的潜能，为实现组织所追求的目标而不懈努力。这种方式的运用，要依赖领导者的领导艺术。反之，激励方式运用不当，则会产生相反的效果。

4）示范方式，即通过领导者本人的言传身教或树立榜样、典型，供组织成员仿效、学习。这种方式的运用，对领导者的道德品质、专业技能有比较高的要求，即领导者要做到"以德服人、以技服众"。

（2）按领导工作目标的不同侧重点分类。

1）以事为中心的领导方式。这种领导方式的实质是领导者对任务本身的关心压倒一切，把任务和完成任务放在首位，只注重工作的进程，强调工作效率，以工作的数量和质量来评价工作人员的优劣，以工作成果作为评价组织成败的指标，而极不关心下属，忽略下属的情绪和需要，不重视解决他们的实际问题，容易使下属变成机器。

2）以人为中心的领导方式。这种领导方式表现为尊重工作人员的人格，重视下属的情绪和需要，强调相互信任的气氛，注意鼓舞下属的工作情绪，尽可能采取分层负责制。领导者不随便干预，给予工作人员合理的待遇，并在他们遇到困难时给予及时的帮助。

3）人事并重的领导方式。这种领导方式是将前两种方式合二为一，既重视人也重视工作；既注意改善工作条件和环境，使下属积极主动地工作，又对工作严格要求、奖罚分明，使下属保质保量地完成工作计划，创造出最佳成绩。在实际工作中，大多数领导会采用这种领导方式。

（3）按领导对下属管理的宽严程度分类。

1）独断型的领导行为模式。这种领导方式的特点是：以权力为基础，以领导者为中心，以任务为导向，以严密监督为手段，以好恶定奖惩；与下属保持距离，独揽决策，下属只是奉命行事。

这种领导方式的优点在于领导者办事效率高。缺点在于，由于上下级缺乏情感交流，下属满意度较低；由于领导要求下属绝对服从，容易引发下属消极、自卑、不满的情绪，从而产生依赖或者反抗心理。因此，这种领导方式适用于任务简单，内容带有例行性或重复性，完成任务的步骤、方法能事先做出明确安排的工作。

2）放任型的领导行为模式。这种领导方式的特点是：以无为而治为基础，领导者不把持决策；以成员为中心，对成员采取自由放任的态度；以自由发展为导向，对成员的需要尽可能满足；不干预团体活动，不对决策的执行过程加以检查和监督。

这种领导方式由于不强调领导对权力的运用，主管既不重视权力，也不重视责任，致使组织处于无人领导、无人协调的无序状态，成员各自为政，缺乏团队精神，工作效率十分低下。因此，该方式在绝大多数行政组织中是不适用的。

3）民主型的领导行为模式。这种领导方式的特点是：以人格感召与学习经验为基础，以群体为中心，以目标及成员为导向，以一般的监督为手段，以事实定奖惩；与下属打成一片，鼓励部属决策。

这种领导方式的优点是：通过适当放权，使领导者与被领导者共同参与决策，集思广益，全面掌握决策所需要的各种信息；成员也可以根据实际情况，灵活、自主地确定本部门和本人的工作步骤与方法，个性得以发挥；通过座谈与协商对群体事务进行处理，成员的需要与愿望获得充分的考虑，领导者与成员的人际关系比较和谐。目前，大多数社会行政机构都采用这种类型的领导方式。

总之，领导者要想发挥领导效能，使机构目标得以实现，使下属能力充分发挥，营造一个融洽的组织氛围，就必须从组织的性质、成熟程度、成员背景及时间等因素去分析，从而选择一个可能发挥领导效能的领导形态或方式，并能适时做出适当的调整。在实际领导过程中，往往是多种领导方式并用，或在一个阶段采用某种领导方式，而在另一个阶段则采用另一种领导方式，绝不能拘泥于其中的一种领导方式。

6. 社会行政领导方式的应用

既然不存在一种普遍适用的领导原则与方式，一切都取决于时间、地点和条件的变化，那么是哪些因素决定了不同情境下采用不同的领导方式呢？或者说，我们在实际领导过程中，选择不同领导方式的依据是什么？

在这方面，管理学中的权变理论（Contingency Theory）为我们提供了理论资源和分析视角。权变理论认为，行政领导的有效性并不取决于领导者的个人品质、才能和领导行为，而是取决于领导者、被领导者和行政氛围三者之间的互动。因此，没有一种在任何处境下都适用的领导方式。

在权变理论中，最著名的是菲德勒模式（Fiedler's Model）。该模式指出有三个因素的不同组合决定了不同情境下需要不同的领导方式。因此，该模式被普遍认为最值得社会服务机构管理者参考。

（1）根据领导与成员关系的不同采取不同的领导方式。如果领导者与下属关系良好、感情融洽，并且依靠自己的能力赢得了他们的尊重和支持，则可以采用说服式、民主型、以人为中心的领导方式；否则，就要依靠机构的正规权威，采取强制式、独裁型、以事为中心的领导方式。

那么如何评估领导者与成员的关系呢？我们这里借鉴我国香港社会行政管理学者黄玉明设计的5项指标，来评估领导者与成员的关系是否和谐，见表10-2。

表10-2 机构领导者与成员的关系

指　　标	评　　估	选　择	分　数
1. 领导者与成员的教育背景差距	1.1 小：同级，如彼此都是大学毕业		3
	1.2 中：相差一级，如大学生与预科生		2
	1.3 大：相差两级或以上		1
2. 领导者与成员共事的时间	2.1 长：5年以上		3
	2.2 中：2～5年		2
	2.3 短：少于2年		1
3. 领导者与成员的工作或办事处的距离	3.1 近：同一座/层办公楼		3
	3.2 中：同一地区		2
	3.3 远：不同地区		1
4. 领导者与成员相互信任的程度	4.1 高：十分了解、合拍，放心权力下放		3
	4.2 中：持保留、试探态度		2
	4.3 低：互相猜忌，怀疑不信任，权力斗争		1
5. 领导者与成员以往合作的结果	5.1 满意：目标完成，成效显著		3
	5.2 普通：公事公办，优劣与荣辱共存		2
	5.3 不满意：矛盾、冲突、不愉快		1

资料来源：梁伟康，黄玉明. 社会服务机构管理新知[M]. 香港：集贤社，1994.

根据上述指标及评估标准进行选择，将每次得分相加，得分在5～10分之间的，可视为领导者与成员关系恶劣；10～15分的则视为二者关系和谐。

（2）根据工作任务结构的不同采取不同的领导方式。工作任务可以分为结构紧密型和结构松散型两种。前者指完成工作任务的步骤及指令都十分清楚，并有详细记录，成员明白组织对自己工作表现的期望，而领导者也拥有足够的权威去依据机构的指示来发号施令。后者则指工作任务的内容有很大弹性及不同的人可做不同的理解，这样，领导者的合法权威必然会相应地削弱，甚至成员可向领导者做出挑战或采取其他自己认为合理的做法。

如果工作任务结构紧密，领导者可以采用说服式、民主型、以人为中心的领导方式；反之，如果工作任务结构松散，领导者则可以采用强制式、独裁型、以事为中心的领导方式。

对于如何评估工作任务结构，我国香港社会行政管理学者黄玉明也设计了5项指标，见表10-3。

表 10-3　机构工作任务结构评估

指标	评估	选择	分数
1. 工作任务的目标	1.1　明确 1.2　模糊		2 1
2. 工作任务的完成方法	2.1　清楚界定 2.2　自由发挥		2 1
3. 工作任务的完成时间	3.1　有适当的规律 3.2　无固定时间表		2 1
4. 工作任务的对象	4.1　相互了解，有合作动机 4.2　抗拒、不接纳		2 1
5. 工作任务的性质	5.1　依赖团队精神 5.2　可各施各法		2 1

资料来源：梁伟康，黄玉明. 社会服务机构管理新知[M]. 香港：集贤社，1994.

根据上述指标和评估标准进行选择，将每次得分相加，得分在 5～7 分之间的，则认为工作任务结构松散；得分在 8～10 分之间的，则认为工作任务结构紧密。

（3）根据领导者权力位置的不同采取不同的领导方式。在组织中，越高层次的位置就拥有更大的权力，即所谓权力位置强势。由此，领导者在政策制订、策略设计、资源调动、计划推行、突发事件的应变处理及每个环节的评估与检查等方面，越有可能对下属进行直接指挥和控制。如果权力位置呈强势，一般可帮助领导者指挥下属去发挥必要的功能，此时，采取强制式、独裁型、以事为中心的领导方式较为适合。反之，如果权力位置呈弱势，领导者对下属的控制则会面临重重困难，此时，采取说服式、民主型、以人为中心的领导方式较为适当。

对于如何评估机构的权力位置，我国香港社会行政管理学者黄玉明同样设计了一个包括 5 项指标的评估表，见表 10-4。

表 10-4　机构的权力位置

指标	评估	选择	分数
1. 权力在整个机构内的位置	1.1　高：在科层组织中最高 10% 的职位 1.2　中：在科层组织中超过 50% 而未进入最高 10% 的职位 1.3　低：在科层组织中低于 50% 的职位		3 2 1
2. 权力所管辖的下属人数	2.1　多：超过 50 人 2.2　中：20～50 人 2.3　少：20 人以下		3 2 1
3. 权力所直接控制的资源 　　a. 财政 　　b. 物质资料 　　c. 工作进度的时间与空间	3.1　高：三项 3.2　中：任意两项 3.3　低：任意一项		3 2 1
4. 权力得到上级的信任	4.1　高：全面的信任，可自行决定、执行事务 4.2　中：一般事务可进行，重大关键事情要请示 4.3　低：多数事情要经事先批准才可推行		3 2 1
5. 权力的稳定性	5.1　高：在位 5 年或以上 5.2　中：在位 2～5 年 5.3　低：在位少于 2 年		3 2 1

资料来源：梁伟康，黄玉明. 社会服务机构管理新知[M]. 香港：集贤社，1994.

根据上述指标和评估标准进行选择,将每次得分相加,得分在 5～10 分之间的,认为权力位置呈弱势;得分在 10～15 分之间的,则认为权力位置呈强势。

(4)根据以上三种因素的相互关系组合出的 8 种情形,采取不同的领导方式。根据菲德勒的研究,在不同的情形下,使用不同的领导方式才可以得到相应的发挥。领导者与成员的关系(因素 1)、实现工作任务的结构(因素 2)以及权力位置(因素 3)这三种因素的综合,可组合出 8 种不同的情形,见表 10-5。

表 10-5 不同情形下的有效领导方式

因素 2	因素 1 因素 3	领导者与成员的关系			
		和谐		恶劣	
		强势位置	弱势位置	强势位置	弱势位置
工作任务的结构	紧密结构	1	2	5	6
	松散结构	3	4	7	8

资料来源:梁伟康,黄玉明. 社会服务机构管理新知 [M]. 香港:集贤社,1994.

1)和谐的领导者与成员的关系、紧密的工作任务结构及强势权力位置,这是最好的搭配。领导者可以和所有成员齐心协力、上下一致地高效完成各项任务。在这种情境下,以事为中心的领导方式可以达到最佳效果。

2)和谐的领导者与成员的关系、紧密的工作任务结构及弱势权力位置。在这种情境下,因领导者弱势的权力位置,最好是按机构的规章制度、指令来推动工作任务的完成,但切忌流于官僚主义、形式主义。以事为中心的领导方式在这种情境下,也能取得比较好的效果。

3)和谐的领导者与成员的关系、松散的工作任务结构及强势权力位置。在这种情境下,机构中实现工作任务的结构比较松散,领导者可以利用适当的咨询、协商来补救,使成员对机构的工作目标、计划推行步骤及实施方案、评估等有更多的共识。因领导者仍处于强势权力位置,因此采用以事为中心的领导方式仍可得到较好的效果。

4)和谐的领导者与成员的关系、松散的工作任务结构及弱势权力位置。在这种情境下,领导者处于相当不利的位置,唯有依靠与成员的密切关系来赢得下属的理解和支持,进而实现组织目标。此时采取以人为中心的领导方式能取得较好的效果。

5)恶劣的领导者与成员的关系、紧密的工作任务结构及强势权力位置。在这种情境下,领导者除了慢慢改善与员工的关系外,最有效的方法是设立合理的奖罚机制,以示公允,刺激员工的工作热情。因此,采用以人为中心的领导方式能取得较好的效果。

6)恶劣的领导者与成员的关系、紧密的工作任务结构及弱势权力位置。在这种情境下,领导者要加强个人的影响力,通过有系统的个别交谈等方法去改善与成员的关系。因此,以人为中心的领导方式是这种情境下的最佳选择。

7)恶劣的领导者与成员的关系、松散的工作任务结构及强势权力位置。这种情境下,领导者应加强督导的次数和内容,使员工了解实现目标的步骤及计划,明白自己应扮演的角色。以人为中心的领导方式仍是这种情境下的主要领导风格。

8）恶劣的领导者与成员的关系、松散的工作任务结构及弱势权力位置。这是领导者面临的最困难的一种情境：领导者一方面要就事论事，决断有力，赏罚分明；另一方面要利用各种正规及非正规的方法去改善与成员的关系，以达到预期的工作效果。在此情境下，人事并重的领导方式是最佳选择。

案例阅读　创始人陷阱

"创始人陷阱"是一个重要问题。非政府组织（Non-Govenmental Organization, NGO）领导人拒绝改变、阻碍创新、将集体性和参与性更强的管理方式拒于门外等的逸闻俯拾皆是。由于组织成长可能威胁到其权力、关系和嫡系，很多组织的创始人阻碍了"自己生下的婴孩"的发展。

对于这一点，在我们研究的9个组织中，有6个都进行了领导层的转化，而且都没有陷入混乱局面或因此而垮掉。

既然如此，为何人们会认为NGO的领导者专权独裁呢？部分原因是人们太随意地画出一些等号：把BRAC（孟加拉国农村促进委员会）等同阿贝德（BRAC的首席执行官），把SRSC（巴基斯坦萨尔哈农村互助组织）等同费洛斯·舍赫（SRSC的第三首席执行官）。一些领导者在南亚NGO的发展中变得富有传奇性，这既是因为他们有超人的成就和名誉，也是因为他们常被邀请公开讨论他们的工作，从而使这些等号变得更有力。在加深这种谬误上，资助者也有不可推卸的责任。资助者的当地代表或是探访国家项目的干事和高级领袖，常坚持要与当地首席执行官直接对话。除此之外，资助者对接受资助的NGO的印象多来自报告和评估，而这些甚少提到个别的工作人员，因而首席执行官就是他们最常想到的人，这一刻板印象亦因为通常只有高级管理人员能说流利的英语而加深。此外，资助机构和其他外人常坚持要与高层管理人员会面，使外界产生了一种对个人的追捧，也产生了认为"大师"是不可替代的幻象。

【思考】
（1）何谓"创始人陷阱"？
（2）"创始人陷阱"形成的原因有哪些？

课间休息

举例说明领导与领导者之间的关系。

任务二　社会行政决策

任务描述

决策是社会行政管理的首要环节，也是优化社会行政的先决条件。没有决策，就没有组织目标的确立，更没有组织目标的实现。对于社会服务机构来说，决策正确与否，关系到其行政管理的目标能否实现；决策水平高低，影响到社会行政管理活动是否具有高效率。那么，社会服务机构决策者如何进行决策？社会行政决策包括哪几个阶段？

任务实施

2008年5月12日，四川汶川发生了里氏8.0级的特大地震。地震发生后，许多社会服务机构进入灾区，为灾区提供各种社会服务。其中，绵竹青红社会工作服务站就是在这样的背景下成立的。当初，他们想为地震中遇难的孩子的母亲提供情绪疏导等服务，但由于条件所限，无法为这一敏感群体提供服务。然后，他们在汉旺板房区进行了为期一个多月的需求评估调查，最终决定为板房区的残疾人提供生计服务，提出了"团结社区、发展生计"的服务理念。考虑到机构资金的限制（绵竹青红社会工作服务站是中国红十字基金会5·12灾后重建公开招标项目），第一期只选择了10位残疾人作为"家庭生计互助小组"的成员。从这个案例中，思考该社会工作服务站是如何决策的。

【分析】社会行政决策的成功与否，取决于决策者的能力、水平以及机构所处的环境。在该案例中，决策者不仅需要平衡服务需求的量和质，而且需要考虑诸如项目资金等现实的困难和限制，在机构能力范围之内最大限度地满足灾民的迫切需要。

任务引导

（1）决策会受到哪些因素影响？
（2）社会行政决策需要经历哪些过程？

知识链接

1. 社会行政决策的含义

决策，顾名思义，就是作决定。20世纪40年代，美国管理学家赫伯特·西蒙（Herbert Simon）首先将决策用于分析企业管理，然后用于研究行政管理。他认为，决策就是在多个准备行动的方案中做出选择的行为。目前，人们对决策的理解通常有广义和狭义之分。广义的决策，泛指决策的全过程，包括问题的提出、收集信息、拟订方案、评估方案等若干环节。狭义的决策，特指在若干备选方案中做出选择的行为。决策回路图如图10-1所示。

图10-1　决策回路图

在这里，我们主张从广义的决策来理解社会行政决策。社会行政决策，是指社会行政组织和社会服务机构的工作人员在制订社会政策及其执行方案时，为了达到预定的服务目标，根据实际情况，运用科学的理论和方法，系统分析主客观条件，在掌握大量有关信息的基础上，对全部待解决的问题或待处理的事务做出决定。

2. 社会行政决策的类型

（1）高层决策、中层决策和基层决策。这是依据社会行政决策主体的不同所做的分类。若将整个社会看作一个庞大的社会组织，那么，高层决策主要是指由权力枢纽所做的有关社会福利事业的决定，主要表现为目标、方针、政策、计划及重大方案的制订。这种决策高瞻远瞩、统筹全局，具有战略性、整体性、长期性等特点。中层决策是组织内中层管理者做出的关系到本地区或本部门一些较大问题的决定。它主要以高层决策所规定的目标为决策依据，要求既能深刻体现高层决策的精神，又能在细化高层决策时结合本地区、本部门的实际情况，做好内容设计、组织调整、策动安排各类资源、调控督查等环节的工作。因此，中层决策较之高层决策具有策略性、局部性和连接性等特点。基层决策是由组织内基层管理者做出的，主要是解决日常社会服务工作中的具体问题。它与中层决策相比较更为具体化、定量化，具有操作性、技术性、短期性的特点。

（2）程序化决策和非程序化决策。这是依据决策客体的重复程度所做的分类。西蒙认为，管理过程中存在着两种性质相反的决策，即程序化决策和非程序化决策。

程序化决策，也称常规性决策，是指在行动中重复出现的、例行的决策。这类决策通常有章可循、有法可依，一般管理人员遵照领导者的意见、既往经验和有关规章制度即可解决。非程序化决策，也称非常规性决策，是指在管理活动中首次或偶然出现的，没有现成的规范和原则可循的问题的决策。这类问题由于是第一次出现或偶然发生，难以预料，没有十足的把握，因此也没有事先规定好的程序，只能在问题提出时进行特殊处理。因此，这类决策具有应变性和不定型化的特点，领导者应特别注意抓好这种例外性和创造性的决策。

（3）经验型决策和科学型决策。这是依据决策方法的先进程度所做的分类。经验型决策，是指由决策者根据个人或集团的思想水平、工作能力、生活经验等所做出的决定。经验型决策具有"人存政举、人亡政息"的缺陷。随着现代社会的发展和进步，新的社会问题层出不穷，经验型决策越来越不适应形势的发展，尤其在应对非程序化决策时，它往往显得无能为力。当然，在进行程序化决策时，经验还是十分重要的。所以，我们不能认为经验型决策就是落后的，就是与科学型决策相对立的。科学型决策，是指以科学思考、科学预测和科学计算为根据的决策。它根据目标的不同、变量的多寡、限制条件的差异等做出决定。科学型决策适用于解决多变量、大系统的统筹安排问题，具有准确、严密、客观、可靠等特点，并能适用于各种新问题，在现代社会的许多领域中，是经验型决策方法所无法替代的。当然，科学型决策方法也不是万能的，它也不可能完全取代经验型决策。

（4）确定型决策和风险型决策。这是依据决策所处条件的不同所做的分类。确定型决策是指面临确定的环境和条件，各备选方案也只有一种确定结果的决策。这类决策并不复杂，只要比较各方案的结果孰优，就可以做出决定，选择出最佳方案。如果在决策时，客观上存在一些不可控制或不可预知的因素，一个方案执行下去可能会出现若干不同的结果，就属于风险型决策。由于决策总是面对未来，而未来又总有一些程度不同的不确定因素，很难有绝对把握。因此，风险型决策在决策中总占有很大比重。这类决策要求领导者慎重为之，往往要在多方分析比较、综合评价的基础上才可做出。

（5）单目标决策和多目标决策。依据决策要实现目标的多寡，我们又可以将决策分为单目标决策和多目标决策。如果决策要实现的目标只有一个，那就是单目标决策；若决策要同时实现多个目标，那就是多目标决策。单目标决策常用于解决单个问题、具体问题，决策者力求尽快将之处理掉。由于管理工作的复杂性，因此除了十分简单的任务之外，往往都需要多目标决策。多目标决策要求决策者兼顾当前利益与长远利益，兼顾决策目标的层次性和系统性。

3. 社会行政决策的原则

决策是一个复杂的过程，社会行政决策应遵循一定的原则来制订。在这里，我们借鉴徐柳帆、阳光宁等主编的《社会工作行政》中提出的六项原则。

（1）信息原则。决策来源于信息，信息服务于决策。贯彻信息原则应做到三点：一是应收集全面、系统的信息。信息越丰富、全面，就越有利于思维活动的深度和广度。若"只知其一，不知其二；只知己方，不知他方；只知此地，不知彼地"，决策的失误就在所难免。二是应对信息进行甄别、筛选，以确保信息的可靠与准确。无数事实表明，不真实的信息会导致决策失误，甚至比缺乏信息更为糟糕。社会行政决策事关服务对象的切身利益，千万要避免"听风就是雨"的情况。三是要注意信息的及时、适用。科学决策不能滞后于现实，更不能甘当"马后炮""事后诸葛亮"的角色。

（2）目标原则。贯彻目标原则应当注意以下三点：一是要注意决策的系统性。在实际决策中，多目标决策占有很大比重，这就要求决策目标应彼此配合，而不能相互冲突。在设计目标时，既要立足当前，更要着眼今后。二是注意目标系统主次分明，既要分清层次，注意孰重孰轻，又要保持相对独立，以利于实施。三是要注意目标与现实之间的平衡。目标脱离了现实，只会导致目标受挫或成为"镜中花""水中月"，解决不了实际问题。

（3）可行原则。这是衡量决策正确与否的重要标志。任何决策都是为了实施，因而必须是可行的。决策者要从实际出发，研究决策所面临的主、客观因素，分析发展过程中可能出现的种种变化，预测决策方案可能产生的影响，然后认真论证、慎重评估，以得出可行的方案。如果"先上马、后论证"，那么许多项目都可能走向"下马"的尴尬境地，徒然浪费了人力、物力、财力资源。有管理者说："决策失误是目前存在着严重浪费的重要原因。"所以，科学决策一定要遵循可行原则。

（4）满足原则。决策总想追求最佳目标，然而决策形势却极其复杂、千变万化，决策者是难以做出万无一失、面面俱到的决策的。因此，西蒙等管理学家都主张，决策不必追求绝对完美、绝对理性，而应立足现实；只要是可行的、能满足目标需要的就是可取的决策。坚持满足原则，有利于决策者当机立断，选择适宜的方案。

（5）权变原则。在决策中，由于组织所处的内、外环境处于不断变化中，因此要求决策也要随机应变。决策的目的要留有一定的弹性和余地，以便反馈调节。从某种程度上讲，近年来各级政府制订出台的诸多社会福利事业的政策、法规，都是积极应对社会发展的结果，也体现了"权变原则"的精髓。

（6）创新原则。在现代决策中，非常规性决策大量存在，这就要求决策者要敢于面对新情况、新问题，突破思维定式。因而，变革现在、开拓创新就显得尤为重要。只有勇于创新的人才有可能做出富有创见的决策，取得更大的成功。美国贝尔电话公司（现美国电话电报公司）的总裁贝尔一生中有多项创造性决策，他奉行的决策原则就是"不是维护今天，而是摧毁今天，使今天成为过去，创造一个新的明天"。

4. 社会行政决策制订的一般过程和方法

决策不仅是对某个问题进行逻辑分析和综合判断的过程，而且是一个有先后步骤、循序渐进的完整过程。这一过程体现了决策的逻辑顺序、活动流程及基本步骤。一般来说，社会行政决策主要包括了4个阶段：评估需要、制定目标、确定方案和修正方案。

（1）评估需要。社会行政决策的前提在于了解社会大众的各种福利需求，发现在满足需求时存在的问题。问题的存在是一切决策活动的发端，因此，做好问题识别有利于发掘服务对象的需要。

1）问题识别。问题识别是指确定可能的服务对象人口的总数，要解决的问题的性质、产生原因及后果的严重性。在界定问题时要注意以下几点：一是了解问题产生的背景；二是提出并分析问题，包括准确陈述问题、明确问题的性质、分析问题产生的原因和探讨问题的后果等。

2）了解需要。需要是个体在生活中感到某种欠缺而力求获得满足的一种内心状态。社会需要是指社会的政治、经济、文化等方面的现实资源状况与民众需求之间存在的差距。

那么，如何评估社会需要呢？常用的方法有社会指标法、社会调查法、社区印象法等。在这里，我们不作详细介绍。需要注意的是，社会服务机构的管理者应考虑采用不同的需要评估方法，来避免某种方法的局限性，以便做到全面、准确地了解服务对象的社会需要。

3）确定问题解决的优先顺序。由于服务对象的需要是多元的，面临的问题也是不同的，而社会工作服务机构的人力、物力、财力等资源又是有限的。因此，社会行政决策者在发现、提出问题及评估了社会需要后，还要对问题进行分类、梳理，排出先后、主次，首先解决最急需、最重要的问题，而且这些问题必须是机构有能力解决的。

那么怎样来确定问题的先后顺序呢？在这里，我们介绍一种最常见的方法——列单法。这种方法的主要操作步骤是：将参与决策的人分组（一般6~10人为一组），各小组指定一人担任组长；组长向组员阐明参与决策的重要性，并将需要讨论的问题介绍给组员；各组员把自己的意见用简洁的语句写在卡片上，此间不得与他人交谈；组员将意见读出，由专人负责记录，直到所有人都没有意见为止；进行初次投票表决，并计算出投票结果；对投票结果进行讨论。尤其应当充分关注得分最多和得分比较接近的提案；进行再次投票表决。

列单法在实践中十分常用。这种方法的优点在于，一是可以将讨论中不切实际的方案立即排除，二是能对复杂问题进行较充分、系统的分析。缺点在于，有时候技术专家可能会排除优点不太明显的方案，但实际上他们对其并不十分熟悉。

（2）制定目标。问题与需要明确以后，社会行政决策主体就需要确定目标。在制定目标时，应做到以下几点：一是目标必须清楚明确；二是目标必须难易适中；三是目标必须层次分明。具体来说，制定目标包括界定目标层次和确定目标的优先顺序两部分。

1）界定目标层次。一般来说，目标可分为总目标和子目标。总目标是指机构在社会福利服务方面的一些总体规划与设想，而子目标则是对总目标的具体化、明确化。因此，总目标往往比较抽象、笼统、难以测量，而子目标却相对明确、具体、富于操作性。

就子目标而言，通常又可分为三类：一是冲击性目标，又叫功能性目标，是指机构所确定的旨在影响和改变受助者的目标。在社会工作实践中，改变人的技术有两种，即改变人自身与改变人所处的环境。功能性目标追求的是前者，也就是促进服务对象自身的改变，以增进其社会功能。二是过程性目标，又叫服务性目标，是指为实现机构的功能性目标而采取的若干服务方案。这些方案的实现为机构的功能性目标准备了条件。三是后勤性目标，是指为实现机构的服务方案而提供的支援性服务。这种服务能够为过程性目标的实现提供现实支持。

由此可见，冲击性目标旨在对服务对象产生深刻的、积极的影响；过程性目标则致力于提供各种优质服务，以实现冲击性目标所期望产生的影响；而后勤性目标又为过程性目标的实现提供具体的支持。因此，三种类型的子目标之间是互相关联的。对于一个社会工作服务机构来说，三种类型的子目标缺一不可，如图10-2所示。

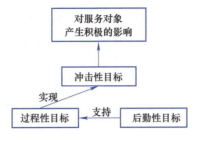

图 10-2　三大子目标之间的关系图

根据发达国家的经验,冲击性目标往往比较难制订,在制订时要重点考虑 4 个方面的问题:一是用明确的、表示变化的动词描绘冲击性目标的效果,如减少、提高、改善、加强等。二是明确受助者改变的数量标准,如减少失业率 20%。三是项目不宜过多,应量力而行。四是目标的实现应有明确的时间限定。具体来说,一个完整的冲击性目标的内容包括 4 个方面,一是期望的情况(What),二是目标对象的人口(Who),三是情况改变的程度(How),四是时间期限(When),见表 10-6。

表 10-6　冲击性目标的制定

项　目	期望的情况	目标对象的人口	情况改变的程度	时间期限	测量指数
一	减少青少年犯罪	200 名初三年级的退学学生	40%	一年	法院裁定
二	改善个人的适应能力	康复医院的残疾病人	70%	半年	心理测试
三	减少虐老个案	100 位与法定赡养人关系恶劣的老人	50%	一年	关系指数测量

2)确定目标的优先顺序。对于机构来说,多目标决策是经常的、普遍的。面对诸多目标,机构必须依据问题的优先顺序和自身资源状况决定目标的先后顺序。排定目标的先后顺序有多种方法,在这里,我们主要介绍德尔菲法。

德尔菲法(Delphi Method),是美国兰德公司创制的一种新的决策方法,又称专家调查法。该方法强调参与决策的成员互不见面,而是通过精心设计的问卷将许多专家的意见集中起来,形成决策。其基本的操作步骤是:首先,社会工作者将所需讨论的问题设计成调查问卷(开放式问卷)并发放给各专家,让其填答。其次,社会工作者将第一轮收集到的意见进行归纳,再设计一份问卷送给专家,请他们提出改进意见。最后,将第二轮调查征求到的意见进行统计处理,得出专家群体的居中意见,形成一个决策性建议。

德尔菲法的优点是,背靠背式的征求意见能避免面对面讨论所造成的不利影响,有助于用较少的时间获取较为丰富的信息。其局限性在于,决策的信度和效度在很大程度上取决于各专家的素质,即专家们是否有足够的时间、兴趣、精力和能力去思考问题并提出令人信服的建议。

为了明确地解释德尔菲法,我们借用我国香港学者梁伟康、黄玉明在《社会服务机构管理新知》一书中列举养老院的一个实例来加以说明,见表 10-7。

表 10-7　采用"德尔菲法"制定目标的优先顺序

目　标	重要性程度					得　分
	十分重要	很重要	重要	有些重要	不重要	
一、协助这些老人的亲属了解老人的一般怪异行为	√√	√	√	√√		(5×2)+(4×1)+(3×1)+(2×2)=21
二、鼓励老人每星期至少打一次电话向家人问好	√√	√	√√	√		(5×2)+(4×1)+(3×2)+(2×1)=22
三、增加老人亲属探访老人的次数,由每季一次增至两次	√√√√	√	√			(5×4)+(4×1)+(3×1)=27
四、保证老人每日获得两顿适当的营养正餐	√√	√√	√√			(5×2)+(4×2)+(3×2)=24
五、促使老人认识三种促进身体健康的运动		√	√	√√	√√	(4×1)+(3×1)+(2×2)+(1×2)=13
六、降低老人接触服务提供者所遭遇的难度,由每星期一次增至两次		√	√	√√	√√	(4×1)+(3×1)+(2×2)+(1×2)=13
七、增加老人义工数目,由目前的 20 名增至 30 名		√	√	√√√	√	(4×1)+(3×1)+(2×3)+(1×1)=14
八、鼓励老人每日做基本的家务,工作半小时至一小时不等	√	√√	√√	√		(5×1)+(4×2)+(3×2)+(1×1)=20
九、鼓励 50% 的住院老人每星期至少参加一次小组聚会		√	√	√	√√√	(4×1)+(3×1)+(2×1)+(1×3)=12

从表 10-7 不难看出,目标三的得分是 27 分,应排在第一位,其次是目标四,再次是目标二,依此类推。目标经初步排序后,小组成员再公开讨论上述排序是否合理,然后再将上述目标重新排序。但这次不需要将每个目标都排序,而是由每个成员选择三至五个目标排序,然后再计算结果,决定目标的优先顺序。这就是用"德尔菲法"排出的目标顺序。

（3）确定方案。确定决策目标后,决策者就要设计具体的决策方案来实现这些目标。而具体的决策方案是从若干个备选方案中选择出来的。因此,在确定方案时,决策者先要拟定多个备选方案。一般来说,拟定备选方案应注意如下问题:其一,备选方案应整体详尽,尽量地把各种可能性都考虑在内,使满意方案被漏掉的可能性降到最低限度;其二,备选方案的内容也应尽可能具体、翔实,因为只有这样才可能对方案的可行性进行详细的论证,才便于对方案进行抉择;其三,对备选方案要进行综合处理并作初步筛选,使最终提供给决策者的方案不至于太多,否则会使决策者无所适从。

那么,社会行政决策者如何从备选方案中进行选择呢?通常要考虑以下因素:

1）合理性因素，即一个方案必须满足以下 5 个条件，才能使该方案达到满意的目标。

① 决策目标有数量指标。

② 穷尽各种可能。

③ 每个方案的执行结果很清楚。

④ 择优标准绝对明确。

⑤ 决策不受时间条件限制。

2）综合效益因素，即全面评估、总体权衡各种备选方案的直接效益与间接效益、经济效益与社会效益。

3）风险因素，即对各种潜在问题和不利因素做充分的估计，通过分析、对比，从中选出最佳方案。

（4）修正方案。方案的选择并不意味着决策的终结，决策者还必须在方案的实施前后，不断通过信息反馈来发现方案可能存在的问题和执行中的偏差，以便随时对方案做出修正和完善。这就要求决策者在决策方案进入实施阶段后，必须建立正式的决策追踪和监测制度，对决策的实施情况进行经常性的考察、监督、测定、评估和核实；同时建立畅通的信息反馈渠道，使决策者及时了解方案实施的情况，验证决策的正确与否及其程度，及时采取修正措施，以弥补决策的遗漏，避免重大决策失误。

课间休息

联系自己的生活实际，看看有没有出现过上述"决策的心理陷阱"的情况。有的话，请与你的同学分享。

课外阅读

决策的心理陷阱

决策的形成方式表明，人们的惯常思维存在着缺陷。这些缺陷不易被人察觉，存在于人们思维的固有模式中，从而使决策出现偏差。约翰·S.哈蒙德（John S.Hammond）等将这些可能导致决策偏差的心理缺陷归纳为决策的心理陷阱。

1. 过度信赖直觉：思维定式陷阱

在考虑一项决定时，人们的思维往往对于最先接受的信息过于依赖。最初的印象、主意、估计或数据会影响到以后的考虑。比如，机构往往根据以前的数据来估算将来一段时间内接受服务的案主人数。实际上，随着环境的变化，依赖于历史数据的思维定式并不能准确地进行预测，反而会使决策受到误导。

2. 不思进取：因循守旧陷阱

绝大多数人在作决定时，总是对改变现有状况的选择带有很强的偏见，存在依赖现有状况而不愿打破它的情绪。在现实中，许多机构的管理者和员工并不愿意改变现有的政策和规则，采用新的服务方法或技术，接受新的管理理念和制度。

3. 保护早先的选择：沉没成本陷阱

人们在作决定时总是倾向于能够证明以往的选择是正确的，即使以往的选择是无效的和不合理的。以往的选择和付出在经济学中被称为"沉没成本"，意思是过去的投入对目前而言是不可能收回的。比如，一些机构管理者对于一些低效的项目不愿舍弃，认为以前已经投入很多了，与其放弃，不如再多些投入以挽救项目或期待项目能起作用。结果，不论投入多少，项目终究没有效用。

4. 看自己想要看的：结果式证明陷阱

所谓结果式证明陷阱，就是已知结果，而后寻找支持这种结果的依据的求证方法。结果式证明将诱导人们寻找那些支持已有观点的论据和信息，而对于那些不利于已有观点的证据视而不见。比如，某机构管理者可能已经决定开展某项服务项目，然后寻找支持这项决定的专家来论证或收集有利于这项决定的信息，而对不同意见置之不理。

5. 错误的提问方式：构造陷阱

如上文已表明的，当同样的问题以不同的结构方式来表达时，人们会做出不同的选择，因为每种问题结果侧重于不同的目标集。

6. 自以为是：过于自信的陷阱

过于自信的主要原因在于思维定式，当人们对一个可变范围进行最初预测时，很自然会最先确定中间的可能值，这种思维方式必然导致一个狭隘的可变范围。

7. 过于关注留下深刻印象的事件：记忆陷阱

人们往往根据经验来推断事件的概率，而那些非常令人震惊的事件能很深刻地影响人们的记忆。因此，人们总是夸大实际很少发生的灾难性事件的发生概率。

8. 忽视相关信息：基础比率陷阱

人们决策时往往依据某些引人注意的特定信息，而忽视了其他相关信息，尤其是总体基础比率。

9. 偏差的估计：谨慎陷阱

许多人会持极其谨慎的态度避免预测范围太小。比如，机构的管理者往往要求在服务项目设计时考虑到最坏的或最特殊的情况，以保证即使这种情况出现，服务也能正常提供。实际上，这种情况极少出现，但却使得服务设计和提供成本过高。

10. 试图找出并不存在的规律：随机猜测陷阱

人们总是渴望知道事物的发展趋势和方向，但随机现象是任意的。上一轮的结果一般不能够按照可以预期的方式影响下一轮的发展。

11. 把巧合神秘化：惊奇陷阱

惊奇陷阱源于不恰当地估计现实。现实中本来就有惊奇的成分，只是人们没有意识到或不愿意承认。当巧合发生时，人们总是容易受到迷惑。

任务三　社会行政计划

任务描述

一般来说，任何行政决策所确定的目标都要通过制订和执行相关的行政计划才能实现具体落实。有效可行的行政计划，是决策的逻辑延续，是社会行政的行动准则和管理基础。对于社会服务机构的行政人员来说，根据机构的决策等信息，编写社会行政计划是其必须掌握的专业技能之一。

任务实施

假设你是某社会服务机构的行政人员，准备在某社区开展社会服务，请根据社会行政计划的程序与方法，设计出一份机构年度工作计划。建议将学生分成若干个3～5人的小组，以学校附近的社区为分析对象，运用社会行政计划的有关知识，共同设计一份机构年度工作计划。

任务引导

（1）学习社会行政计划的有关知识，如行政计划的程序与方法。
（2）以小组为单位，在分析社区需求的基础上，撰写一份机构年度工作计划。

知识链接

1. 社会行政计划的含义和特点

古人云，凡事预则立，不预则废。"预"的一个重要工作就是计划。著名的管理学家海因茨·韦里克（Heinz Weihrich）和哈罗德·孔茨（Harold Koontz）指出："计划包括确定使命和目标以及完成使命和目标的行动；这需要制订决策，即从各种可供选择的方案中确定行动步骤。因此，计划为实现预先确定的目标提供一种理性方法。"

计划作为一项管理职能，是社会行政的重要一环，是社会行政行动的准则、管理的基础。我国台湾学者黄源协在《社会工作管理》一书中指出了计划的重要性。他认为，计划提供指导，以增进成功的机会；计划可促进管理者适应环境的变迁；计划可使组织成员重视整体组织的目标；计划有助于组织其他功能的发挥（如控制）。

在我国，行政管理涉及政治、经济、文化教育、社会服务等领域。因此，与社会工作有关的行政管理同样必须有计划。我们认为，社会行政计划就是社会行政机构为实现行政决策目标而进行的策划活动及所制订的实施步骤与方法。

任何行政计划工作都具有目标性、普遍性和超前性三大基本特点，这些特点对于社会行政计划同样有效。除以上三个特点之外，社会行政计划还有可行性、具体性、适应性、整体性、时效性和价值性特点。

（1）目标性。计划为社会行政实施提供依据，依据的体现就在于目标的确立。社会行政目标为社会行政管理指明了方向，也为社会行政管理效果的评估提供了参照，这个特性是从组织的本质推导出来的，组织结构之所以有存在的意义，就是为了通过精心协作来实现群体的目标。社会行政计划就是要针对所确立的目标获取一定的协调、管理结构和原则，从而最终促成社会行政决策，如果没有计划目标，社会行政只能流于观念层面和头脑构想之中。

（2）普遍性。社会行政机构在组织的层次上有差异，在工作领域和范围上也有所不同，但所有的社会行政组织及其工作成果都要将社会行政总目标进行分解，制订详细的工作计划并加以实施和评估。这是社会行政政策的制订者、管理者、执行者应具备的职能。

（3）超前性。由于管理的组织、人事、领导和控制等工作都是为了促成机构目标的实现，所以计划工作理所当然地居于它所有的管理功能之前。因为只有计划能为所有组织内的工作指明方向和确立目标，继而管理者才清楚该构建什么样的组织关系和人事安排，如何领导统筹，以及用何等控制措施和方案等。

（4）可行性。一项完整缜密的计划要在实际的操作中实现目标、解决问题，这就要求制订计划前应尽可能充分了解已有资源和积累类似工作经验，运用有效的施政模式对与计划内容相关的未确定因素作充分周全的预测；计划的设计要合理，凡是超出需要或逾越能力的工作方案和规划，都有可能影响社会行政计划的实施。

（5）具体性。这是指计划内容要详细具体。社会行政计划的制订是一个包括环境分析、目标确定、方案选择以及计划文案编制这一系列工作步骤的完整过程。该过程的结果往往会形成社会行政的一套计划书。计划书要详细、明确并明文规定计划目标，如实现这些目标需要什么样的全局战略，并形成一个全面的分析阶段和分层次的计划体系，以综合和协调不同时期、不同部门的活动。

（6）适应性。计划的制订离不开做出决策，决策是计划的先期工作，决策一旦确立就具有相对的稳定性。可实际上，社会情况是在不断变化的，与计划相关的组织外和组织内环境都具有不确定性，因此无论计划如何缜密，总会有预测不到的变化影响计划的进程甚至方向。因而，一个完善的计划应具备一定的弹性，以便在计划实施过程中随情境的变化做出相应的调整，力求保证计划有效进行。当然，社会行政计划的适应性并不意味着计划可随计划的制订者、实施者或监控者的主观意愿和人事的变更而随意修改。

（7）整体性。计划从总目标的确立到具体目标的设立，再到细节的安排，应从纵向和横向两个角度进行统一部署。从横向来说，应使总目标、总计划和分目标、分计划之间协调配合、设置全面；从纵向说，应使计划实施的每一步骤有序、合理，从而形成有机的整体。

(8) 时效性。任何层次、任何内容的社会行政计划应有自己的时间限定。预先设定的进度必须严格执行，缺乏时效性的计划必然会对计划的效率与效能带来影响。在时间的限定方面，一要考虑社会问题、社会需求的轻重缓急和复杂的程度，二要考虑社会行政机构本身的人力、物力、财力等方面的因素。这就需要将二者综合权衡之后，设立合理的服务时限和工作进度。

(9) 价值性。社会工作的行政过程主要是变社会政策为社会服务的过程。社会服务的提供直接涉及的是社会福利资源分配问题。尽管在社会政策确定的情况下，与执行政策相关的社会价值是比较确定的，但是由于具体的政策，决策执行过程中要涉及有关社区、人群等诸多因素，因此社会行政计划在制订和执行之中就有明确的价值判断和价值导向，在人力、物力、财力的调配上理应体现出一定的人道精神，从而与社会工作的工作理念达成一致。

2. 社会行政计划的内容与类型

由于社会服务机构服务的实施从宏观到微观构成了一个层次序列，社会工作服务的对象又具有广泛性，因而社会行政计划的内容也十分丰富，大到整个国家社会福利事业的发展计划，小到每一个机构的发展计划、每一服务项目的实施、每一个员工的技术能力培训等，都可以用计划的形式体现出来。从构成每一个社会行政计划的基本要素看，它主要包括目标、机构、人、财、物、步骤、时间等。具体来说，社会行政计划的一般内容大致包括6个方面：一是确定所要完成的工作目标和范围；二是制订工作执行的步骤，并说明其先后或优先的次序；三是决定工作所需的经费、工具与设备，如何时需要、需要的数量、获得方式、获得时间及如何保管与使用；四是工作所需要的场所与使用的方法和规定；五是由何人负责主持、受何人督导、可指挥何人和需要哪些单位行政支援；六是详细的工作进展表，如何时开始、何时完成。

社会行政按不同的标准可以分为不同的类型。在这里，我们主要介绍两种划分方法。

(1) 按计划的长短，计划可分为长期计划、中期计划和短期计划。

1) 长期计划一般是不少于5年，它属于战略计划，即机构管理者根据社会发展状况，对机构的未来发展做出预测，制订机构的长期发展目标，确立发展方向。这种类型的计划具有战略性、纲领性的特点，能保证社会行政组织发展的连续性和稳定性。

2) 中期计划一般为期1～5年，它是长期计划的具体化，又是短期计划制订时的依据。它主要以时间为中心，具体说明组织在未来各年应达到的目标及应开展的工作。

3) 短期计划通常又称年度计划，一般是指一年以下的计划，它是根据中长期计划所确定的目标和组织当前的实际情况，对计划年度的各项活动做出的总体安排。因此，它一般具有具体性、可操作性等特点。

(2) 按计划的层次，计划可分为国家计划、地方计划和机构计划。

1）国家计划属于高层次的、全局性的、战略性的发展计划。它对计划期内国家社会福利事业发展的任务、规模、比例以及人力、物力、财力等资源进行总体布局,是各地区、各部门制订社会行政计划的统一依据。

2）地方计划一般指省(自治区、直辖市)、市、县、乡(镇)政府的计划。它在国家计划的指导下,结合本地区的实际情况和具体特点,因地制宜地对本地区的社会福利事业的发展做出具体安排,它是国家计划的具体化和补充。

3）机构计划则是根据国家和地方的计划所确定的发展目标和方向,结合本机构的特色和所拥有的服务资源,制订出本机构的社会服务中长期计划以及短期计划,使国家和地方的社会福利发展目标得到切实可行的执行和落实。

3. 制订社会行政计划的程序

关于制订社会行政计划的程序,许多学者提出了自己的看法。例如,R. 莫里斯(R.Morris)和 R.H. 宾斯托克(R.H.Binstoch)认为,计划应包括以下 6 个步骤:问题识别、问题分析、获取资源控制者或社区权力中心的支持、行动计划的发展、方案推行和方案评估。在这里,我们将制订社会行政计划的程序分为 4 个阶段。

(1)调查研究。对社会福利的服务对象的各个方面进行现状和历史的调查,充分掌握资料,透彻了解服务对象的问题与需求,以及相关的政策和法规。

(2)确定目标。决定机构将要做什么、重点应放在哪里。目标的设立,必须考虑到组织的主客观因素,才能符合实际。此外,不仅要设立组织的目标,还要为其每一个成员及部门设立次级目标,组织目标与次级目标要互相关联和配合,不能彼此分割和独立。

(3)拟订草案。在调查研究和确立目标的过程中,可以随时记录对问题的理解以及解决问题的方式方法,以便制订计划时予以参考。在此基础上,还要对各种备选方案的优缺点、可行性进行比较评估,最终选择出理想和可行的方案。

(4)制订计划。一旦将明确而具体的工作确定下来、理想可行的方案也选择出来,接着就是计划的实际制订阶段,是做出实际决策的关键一步。当有两个或更多的方案都可能适合于工作开展时,在实际计划制订中可同时采用若干方案,因为在计划没有得到彻底实施之前难以确定哪个方案是最佳的,只有在实践中才能形成最终结论。在计划书里,必须列明服务项目名称、工作任务、何时开始、预期完成日期、由谁负责,以及如何去做、方案预算和计划书的用途等。

4. 制订社会行政计划的方法

制订社会行政计划的方法有很多种,不同的计划方法往往在很大程度上决定了计划工作效率的高低和质量的好坏。在这里,我们主要介绍甘特图法。甘特图法是 20 世纪初由亨利·甘特

（Henry Laurence Gantt）开发的一种行政计划方法。它是一种线条图，以横轴表示时间，纵轴表示要安排的活动及其进度，见表10-8。

表10-8 虚拟的甘特图表

项目	时间											
	1月份	2月份	3月份	4月份	5月份	6月份	7月份	8月份	9月份	10月份	11月份	12月份
社区调查	■											
需求界定和预估		■										
方案设计			■									
方案实施				■	■	■	■	■	■	■	■	
评估												■

甘特图可直观地表明任务计划在什么时候进行和完成，并可对实际进展与计划要求进行对比检查。这种方法虽然简单却是一种重要的作业工具。它能使社会行政管理者更容易搞清楚一项任务或项目还剩下哪些工作要做，并评估出来哪项工作是提前了还是拖后了或者正按计划进行着。甘特图法的缺点也非常明显，即它对计划开展情况做出纵向的展示时，无法有效地对计划中的资源配置进行科学的指导，但社会福利资源如何有效地得到配置恰恰是社会行政计划的重要内容。

此外，为更好地协助社会服务机构管理人员设计短期计划，我们在这里将我国香港社会行政管理学者梁伟康、黄玉明设计的一份机构年度计划制订系列表格介绍给大家，仅供参考，见表10-9。

表10-9 机构年度计划制订系列表格

服务单位名称：＿＿＿＿＿＿＿＿＿＿＿＿
服 务 类 别：＿＿＿＿＿＿＿＿＿＿＿＿
实施年度计划日期：＿＿年＿＿月＿＿日至＿＿年＿＿月＿＿日
单位主管姓名：＿＿＿＿＿＿＿＿＿＿＿＿
负责撰写年度计划的员工：＿＿＿＿＿＿＿＿＿＿＿＿

（一）问题识别和分析
1. 社区问题的识别和分析

社区问题陈述表

要质询的基本问题	问题（一）	问题（二）	问题（三）	问题（四）
什么社区问题？				
何处发生？				
有多少人受到这个社区问题的影响？				
何时发生这个社区问题？				
这个社区问题的严重性如何？				

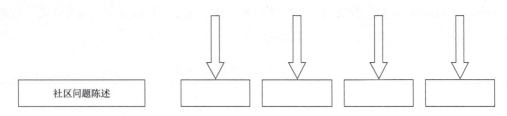

社区问题分析表

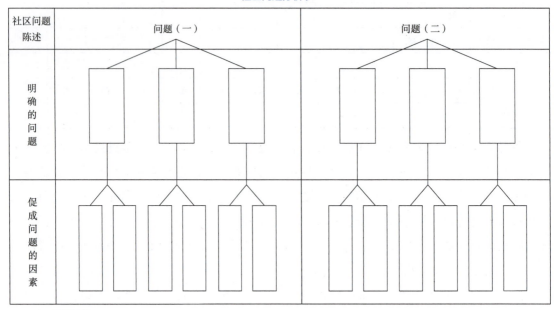

2. 需要评估

需要评估表

人口类型名称	人　　数	居 住 区 域
处于危机的人口		
目标对象人口		
求助者/受影响的人口		

（二）目标制订

1. 不同层次子目标的制订

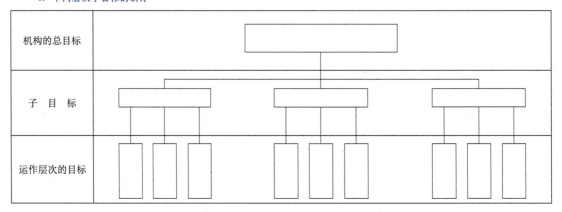

2. 建立目标的优先顺序

运作层次的目标	重要性程度					得　分	排列顺序
	十分重要	很重要	重要	有些重要	不重要		

（三）方案安排

1. 识别达到目标的各个可行方案

运作层次的目标	运作层次的服务性目标	服　务　方　案

2. 选择最理想和可行的方案

指　　标	评　价									
	方案一	方案二	方案三	方案四	方案五	方案六	方案七	方案八	方案九	方案十
需要满足的百分率										
方案总体成本										
每一服务成果的成本										
效率 一、这方案之服务成果的成本 1. 太高，会引起公众怀疑 2. 接近平均数 3. 低于平均数 4. 远低于平均数										
效能 二、就有关目标的实现，这个方案可获得 1. 比其他方案更差的效果 2. 和其他方案差不多的效果 3. 超过其他方案的效果 4. 比其他方案更大的效果										
可行性 三、这个方案 1. 不可行 2. 如幸运则或许可行 3. 应可以完成目标 4. 几乎可以确定能完成目标										
重要性 四、这个方案属于 1. 巨大的服务重叠（因其他机构也提供） 2. 几个满足某一特殊需要的方案之一 3. 数目很少的现存可行方案中的一个 4. 唯一可满足某一特殊需要的方案										

（续）

指　标	评价									
	方案一	方案二	方案三	方案四	方案五	方案六	方案七	方案八	方案九	方案十
公平 五、这个方案的服务 1. 明显不能公平地提供给有需要的个人或团体 2. 可能会公平地提供 3. 应该可以公平地提供 4. 几乎可以确定能公平地提供给有需要的人或团体										
附属的结果 六、就有关没有在目标中反映出的社会效益，这个方案 1. 制造问题比解决问题多 2. 除指定的目标外，对社会没有重要的效益 3. 有重要的效益 4. 有巨大的效益										

注：1. 凡在上述指标中选取指标"1"得1分，选取指标"2"得2分，选取指标"3"得3分，选取指标"4"得4分，获得分数最高的方案则是最理想的方案。
　　2. 每项服务方案的财政预算应详细列出，归人补充附件内。

3. 发展方案及完成方案所必须推行的工作项目

项目	服务方案及完成方案所必须推行的工作项目	推行日期（月份）											
		1	2	3	4	5	6	7	8	9	10	11	12
一	服务方案名称 主要工作项目： 1. 2. 3.												
二	服务方案名称 主要工作项目： 1. 2. 3.												
三	服务方案名称 主要工作项目： 1. 2. 3.												
四	服务方案名称 主要工作项目： 1. 2. 3.												

（四）评估

方案监察评估表

项目	服务方案	服务对象及人数		效能		资源足够性		经费支出		方案实施日期	
		预计	实际	完成	未完成	足够	不足够	预计成本	实际成本	计划的	实际的
一											
二											
三											
四											
五											
六											
七											
八											
九											
十											

（五）补充附件

下列补充附件将随这份年度计划表一起呈报给机构最高管理层审阅。

1. _____。
2. _____。
3. _____。
4. _____。

梁伟康认为，在问题识别和分析阶段，可采用"社区问题识别和社区问题分析表"以识别现存的社区问题，分析导致问题产生的原因。在目标制订阶段，可采用"目标树"方法，然后采用简化的"德尔菲法"，选定目标的优先顺序。在方案安排阶段，可依据"运作层次的目标树"方法发展其运作层次的服务性目标，再依据这些服务性目标发展可行的服务方案，然后采用"可行方案模型"以选择最理想和可行的方案，并将这些方案排比；当各服务方案排比后，负责年度计划的管理者便可设计要完成每项方案所必须推行的重要工作项目，并列明推行的日期。在评估阶段，可采用"方案监察评估"和"方案效能评估"两种方法。

> **案例阅读**　《深圳市社会工作者守则》
>
> **（一）个人操守及素质**
>
> （1）社工是公共服务的专业提供者，社会矛盾的有效化解者，社会政策的宣传者和重要执行者，社会管理创新的有力推动者，社会公平的积极维护者，社会建设的"工程师"。
>
> （2）拥有良好道德品质、专业知识和技能，遵纪守法，尽职尽责，维护社会和谐、促进社会进步。
>
> （3）遵循平等原则，尊重每一个人的独特价值和尊严，不因服务对象的出身、种族、国籍、性别、年龄、政治观念、宗教信仰、社会及经济地位等不同而有所区别。

（4）全心全意为公众服务，相信每个人都有发展的潜能，为满足服务对象的自我发展、自我实现而努力工作。

（二）工作守则

1. 有关社会

（1）宣传贯彻国家有关社会工作的政策、法规，大力宣传社会工作的积极作用。

（2）及时向有关部门反映民众的困难和问题并提出建议，努力推动完善社会福利政策和制度，促进提高整体社会福利水平。

（3）本着负责任和建设性的态度，鼓励和组织群众参与社会事务，发挥良好的正面导向作用。

（4）积极推动社会工作行业的整体发展，主动献计献策，促进社会工作专业的发展与创新。

（5）当突发严重自然灾害或社会群体性危机事件时，社工有责任做出及时的专业视角反应，启动危机干预预案，有效地开展专业社会工作，帮助人们走出灾难的阴影，消除恐惧心理，重建生活。

（6）不得运用个人的知识、技能或经验助长有损国家利益和社会公共利益的活动。

2. 有关用工单位

（1）服务至上、诚信为本，遵守用工单位管理制度，提供优质服务，认真完成服务指标和任务。

（2）尊重用工单位，诚意合作，共同成长，合理维护社工专业独立性，在有矛盾时应坦诚相见，积极寻找合理友善的解决方法。

3. 有关社工机构

（1）向社工机构负责，遵守机构纪律、服从机构决定、维护集体荣誉，为其提供高效、优质的专业服务。

（2）作为社工机构的一员，积极维护社工机构整体形象，主动献计献策，提供咨询意见，以提高机构的服务水准。在未经机构同意的情况下，不得擅用机构名义与外界联系，为私人事务招揽服务对象。

4. 社工对社工专业

（1）坚持诚实、守信、尽责的工作态度，恪守职业操守及助人价值观。

（2）努力学习和钻研业务，积极参加继续教育和培训，取得专业资格，不断提高专业技术水平和服务质量。

（3）在专业资格、服务性质、服务方法及统计成效等方面应本着诚实的原则，根据实际情况提供真实可靠的资料。

（4）积极总结经验，开展专业研究，推动深圳社会工作实务水平的总体提高。

5. 有关服务对象

（1）严守服务对象第一优先原则，在工作过程中确保服务对象生命安全。

（2）对服务对象负责，协助他们获得适合有效的服务，使服务对象知悉其权利、责任、义务；承担社会工作者相应的责任和义务。

（3）遵守保密原则。对在服务过程中获得的资料，在与公共利益不矛盾的前提下应予保密，如因工作、法律等需要必须公开服务对象的资料时，应尽可能事先取得服务对象或其法定代理人以及社工机构的同意，并对可能识别案主身份的信息进行必要的技术处理。

（4）尊重服务对象的自决权，培养服务对象的自决能力；当服务对象的行为会伤害自己或他人时，社工可以对其自决权进行适当限制。

（5）不得滥用与服务对象的关系，借以谋取私人的利益。

6. 有关同工

（1）互相尊重，平等竞争，取长补短，友好合作，共同提高。

（2）对于同工及其他专业人员有损服务对象利益的不道德行为，应采取适当行为予以制止；也应在有需要时维护受到不公正指控的社工利益。

（3）尊重其他社工机构及社工，不擅自介入其他社工的服务对象，尊重服务对象的选择权。

（4）合作开展个案时，社工与合作同工之间所作的保密性沟通，在未经资料来源者明确同意下的情况下，不得向服务对象透露与个案工作无关的沟通内容，如社工喜好评价等。

（5）尽力协助新同工建立、发展专业价值观，辅助其学习专业知识与技能。

【思考】

《深圳市社会工作者守则》对提高社会工作从业者素质，提升社会工作机构的管理、服务水平有何意义？

课间休息

举例说明在制订社会行政计划时，运用甘特图的优点和缺点，并与同学分享。

任务四 社会行政执行

任务描述

社会行政的关键和核心是执行社会政策，是把社会政策转化为具体的服务，以满足民众的社会福利需求。社会行政执行是落实行政计划的保证，是检验决策方案的依据，也是评估组织效能的尺度。那么，我们如何去执行社会行政决策、计划呢？在执行过程中又要注意些什么呢？

任务实施

江某是某社会服务机构的项目执行人，该机构主要的宗旨是为低收入家庭解决住房问题，营造和谐社区。2007年，该机构决定为云南某村的麻风病患者统一建设住房，要求在年底完工并交付使用。该项目得到了某麻风病协会和当地政府的资金支持。江某是一位刚毕业的大学生，刚到机构三个月（没有参与该项目的决策与计划），便被机构委以重任，去执行该计划。在执行过程中，他遇到许多困难：一是项目招标过程中，没有建筑商来承包该工程，原因是这个项目是在麻风病村实施的，很多人有心理阴影；好不容易找到了建设方，但工人去干了一天就跑了，原因还是担心麻风病会传染。二是麻风病患者看了该机构的房屋设计图后，认为房屋太窄、太矮，不适合居住和使用。对此，江某不知如何是好。

任务引导

（1）江某在执行该项目过程中遇到了什么困难？
（2）你觉得江某应采取什么措施来化解其遇到的困难？

知识链接

1. 社会行政执行的含义及特点

社会行政执行是指社会行政组织为贯彻、执行社会行政决策所进行的全部行政活动及其过程。社会行政执行是社会行政管理活动的环节之一，是为实现社会行政决策所做的具体工作。因而，社会行政执行有它自身的特点。具体来说，包括以下几点：

（1）目的性。社会行政决策仅仅是机构决策者的某种理想和规划，而这些理想与规划只有付诸实施，才能使目标成为现实。因此，社会行政执行是围绕决策的目标而开展各项活动，整个过程都具有很强的目的性。

（2）实务性。社会行政执行是一种将社会政策转化为具体社会服务的过程，它不是停留在理论构想层面的活动，而是更多地将设想变为现实的具体行动，具有明显的应用性、实务性。

（3）连续性。社会行政执行在具体实施过程中是一个不断循环往复的过程，社会公众的社会福利需求是不断变化的，既定的社会福利政策会随社会政治经济情况的变化而变化，社会行政执行也应做出相应的改变。

（4）时效性。任何社会行政决策、计划都有一个比较确定的时间期限，社会行政执行必须做到迅速、果断、高效、及时地实现社会行政决策的目标，尽可能在规定的时间内达到预期的目标。

（5）灵活性。社会行政执行是将决策目标具体化，在实施过程中，机构的内外环境往往会发生变化，因此，社会行政执行者需要审时度势，因时、因地制宜，因势利导地开展工作。

（6）层次性。社会政策具有从宏观到微观的层次差异，社会行政执行就是将不同层次的社会政策转化为具体的社会服务，因而具有层次性。

2. 社会行政执行的地位与作用

社会行政的关键和核心是执行社会政策、把决策转化为具体的社会服务，以满足民众的社会福利需求。如果没有执行，再完善的决策方案、再详细的工作计划都是一纸空文。具体来讲，社会行政执行的作用有以下几点：

（1）社会行政执行是落实工作任务的保证。提出决策目标、制订决策方案只是对组织发展的规划与设计，这些规划要落到实处，变成可以观察的效果，依靠的就是执行。只有将机构制订的决策、计划付诸实践时，决策的目标、机构的使命才有可能达成。当然，在执行过程中，也会出现执行不力、执行走样的问题，从而影响决策目标的实现。

（2）社会行政执行是检验决策方案的依据。实践是检验真理的唯一标准。同样，决策方案的优劣，需要接受实践的检验。尽管在决策时已经非常详细地论证了方案的重要性和可行性，但这些考虑是否真正周全、适用，还需要通过方案的执行来检验。

（3）社会行政执行是评价组织效能的尺度。社会行政决策往往是机构高层制订的，而社会行政执行是机构所有人员都需要参与的，需要调动人力资源、物力资源和财力资源，会涉及多个部门的工作。这期间，既有上下级之间的领导关系，又有平级部门之间的协作关系；既有人与人之间的工作关系，又有人与人之间的情感联系与沟通。这些都会影响到社会行政执行的效果。如果指挥与控制有力，组织内外协调一致，员工间团结协作，那么组织的效能就高。反之，如果部门之间相互推诿，办事拖拖拉拉，沟通渠道不畅，员工间互相拆台，组织的效能就低。因此，通过对社会行政执行过程的评估，有利于我们评价组织的效能。

3. 社会行政执行的过程

社会行政执行是一个系统而复杂的工程，大致可以分为三个阶段，即准备阶段、实施阶段和总结阶段。

（1）准备阶段。

1）法律准备。社会服务机构一旦要推行某项社会服务，务必考虑其行政决策是否与国家相应的法律法规相抵触，有无相应的法律法规依据，避免出现社会行政执行时缺乏法律保障的情况。

2）组织准备。决策方案的贯彻实施需要一定的组织机构来承担。执行决策前，要考虑组织机构是否完善、人力资源是否充足、管理体制是否适应，以保证组织功能在执行过程中得以充分发挥。

3)物质准备。物质资源是落实决策方案的基础。在执行前的计划阶段,对于要使用的资源要进行预算,对于经费、设备等要考虑其来源。在资金有困难时,还要想办法筹集。这些都是物质方面的准备。

4)思想准备。在决策方案实施之前,领导者往往要进行部署或动员,使有关人员能够充分理解服务项目的目的、意义,对于活动中可能遇到的这样那样的问题做到心中有数。甚至要进行舆论宣传,使服务对象对项目有充分的思想准备,从而能够参与到方案的实施过程中,对组织的工作能够配合。

(2)实施阶段。各项准备工作就绪以后,随之而来的就是进入实质性的行政实施阶段。具体的实施阶段是由管理工作若干功能性环节所组成的。这些环节主要包括指挥、沟通、协调、控制和督导等。要想社会行政执行有效,必须在执行过程中做好以下几个环节的工作。

1)重视社会行政指挥。现代管理活动涉及面广、分工细密、连续性强,各个环节紧紧相扣,因此建立高效的指挥系统就显得非常重要。"行政执行活动,就像演奏一场交响乐,如果没有一个高水平的指挥,就像一群乌合之众,是绝对不合拍、不成曲的。"

因此,在社会行政执行过程中,要有一个好的指挥者来统揽全局。一般来说,一个好的指挥者,一要拥有优良的素质,二要有组织赋予的足够权力,三要敢于指挥、善于指挥。

此外,在指挥过程中,要注意选择不同的指挥方式,以便达到最佳的指挥效果。常见的指挥方式有三:一是口头指挥,优点是简单、明了、及时、方便。但在口头指挥时,需注意语言艺术,避免使用含糊不清的词语,尤其要讲清时间、地点、对象、任务性质、数量等一些对完成行政任务目标必不可少的要素。二是书面指挥。就是利用各种行政公文进行行政指挥。其优点是责任明确、信息准确、便于保留和审核评估。运用书面指挥时,应注意规范性和严肃性,防止出现文牍主义现象。三是会议指挥。在运用会议指挥时,必须注意会议的类型、会议的准备、会议的组织技巧、会议的效率及对主持人的要求等问题。

2)加强社会行政沟通。社会行政沟通是指在社会行政体系中,社会服务机构的成员之间、社会服务机构间或社会服务机构与各有关方面所做的信息上的传递交流与联系。沟通通常由5个要素构成,即信息发送者、信息接受者、信息、沟通媒介及反馈。因此,沟通是一个双向的过程。有效的沟通有利于社会行政的执行,能提高机构的工作效率,如图10-3所示。

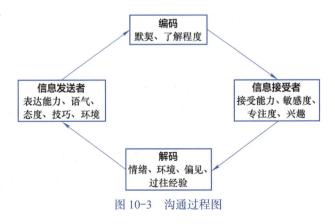

图10-3 沟通过程图

从类型来看，常见的社会行政的沟通分为正式沟通和非正式沟通。正式沟通是按照科层体制和权力路线而进行的传递与交流，其优点在于沟通效果比较好，并且有一定的连续性和稳定性；缺点在于沟通速度比较慢，且缺乏一定的灵活性。依据信息传递的方向，正式沟通可以分为上行沟通、平行沟通和下行沟通。非正式沟通是指不受层级结构的限制，往往以部门之间、员工之间的交往关系为基础，具有情感性，富有人情味。其优点在于沟通迅速，能够反映一些正式场合无法传递的信息；缺点在于容易使信息严重扭曲，造成失真现象。

此外，沟通往往会受到语言符号、认识和理解、组织和地位、空间距离、信息量负荷过重等因素的影响。因此，要提高沟通的效率，需要努力做好以下几点：一是创造适宜的沟通氛围；二是确保信息的准确性；三是控制信息的流量；四是组织架构的设置应有利于沟通的需要；五是沟通技术的现代化。

3）做好社会行政的协调工作。社会行政协调是指社会行政主体为了有效实现特定社会行政目标而引导社会服务机构、部门、人员之间建立良好的协作与配合关系，以实现共同目标的行为。根据协调的范围，协调工作通常可以分为内协调和外协调。内协调是在单位内部开展协调，如各部门之间、各科室之间、员工之间。这是所有协调中最基本，也是最重要的。因为组织工作任务的完成归根结底主要依靠的是内部的员工。外协调是指一个组织与外部其他组织之间的协调。任何一个组织都不可能孤立地存在，总要与各类组织打交道。在社会行政执行中，社会服务机构要与主管部门打交道，要与服务所涉及的部门打交道。所以，搞好外部协调是机构必须面对的问题。

从协调的方法来看，常见的有以下几种：一是会议协调法。这是最常用的协调方式，会议的形式是多种多样的，会议的内容主要是汇总情况、研讨问题、传达指令、做出决定、交流经验、布置任务、征求意见、统一思想等。二是组织协调法，即赋予某些组织协调的职能，如办公室、临时机构等均可。三是信息协调法，即通过对信息的发布、扩充、交换等，促使有关方面全面了解情况，消除误解、取得共识，也就是通过信息的共享，使得沟通渠道得以畅通，从而使矛盾各方能够彼此理解。该方法适用于因信息不全面、沟通渠道不畅而导致的矛盾。四是谈话协调法。个别问题和特殊问题，不宜行文，也不宜扩大知悉范围，可以采取个别谈话的方式，融感情、原则、利益于一体，达到化解矛盾的目的。五是统一协调法，即由上级利用行政手段统一进行，适用于大的管理项目。这种方法可以有效避免相互推诿、低层次人员协调不力的现象，能够较为快捷地解决问题。六是网络协调法。通过计算机互联网络进行沟通和协调，是最新出现的管理方式。这种方法可以收集到更多的信息，有关方面对信息的反应也比较迅速，因而能够收到较好的沟通和协调效果。

4）强化社会行政控制。社会行政控制是指社会行政指挥者对执行过程中所进行的检查、监督和纠偏等管理活动。社会行政控制有利于确保计划的实施方向，提高行政执行的效率与效益。

从控制的指向来分,行政控制可以分为过程控制和冲突控制。过程控制是对实施过程进行全方位的总体控制,包括活动的程序、节奏、工作者的选择、培训(督导)、资金使用等。冲突控制是对员工之间、部门之间因目标差异或利益不同而产生的矛盾进行控制。由于冲突通常表现为不合作或相互反对,因而不利于组织目标的实现。所以,需要领导者尽量予以避免和化解,实施冲突控制。

从控制方法来看,可以根据不同情况采取不同的方式。对于过程控制,可以采取的方法有:实地考察方案的执行情况;加强与负责人、工作者和服务对象的沟通;进行现场指挥,快速解决问题等。对于冲突控制,可以采取的方法有:促成矛盾双方的协商与对话;调整工作任务分配;进行冷处理,等待解决问题的最佳时机;进行裁决,责令双方遵照执行等。

5)重视社会工作督导。在社会服务机构中,社会工作者是社会行政执行的主体。对社会工作者进行有效的督导,有利于工作人员更快、更好地适应工作岗位,完成各项工作任务。督导是由机构资深的工作者(督导者),对机构内新进的工作人员或实习生(被督导者),通过一定的程序进行持续的监督、指导,以增进被督导者的专业技能,确保其服务质量的活动。

一般而言,督导可以分为个别督导、小组督导和同事(同辈)督导。个别督导是由一个督导者对一个被督导者以面对面的方式进行督导。督导者需要倾听被督导者的述说,提出问题以促使被督导者反省或激发其思考,开拓其视野,最后要对被督导者进行评价并给出建议。小组督导则是一个督导者面对几个被督导者,采用小组的方式进行督导。在小组督导中,一般会有被督导者提出自己在服务过程中遇到的问题或困难,督导者要和其他小组成员聆听,并在督导者的带领下共同讨论,寻找解决问题的办法。同事(同辈)督导是指同一个机构或不同机构的员工定期召开小组会议,互相咨询,探讨专业知识和技术问题,解决服务过程中出现的难题。

社会工作督导的功能与内容

(3)总结阶段。总结,就是回头审视已经做过的工作,总结经验和教训,为以后的工作提供借鉴。对待总结,一定要本着实事求是的原则进行,正视现实,从正反两方面进行总结,尤其要注意总结缺点和不足。"无论从哪里学习都不如从自己所犯错误中学习来得快。"这句话非常生动地说明了总结的意义。

案例阅读 项目资金怎么不够了?

李某是某社会服务机构的项目负责人,该机构主要的宗旨是为低收入家庭解决住房问题,营造和谐社区。2007年,李某去云南某苗族村开展"村民储蓄小组建房项目",一共有18户村民参加了该建房项目。按照机构的要求及村民的意愿,最后形成了3个"村民储蓄建房小组",每组6户村民。按照计划及村民商讨的意见,2007年下半年,每组有3户村民开始建房,剩下的9户在2008年下半年开始建房。依据机构的借款政策,每户村民的借款金额最高可达房屋造价的1/3,而在当地盖房一般需要2.5万元左右,因此李某答应给每户村民借款 8 000 元,村民小组也按这个比例筹款,即每个小组第一批要出 2.4 万元,用于小组前期 3 户村民的建房,其他的房款由村民自己筹备。但到 2008 年开始建第二批住房,李某向机构申请村民借款资金时,机构的财务人员却说,项目的资金不够了。随后,机构进行了检查,发现李某借款给第一批建房村民的数额超了,因为他没有正确理解机构的借款政策。原来,机构借款最高额度为村民房屋造价的 1/3,但包含了小组的储蓄在内。也就是说,8 000 元里面有 1/3 是小组的储蓄,机构最多借 8 000 元的 2/3,即 5 333 元。由于李某申请错误、领导审批错误、财务审核疏漏,最终出现了这个情况。

因此,为解决项目经费不足的问题,机构做出了一个决定:李某和他的主管(项目经理)各捐献一个月工资,机构财务管理人员捐献 2 000 元,以弥补项目资金的不足。

【思考】

上述案例中,李某在执行项目计划时出现了社会行政执行中的什么问题?为防止类似问题的再次发生,应该采取哪些措施?

课间休息

讨论:社会行政计划与社会行政执行的关系是怎样的?

任务五　社会行政效率与评估

任务描述

追求社会行政效率是社会工作现代化的必然趋势。社会服务机构如何在有限的人力、物力、财力资源条件下,提高行政效率,成为衡量社会行政管理活动是否科学的重要标准,而评估是衡量社会行政效率的重要途径。因此,掌握评估社会行政效率的程序与方法是社会行政的重要环节。

任务实施

组织学生参观某社会服务机构,听取社会服务机构有关负责人的报告,然后运用社会服务机构评估的有关知识,对该机构进行绩效评估,并在此基础上撰写一份评估报告。

任务引导

(1)学习有关社会服务机构评估的有关知识,如评估的框架和方法等。

(2)对某社会服务机构进行绩效评估,并撰写评估报告。

> 知识链接

1. 社会行政效率的含义与类型

社会行政效率是指在保证社会福利制度和政策的目标方向正确，并给社会带来一定有益成果的前提下，社会行政管理活动的产出同所消耗的人力、物力、财力等要素之间的比率关系。从类型来看，社会行政效率根据不同的标准划分为不同的类型。

（1）技术效率和配置效率。技术效率是指各项投入的资源是否得到充分有效的利用，假设投入为定值，而产出未达到最大可产出值时，则称为技术无效率。配置效率是指各项投入是否达到最佳组合或最佳比例。

（2）静态效率和动态效率。静态效率是指在特定的时间内能否有效利用资源进行管理和提供服务。动态效率是指在一定时期内，投入和产出比率的变动率，从而反映某个社会服务机构、某种社会福利制度和政策在管理、服务上的能力和具体技术指标水平方面的变化。

（3）组织效率和个人效率。组织效率是指社会服务机构从事社会行政管理活动和提供专业服务的时效、数量、品质等。个人效率是指社会行政人员在履行职责过程中所体现出的时效，其往往是由个人的工作激情、技术能力、管理水平和人际关系能力所决定的。

2. 社会行政绩效评估的一般含义及特征

社会行政绩效评估是指在一定时间内，依据一定的标准，尽可能系统地对社会服务机构的行政效率进行评价和测量的过程。其目的在于检测社会行政管理活动的各个环节在实现社会行政目标方面的作用程度，从而确定社会行政管理系统的好坏优劣，并以此为据，对社会工作管理系统加以改革。因此，它具有以下几个特征：

（1）时限性。绩效评估要在一定的时间范围内完成（如一周或一个月），而不是贯穿于社会行政管理、决策、计划、服务方案执行的始终。

（2）系统性、规范性和科学性。绩效评估与以往的工作总结最大的区别在于，绩效评估有一整套完整的理论和指标体系，是规范、科学和有目的的评定活动；而传统的工作总结往往缺乏系统的定性和定量指标，随意性比较大。

（3）学习性。从某种角度上讲，评估是一个学习的过程。通过绩效评估，有利于社会服务机构做出正确决策、改善服务品质，也有助于机构员工提高个人绩效等。

3. 社会行政绩效评估的类型

由于我国社会服务机构的绩效评估尚未进入制度化、规范化和科学化的轨道。因此，目前我们只能借鉴西方社会行政管理的经验来评估我国社会服务机构的服务效率。在这里，我们重点介绍爱德华·A.萨奇曼（Edward A.Suchman）的分类方法。萨奇曼认为，社会服务机构服务方案评估可以分为努力评估、成果评估、效率评估和影响评估4种类型。每一类型的评估都包含着更精细的划分，如图10-4所示。

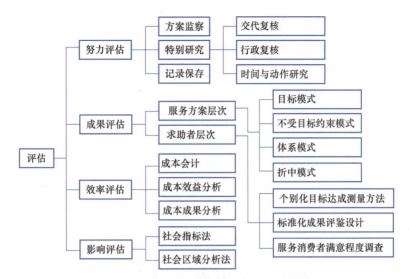

图 10-4　社会服务机构服务方案评估类型图

（1）努力评估。评估机构专注于服务方案达成目标的服务活动及其质量。努力评估为正在推行的服务方案提供一种基本的服务框架，包括是否能按照计划的要求去践行服务方案，达到何种实现程度，具体的服务工作模式是否合宜适当，服务对象是否能获得必要的帮助，员工绩效能否达到服务标准，整个服务活动会投入多少时间。以此考察服务方案的实现程度和努力程度。

具体来说，努力评估又分为方案监察、特别研究和记录保存三种形式。

1）方案监察，即持续不断地对服务方案的功能进行评鉴，以监察出任何来自目标计划和步骤程序上的偏差。

2）特别研究，包括交代复核、行政复核和时间与动作研究三种类型。交代复核就是运用方案统计，以确定何种类别的服务为谁提供、受益的人有多少。分析的结果应是一份描述性的报告。行政复核是指对机构的活动与目标、政策或标准作一比较。评估者通过分析有关服务结构和资料，确定服务方案达成期望的程度。时间与动作研究是指审查有关服务提供者、支援性工作人员和行政管理者的活动，尤其是员工投入特别方案活动的工作量。

3）记录保存，主要是为了分析行政管理和服务介入的理由而保存的记录。目前，最为流行的是以问题为导向的记录制度。记录保存包括：资料基础，即有关求助者初访的资料和历史；问题清单，即对所要处理的问题（求助者的需求）进行陈述；计划和目标，即满足每一种被识别的需要所必需的策略；跟进，即记录活动计划的进度并定期评鉴目标是否实现。用上述方式记录资讯，可增加服务提供者的交代程度，提供一条基准线，以便复核服务方案的整体效益。

（2）成果评估。着重研究服务方案对服务对象所产生的影响。在社会服务里，成果评估大致可从两个层面进行，即对服务方案进行成果评价和对特定的求助者进行行为测量。

1）对服务方案进行成果评估可分目标模式、不受目标约束模式、体系模式、折中模式4种形式。目标模式就是根据服务方案计划目标与实际成果之间的吻合程度来判断服务方案是否有效。不受目标约束模式认为在评估中首要的问题是"这项服务方案有何好处",而不关注"这项服务方案是否实现其目标"。因此,为了说明服务方案的好处,倡导者采用独特的测量方法以评估服务方案满足需要的效能。体系模式则将实现目标的各个环节及其功能以及实现这些功能所要完成的工作一一加以分析,评估的重点是实现目标所需要的一个工作模式是否合理有效。折中模式主要是将前面几种评估方法合并使用。例如,制订明确的服务方案目标作为行动的准则,聘用一位无偏见的外界专业评估人士,依据对求助者需要的全面分析制定目标,组成员工加入服务体系的队伍,根据预先决定的基础评分资料作服务动机的监察。这种组合的结果可大大增加服务的效能,并能有效地达成既定的目标。

2）对于求助者层次的成果评估,亦可采用下列几种方法:一是个别化目标达成测量方法。这种方法是指评估某求助者接受服务后所产生的改变。二是标准化成果评鉴设计。标准化的测量方法通常采用评价尺度法或总核对表,其标准化的内容是与某个主题或一概略的社会功能范围相连接,而表格则是由求助者、社区的资讯提供者、社会服务专业人员或由上述人士组合所填报。这种测量方法评估出来的结果较具客观性。三是服务消费者满意程度调查。评鉴求助者成果使用最普遍的方法是进行一项服务消费者满意程度的调查,以了解求助者对某项已完成的服务方案的意见、态度和反应。此外,满意度调查亦可向有关的社区机构或那些与求助者密切相关的人士进行。

（3）效率评估。效率评估主要考虑达成方案目标的资源成本,尤其是关注扩大生产的成果而必须投入资源的比例,具体包括成本会计、成本效益分析和成本效果分析三种形式。

1）成本会计。采用成本会计法评估服务方案,主要是计算必须耗用的资源数量以及方案的产出情况。这种方法主要采用普通的会计原则以测定服务方案的成本,而服务产出是由统计或测量特别的服务方案所决定的。

2）成本效益分析。成本效益分析的功能主要是协助决策者评鉴各个可行服务方案的比较价值。这种方法建立在收集相关资料的基础上,而这些资料是与服务方案的成本和效益有关的。其基本步骤主要包括：列明目标和将目标的达成转变成金钱上的价值、评鉴或预测目标的达成程度、决定或估计成本、计算与支出有关的效益比率。这种方法最大的好处在于它能提供全面的成功指标,用于比较不同的服务方案；而其最大的弊端则是难以将目标转变成金钱上的价值（即难以确定某项服务方案在金钱上的价值）。

3）成本效果分析。这一分析亦称为成本效能分析,这种类型的效率评估是成本效益分析的变体。在成本效果分析中,效果虽然难以转化为金钱上的价值,但方案的效能可依据成本及实现目标的程度加以评估。大体而言,这种分析可以提供给决策者一种方法,以区别解决同一问题的各种不同服务方案,但未能用以评估那些具有不同目标的服务方案。

（4）影响评估。影响评估主要研究服务方案对整个社区所产生的影响,如可能产生的那种非预期的政治的、社会的影响,非预期性的直接或间接的代价。影响评估的方法主要有社会指标法和社会区域分析。

1）社会指标法是指在某一特定的社区里进行定性和定量的测量。其所应用的技术需要选择一系列的测量方法，而这些方法将会把社区意愿呈现出来。

2）社会区域分析属于社会指标法的分支。该方法涉及一个多元变项的分析，其基础是由许多变项所决定的，而各组变项同时被用来测量在各种有关的范围内的改变。例如，在教育的素质范围内，可能包括预测同学进入大学的百分比、在学校破坏公物的事例、学生参与课外活动的百分比、学生在考试中获得分数等变项。凭借着一个详细、全面的社区陈述，社会区域分析法可谓是评鉴服务方案对整体所产生影响的一种有效方法。

4. 社会服务机构服务方案评估的步骤

社会服务机构的行政管理活动往往从目标和计划开始，以方案评估结束。方案评估是要判断计划或方案是否实现了预期目标。前面我们介绍了萨奇曼的4种方案评估类型，但如果要我们进行一项评估，我们该如何着手，有些什么样的步骤呢？我国台湾学者黄源协认为，方案评估包括以下6个步骤：

（1）确认评估的目标。评估的目标要清楚易懂，即为什么要评估，如：

1）通过评估可以帮助机构制订未来的计划，以及机构方案的管理。

2）通过评估可以对捐助者做出交代，维持责任与信誉。

3）通过评估可以确定方案是否出现未曾预期的后果。

4）对服务绩效进行系统的评估，可以获得政策执行和成果的量化实证研究资料。

（2）完成评估前的准备工作。评估者在对方案进行评估之前，要做4项准备工作：

1）确定谁来做服务绩效评估。评估者是影响评估结果的关键因素之一。我国香港学者梁伟康指出，评估工作可以由社会工作者、机构以外的专业评估者，或者由社会工作者与外界的专业评估者组成的评估小组共同进行。不同评估者进行评估的利弊见表10-10。

表 10-10 不同评估者进行评估的利弊

评 估 者	益 处	弊 端
社会工作者	1. 工作者本身对被评估的方案有清楚的了解 2. 费用低廉	1. 工作者缺乏评估所具有的专业知识 2. 不能客观地进行评估工作
外界的专业评估者	1. 具备专业的评估知识 2. 能客观地进行评估工作	1. 花费巨大 2. 未必能经常在场观察服务方案的进行
社会工作者与外界的专业评估者组成的评估小组	1. 评估的结果是可信赖的 2. 对服务改进具有更大的影响	社会工作者与专业评估者的评估方法可能有差异

因此，对于社会服务机构来说，必须依照既定的目标、可用的资源以及自身的能力选择合适的评估方式，并科学设计和研究服务绩效评估，这样才能更好地推动机构的发展。

2）明确评估检验的性质。评估分为输出评估和影响评估。所谓输出评估，是指评估者重视服务的案主数量、服务的时间、人次、所支出的经费，以及其他的量化衡量。输出评估主要是描述而不是分析，重点是报告而不是评价文字的真正内涵。影响评估除描述外，还注重分析。

3）正确使用评估资料。有时，评估方案要特别找出服务方案的失误之处，应避免为了特殊目的只强调方案的正面影响，而不提及负面效果。

4）方案被完整地评估。方案要能正确适当地被评估，必须符合三个要件：一是方案必须非常清楚地陈述出来，也就是必须对方案的范围有一个精确的说明。二是必须要制订清楚具体的目标或是期待的方案成果。三是方案干预方式或方案所期待的目标或成果之间的连接，必须要合理。

（3）确认服务方案的目标。方案评估中的第一步就是确认方案的目标与变量，并以此来测量是否达到目标。把服务方案最初的目标与后来的成果进行比较，是评估服务方案最简单也是最直接的方法。

（4）确认评估的变量。

1）确定分析对象。评估者在确认计划原来的目标或是重新建构一个组织目标之后，必须要去确认分析的对象。

2）选择分析变量。确认真正要被研究、可量化的变量。在评估时，量化资料给予我们有力的数据，这些数据不论在输出或是影响评估中，都是最强有力的量度。此外，一个完整的方案也应包括非量化的测量。

3）确认资料的来源。资料是评估方案时所需要的信息，可以从既有的资料取得，也可经由调查、问卷或面谈的方式收集。

（5）收集与评估（或分析）资料。在确认资料来源后，接着就要进行收集与分析的工作。可根据被评估社会服务的特点和重要性来决定分析的复杂度与方式。此外，在这个评估阶段中，需要检验方案是否有预期外的效益和结果。有时，预期外的效益是正向的，就将有助于了解方案的意义与价值。如果发现预期外的结果有严重的危害性存在，就应停止此服务方案。

（6）方案评估的结果。

1）确认方案的优点与缺点。好的评估应当同时注重正向和负向的评估结果，其优点可作为服务方案改善与修正的基础，而缺点则是需要被加强或去除的环节。

2）描述方案的效果。例如，是否为预期中的效果？经费使用是否符合公平正义原则？

3）如果需要的话，提出修正的建议。

5. 社会服务机构的评估框架与指标

任何一个机构无论其规模大小，都需要通过正式或非正式的渠道，执行监督和控制的功能，这关系着机构的生存与发展，更直接影响其决策的方向、服务的成效、信誉和潜能的发展。因此，机构效能评估成为机构发展的重要议题。那么从哪些方面去评估社会服务机构呢？在这里，我们认为社会服务机构的评估主要包括责信评估、使命和战略规划评估、组织能力评估和服务方案评估。其中，服务方案评估，我们在上面已经讲述。

（1）责信评估。责信就是对社会负责和对社会的一种交代，具体是指社会服务机构对其使用的公共资源的流向及其使用效果的社会交代。目前，社会服务机构已进入责信时代，机构必须通过评估向社会大众和资源赞助人提交服务表现和成果，来证明服务是在最均衡运用资源的情况下，满足了服务对象的最大需求。

那么，我们怎样来确定一个社会服务机构做到了责信呢？目前，主要采用的是问责性评估。问责性评估包括对社会服务机构是否有治理结构，机构的活动是否与机构的宗旨一致，机构的有关信息是否进行了必要的、准确的披露，机构的财务是否透明等方面的评估。具体来说，有以下4个衡量指标：

1）开展的服务和活动与机构的使命和宗旨是否一致。
2）机构有没有规范的治理结构。
3）机构的资金是否合理使用和运作。
4）机构的财务与信息是否公开和透明。

（2）使命和战略规划评估。社会服务机构使命和战略规划评估的主要目的是明确组织的发展方向和发展战略，以此来证明组织存在的价值、增强组织的凝聚力、吸引更多人才。

1）使命评估。著名的管理大师彼得·德鲁克（Peter F.Drucker）根据多年为重要组织进行顾问咨询的经验，提出了非营利组织实现使命和战略规划的自我评估工具，即通过回答5个重要问题来评估社会服务机构的未来走向。

① 我们的使命是什么？亚力舒策略管理中心认为，使命是通过价值、目的、策略、行为4个要素的互动、联系及强化过程而形成的。其中价值反映了组织的信念，目的反映了组织生存的理由，策略反映了组织达成目标的规划，行为反映了组织运作的政策和行动模式。因此，对这4个要素的反复检讨和评估对机构尤为重要。

② 我们的客户是谁？在社会服务机构中，我们的客户主要由三类组成：一是机构的服务使用者（案主）；二是其他专业共同提供服务的同事；三是重要的关系人，包括主要赞助人、所属社区和支持团体等。我们确认服务对象时，通常会思考下列问题：谁来寻求我们的帮助？其他的团体依赖我们什么，或者从我们的工作中获得什么直接或间接的利益？还有哪些人对我们所做的工作感兴趣？如果我们停止服务，谁会蒙受损失？

③ 客户的认知价值是什么？客户（案主）的认知价值包括案主的需求、愿望以及追求。过去社会服务机构的组织绩效一直比较倚重外在技术层面的评价，包括外在规则和标准、专业判断、最佳的实务经验等。近些年社会服务机构开始强调尽可能从案主的观点（案主的认知）来评价组织绩效。例如，强调要倾听案主的自我概述，包括其状况、渴望和需要，然后再做出专业判断，提供适合他们的服务。

④ 我们追求的结果是什么？社会服务机构致力于改善服务对象的行为、环境、健康、希望和能力，因此在确认案主及其认知价值的基础上，机构还必须了解组织的主要服务是什么，服务能够达到的最佳程度是什么，什么样的服务结果对案主最重要，如何测量服务的成功传递等。

⑤ 我们的计划是什么？社会服务机构自我评估的过程中会产生一个计划，它是组织目标和未来方向的简要总结。计划包括使命、愿景、长远目标、短期目标、活动步骤、预算和评价。在计划产生过程中，应重点思考使命是否需要改变以及确认目标是什么。

2）战略规划评估。战略规划是社会服务机构通过对外部环境、内部环境、威胁与挑战、优势和机会的综合分析而制订出的长期性规划。这种评估方法主要由前提控制、执行控制和战略监督三部分组成。

① 前提控制。在制订战略规划时，一个重要的步骤是对机构内部和外部环境一系列相关因素提出假设，作为制订战略的前提和基础，这些环境因素既包括行业环境（竞争环境），如同类服务的机构、服务对象、赞助者等，也包括宏观环境，如经济、政治与法律、社会、科技与文化、教育等。由于战略规划是长期规划，而环境是不断变化的，因此需要对这些战略前提持续地进行评估来保证其继续有效。

② 执行控制。执行控制评估主要是对机构实际服务目标和预期目标之间产生实际差距的原因进行分析，充分考虑环境因素变化的影响，并提出相应的对策。

③ 战略监督。战略监督的目的是通过对机构内部和外部环境的密切监测，找出可能出现的对机构战略进程产生影响的重要事件和发展趋势。这些事件和趋势可能对机构战略构成威胁，也可能为机构未来发展提供机会。

（3）组织能力评估。社会服务机构的组织能力是完成机构使命的重要保证。结合社会服务机构的特征，社会服务机构的组织能力评估主要包括组织质量评估和组织行为评估。

1）组织质量评估。组织质量评估指的是对组织拥有的设施、人才以及组织机构及相应的制度建设的评估，它是组织行动的基础。具体来说，组织质量评估包括4个方面：一是组织的权力结构评估。权力结构配置合理，有利于保证正常的服务活动运作。二是组织制度建设。其考察的是组织的规范建设，即强调组织的制度有能力支持和保护变化进程中的目标群体，规章为组织的运作提供依据，其完善程度是反映组织质量的重要指标。三是人员素质。其考察的是组织是否拥有足够数量的、适当报酬的、能力强的工作人员，是否为工作人员提供了必要的培训。四是设施及信息管理系统。一定的设施水平往往是保证一定的社会服务质量所必需的。信息管理系统包括健全的财务管理系统，良好的供应、后勤系统，准确、及时、有效的组织纵向与横向的信息交流系统，为有效决策提供依据的全面管理信息系统等。

2）组织行为评估。组织行为是指组织实现目标的一系列活动，它是社会服务机构评估工作的核心。具体而言，组织行为的评估包括以下几个方面：一是是否有共同的价值观。其考察的是组织中所有员工与志愿者对本组织的宗旨与价值观的了解及其认同程度。二是管理技能如何。管理技能包括制订计划方案、预算方案和报告文本的技能；制订具有创新性、典型示范性的项目或活动计划的技能；实施和督促所规划的战略和项目的技能以及自我评估的能力。三是领导的艺术。具体包括具有强有力的执行领导、部门主管；强调民主参与的秘书长和董事会；能够运用现代管理方法创造凝聚力、加强交流；志愿者与工作人员的关系融洽；服务对象有机会参与组织决策与管理。四是动员资源的能力。具体包括有长期的、可靠的开发资源的政策、计划和有效的活动；有与其宗旨一致的创收系统；有充足的人力资源、资金。五是公共关系。具体包括与政府部门保持合作伙伴关系；与企业保持合作伙伴关系；与媒体的关系以及媒体对组织的关注程度；与所在的社区、资助者和其他机构的关系；组织与目标群体的关系等。

6. 社会服务机构绩效评估的方法

在了解社会服务机构绩效评估的类型以及评估框架后，我们还应掌握具体的评估方法来评估社会服务机构的绩效。前面我们已经介绍了社会服务机构方案评估的步骤，在这里我们再重点介绍下整体评估社会服务机构的方法。

（1）逻辑框架法。逻辑框架法（Logical Framework Approach，LFA）是社会服务机构评估中经常采用的方法。逻辑框架法根据事物的因果逻辑关系，用一张简单的框图（4×4矩阵）来清晰地分析一个复杂项目的内涵和关系。其作用在于使一个复杂的问题变得简单化、条理化，见表10-11。

表 10-11　逻辑框架法的模式

项目结构	指标	检验的方法	假设
宏观目标	目标指标	统计调查	实现目标的条件
微观目的	目的指标	统计调查	实现目的的条件
产出	产出指标	监测报表、调查	实现产出的条件
投入	投入指标	监测报表、调查	落实投入的条件

从表 10-11 可以看出，逻辑框架法把目标和因果关系划分为 4 个层次，4 个层次之间又形成了自下而上的垂直逻辑关系和各层次内部的水平逻辑关系。

1）层次。逻辑框架的 4 个层次即投入、产出、微观目的和宏观目标。投入是指项目的实施过程中所投入的经费、人力、时间和设备等资源。产出是指项目投入的直接产出物。目的是指"为什么"要实施这个项目，即项目的直接效果。目标是指项目实施后在最高层次的结果。

2）垂直逻辑关系。逻辑框架法的 4 个层次之间形成了一种自下而上的逻辑关系，即一个项目的资金、人力、物力等资源投入在什么条件下将有怎样的产出；有了这一产出，在什么条件下可以达到项目的微观目的；达到项目微观目的后在什么条件下可以达到宏观目标。垂直逻辑中的因果关系如图 10-5 所示。

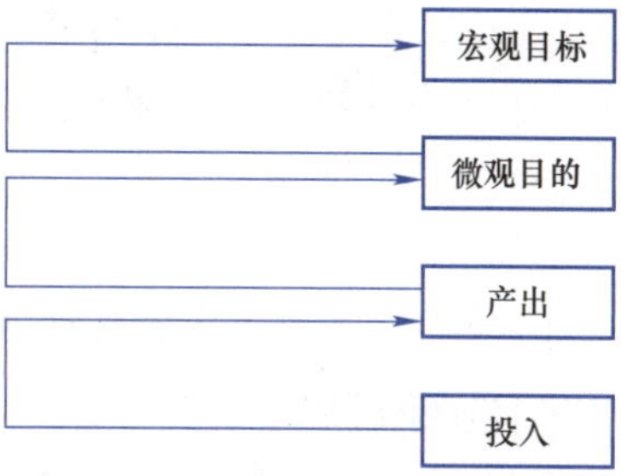

图 10-5　垂直逻辑中的因果关系图

3）水平逻辑关系。垂直逻辑关系表明了各层次之间的关系，而每个层次的目标水平方向是由验证指标、验证方法和重要的假定条件构成的，从而形成了水平逻辑关系。各层次目标应有客观的、可度量的验证指标，包括数量与质量指标。一般地，在进行评估时应有三个数据，即原来的预测值、实际完成值、预测与实际的差距值。

验证方法主要指数据的来源（它可以是监测数据，也可以是调查数据）和检验方法。重要的假定条件主要指可能对项目的进展或成果产生影响，而项目管理者又无法控制的外部条件，即风险。项目的假定条件很多，一般应选定其中几个最主要的因素为假定的前提条件。

在建立了逻辑框架之后，就可以较为清楚地进行评估工作。例如，在评估项目效果时，可以根据逻辑框架建立的检验方法和目的指标，计算项目实施后的目的指标值，并与预期的指标值比较，如果预期指标值基本达到，甚至超过预期的指标值，则可以评价项目的效果较好或很好，否则可以评价项目的效果较差或很差。与此同时，还可以通过逻辑框架法建立的假设条件，去分析项目效果好坏的原因。

（2）对比法。如果说逻辑框架法是评估中的定性分析方法，那么对比法则是评估中的定量分析方法。通常，当我们通过检测报告、问卷调查等方式得到了投入、产出、目的、目标指标的数据后，往往还不能判断这一指标值的高低、好坏，还需要有一个参照对象，通过比较各类数值才能做出判断，得出评估结论。简单来说，对比法就是通过比较发现差异与成效的方法。对比法有很多类型，在这里，我们主要介绍前后对比法和有无对比法。

1）前后对比法，即将项目实施前的情况与项目完成后的情况进行对比，以评估项目效果的方法。其公式为

$$P=I_2-I_1$$

式中，P 为项目效果；I_2 为项目完成后的情况（即项目组后测值）；I_1 为项目实施前的情况（即项目组前测值）。

例如，某社会服务机构1995年开始在A地区实施"幸福工程"项目，在实施"幸福工程"项目之前，A地区的贫困率为50%（前测值），实施"幸福工程"项目两年后，贫困率降为30%（后测值），因此根据前后对比法，可以得出结论，"幸福工程"项目的实施使得A地区2年间的贫困率降低了20%。

然而，该地区贫困率下降可能还与当地外出打工、交通设施改善等因素有关，因此A地区贫困率降低20%并不一定完全是"幸福工程"项目的结果。这也是前后对比法本身存在的局限，在运用此方法评估时一定要注意。

2）有无对比法，即选定一个与项目组近似的但没有实施项目的对照组（即控制组），将项目组实施项目的结果与没有实施项目的控制组结果进行对比，以评估项目效果的方法。其公式为

$$P=I_2-C_2$$

式中，P 为项目效果；I_2 为项目完成后的情况（即项目组后测值）；C_2 为控制组同期的情况（即控制组后测值）。

仍以A地"幸福工程"项目为例，如果A地区项目外的影响因素较多，那么要评估A地区"幸福工程"项目的实际效果，采用前后对比法可能会有较大误差，因此需要进行有无对比。首先选择一个控制组，即其他条件与A地相近，但没有实施"幸福工程"的C地。假定A地在项目实施后，1997年贫困率为30%，而控制组虽然没有实施"幸福工程"，但由于整个国家社会经济的发展，1997年的贫困率为45%，那么可以认为，A地实施"幸福工程"的实际效果是使贫困率降低了15%。

可见，采用有无对比法和采用前后对比法进行评估，结果有时相差很大，甚至可能会得出相反的结论。因此，在评估时，要特别慎重地选择评估的方法。在项目的结果一般只受项目因素影响，而很少受到其他非项目的外部因素影响的情况下，可以选择前后对比法；在项目的结果除受项目因素影响外，还受许多非项目的外部因素影响的情况下，适宜采用有无对比法。

由于有无对比法需要同时对实验组和控制组进行测度，往往会增加评估的费用与评估的时间，特别是当控制组与实验组距离较远时。因此，在评估经费有限、预定的评估时间较短时，适宜采用前后对比法。另外，由于有无对比法不需要前测值（前提条件是假定试验组和控制组的基线值相同），因此，在缺乏前测值的情况下，可以采用有无对比法。

然而，有无对比法也有一个较大的局限，即它假定试验组和控制组的基线值相同，而实际生活中，这一假定条件往往并不存在。尤其是当试验组和控制组基线值相差较大时，采用有无对比法有较大的误差。

> **案例阅读** 某县民政局基层社会工作服务站采购项目绩效评估报告目录
>
> 一、项目情况
> （一）项目单位基本情况
> （二）项目基本情况
> （三）项目立项情况
> 二、项目资金情况
> （一）项目资金安排及到位情况
> （二）项目资金使用情况
> （三）项目资金管理情况
> 三、项目组织情况
> （一）项目管理制度建设情况
> （二）项目组织实施情况
> 四、项目绩效目标设立情况
> 五、绩效评价工作开展情况
> 六、项目主要绩效及评价结论
> （一）项目主要产出
> （二）项目主要效益
> （三）项目满意度
> 七、绩效评价结论及指标分析
> （一）评价结论
> （二）绩效指标分析
> 八、存在的主要问题及建议
> （一）存在的主要问题
> （二）相关建议
>
> 【思考】
> 阅读上述资料，思考在采购项目绩效评估报告目录中，哪些属于具体评估指标。

> **课间休息**
>
> 讨论：社会行政效率是如何体现的？如果你是某机构负责人，你在评估某一项目时，应该注意哪些方面？

> **课外阅读**
>
> **东莞市《政府购买社会工作服务考核评估实施办法》**
>
> **第一章 总 则**
>
> 第一条 为有效检验政府购买社会工作服务成果，评价财政资金使用效益，提升社会工作服务水平，推动全市社会工作健康有序发展，根据《民政部 财政部关于政府购买社会工作服务的指导意见》（民发〔2012〕196号）、《民政部关于进一步加快推进民办社会工作服务机构发展的意见》（民发〔2014〕80号）要求，结合我市社会工作发展实际，制定本办法。
>
> 第二条 本办法所称的考核评估，是指按照绩效考核基本原则、科学的研究方法和特定的评价内容，对政府购买社会工作服务（以下简称"政府购买服务"）实施的过程评估或结果评估，以及对承接政府购买服务主体（以下简称"承接主体"）的综合评估。
>
> 第三条 本办法适用于使用财政性资金（含政府管理的社会资金）购买社会工作服务以及承接主体的考核评估。
>
> 第四条 政府购买服务、承接主体必须接受考核评估。
>
> 第五条 为确保考核评估设计科学、操作规范、评价客观，应遵循以下原则：
>
> （一）政府主导，社会参与。开展考核评估是政府购买服务的重要环节，由各级民政部门分别负责组织实施，并积极引导第三方专业机构、行业专家、购买主体和服务对象参与。
>
> （二）客观公正，公开透明。科学制定政府购买服务和承接主体考核评估的内容、标准，规范考核评估工作的流程、方法，有序开展考核评估工作。考核评估标准和结果通过政府门户网站向社会公开，接受社会监督。
>
> （三）突出重点，讲究实效。政府购买服务和承接主体的考核评估应抓住关键环节，突出重点内容，促进承接主体持续规范，不断提高服务质量，保证服务对象受益。
>
> （四）依法依规，有序治理。政府购买服务和承接主体考核评估的评价导向应与我国相关法律法规一致，保证通过考核评估实现社会工作服务领域的有序治理，推动我市社会工作事业持续健康发展。
>
> 第六条 为加强对考核评估工作的组织领导，确保考核评估工作的独立性、公平性、专业性，市、园区和镇（街道）民政部门要负责组建本级考核评估工作领导小组。考核评估工作领导小组人数不少于5人且须为单数，其中组长由本级民政部门主要领导担任，组员由本级民政部门、财政部门、购买主体代表以及社会工作领域专家学者组成。

第七条　政府购买服务和承接主体考核评估的组织形式包括委托第三方专业机构评估和组织专家团队评估，具体评估组织形式适用条件见本办法第三章。

第八条　政府购买服务考核评估的结果作为项目结项、资金结算的重要参考依据，承接主体考核评估的结果是遴选服务承接方的重要评判依据。

第二章　评估主体职责

第九条　市民政局负责制定、发布我市政府购买服务考核评估办法，承担考核评估办法的解释与修订工作；负责使用市财政资金购买的社会工作服务和全市承接主体的考核评估。园区、镇（街道）民政部门负责制定本辖区政府购买服务考核评估实施细则、考核评估本辖区政府购买服务。市、园区和镇（街道）民政部门负责遴选本级政府购买服务考核评估执行方。

第十条　购买主体要配合考核评估工作，指导并督促承接主体落实自我评估、提交评估资料；参与承接主体考核评估，对承接主体的沟通情况、服务成效、投诉处理等提出评价意见。

第十一条　承接主体按照考核评估组织方发布的政府购买服务考核方案、考核指标等，在考核评估执行方（第三方专业机构或专家团队）的指引下做好考核评估资料整理、参与实地考核评估、协调服务对象及其他利益相关主体参与评估调查等工作。

第十二条　考核评估执行方须严格按照评估伦理守则、标准和程序开展考核评估，保证考核评估结果客观、公正。

第十三条　服务对象和服务合作方（志愿者、社会组织、企业等）等利益相关主体应积极参与政府购买服务、承接主体的考核评估，针对服务过程、服务成效等提出评价意见。

第十四条　考核评估工作领导小组负责审定本级政府购买服务考核评估工作方案、评估指标和评估结果，以及监督考核评估执行过程，处理承接主体等利益相关方的申诉、复核等工作。全市承接主体考核评估相关审定工作由市级考核评估工作领导小组负责。

第三章　评估组织形式与评估程序

第十五条　第三方专业机构评估适用于政府购买服务和承接主体的考核评估，考核评估组织方通过委托或公开招标方式遴选第三方专业机构。为保障考核评估工作的独立性、公平性和专业性，第三方专业机构须同时具备以下条件：

（一）具备独立法人资格，能独立承担民事责任。

（二）治理结构健全，内部管理和监督制度完善，社会信誉良好。

（三）具备独立、健全的财务管理、会计核算和资产管理制度。

（四）具备与政府购买服务或承接主体考核评估工作相适应、相对稳定的专业评估队伍。考核评估执行团队应至少有5人，其中取得中、高级社会工作者职业水平证书或受过硕士研究生以上社会工作专业教育，且具备3年以上相关社会工作实务经验的人员不低于30%；熟悉社会组织财务工作、具备中级以上专业技术资格的财会人员不少于1人。

（五）有固定办公场所和开展政府购买服务或承接主体考核评估工作所需设备、专业技术成果。

（六）有依法缴纳税收和社会保障资金的良好记录。

（七）接受政府委托或参与政府招标活动前3年内，在经营活动中没有重大违法记录；成立不满3年的，自成立之日起，无违法违规等不良信用记录。

（八）与承接主体、执行社会工作服务的社会工作者等不存在冲突且无任何利益关系。

第十六条　专家团队评估适用于政府购买服务和承接主体的考核评估。考核评估组织方组建专家团队实施考核评估工作，须审核专家团队成员的资质、监督专家团队评估过程和审核评估结果。考核评估专家团队须符合下列条件：

（一）专家团队构成必须包含专家学者、行业代表和会计代表，人数不少于3人且为单数。

（二）专家学者应具备副教授以上职称，并有社会工作服务领域的研究成果和掌握评估的概念、专业术语、评估理论、评估类型及相应评估研究方法。

（三）行业代表须具备中级或高级社会工作师职业资格，且同类评估工作经验不少于1年。

（四）会计代表须具备中级以上专业技术资格，且熟悉我国相关会计法律法规和政府购买服务资金使用管理规定，掌握承接主体的财务工作特点。

（五）与承接主体、执行社会工作服务的社会工作者等不存在冲突且无任何利益关系。

（六）近3年内无违法违规等不良记录。

第十七条　政府购买服务以及承接主体的考核评估按照以下程序开展：

（一）制定评估方案。考核评估执行方需在签订合同后1个月内，根据我国有关法律法规要求，结合考核评估组织方意见，制定评估方案、评估指标和评估工具，并报考核评估工作领导小组审定后向考核评估对象公布。

（二）组建评估团队。考核评估执行方根据本办法有关规定组建评估团队，并开展评估前培训工作。

（三）发送评估通知。开展实地考核评估前1个月，考核评估组织方向考核评估对象发送评估通知，告知考核评估的工作要求、评估指标及工作安排。

（四）实施实地评估。考核评估执行方根据本办法有关规定，按照考核评估方案，组织开展实地考核评估工作。购买主体、承接主体、服务对象和服务合作方按照本办法第二章有关规定，配合做好相关考核评估工作。

（五）出具评估报告。考核评估执行方要综合分析评估中所收集到的信息数据，并撰写评估报告。

（六）评估结果反馈。考核评估执行方将评估报告及结果提交考核评估组织方审核，审定后由考核评估组织方向购买主体、承接主体征求意见。考核评估执行方应协助做好评估结果解释工作。

（七）评估结果复核。购买主体、承接主体对评估结果有异议的，须以书面形式向考核评估工作领导小组提出复核申请，考核评估工作领导小组同意后组织开展评估复核工作。

（八）评估结果审定。考核评估报告、结果经考核评估工作领导小组审定后，由考核评估组织方通过政府门户网站公布，并向购买主体、承接主体等有关单位反馈。

第十八条　组织复评。购买主体、承接主体对复核结果仍有异议的，须以书面形式向考核评估工作领导小组提出复评申请。考核评估工作领导小组接到书面复评申请后，认真组织审核，经审定需要复评的，委托其他第三方专业评估机构开展复评工作。

书面复评申请应该包括申述组织名称、复评理由、复评要求、联系方式等。复评执行方完成复评后，将复评结果报考核评估工作领导小组审议并做出复评结论。原则上，复评工作以1次为限。

第四章　政府购买服务评估内容与结果

第十九条　政府购买服务的过程评估适用于服务执行过程中开展，旨在评估服务实施的顺畅性、服务管理体系的规范性，摸清阶段服务成果与计划成果之间的差距，以改善服务计划、执行与管理。政府购买服务合同周期内每一年度开展1次过程评估。

政府购买服务的过程评估包括但不仅限于以下内容：

（一）服务实施的顺畅性。评估服务需求与服务方案的匹配度、接受服务人群数量与预设目标的匹配度、持续接受服务人群的改善情况、服务执行进度与服务效果的匹配度等。

（二）服务管理体系的规范性。评估服务人员的资质、经验与服务协议的匹配度，服务人员的专业成长计划与专业督导、培训情况，社会工作服务的专业性，经费使用管理的合理性、规范性等。

第二十条　政府购买服务的结果评估适用于合同周期内的阶段成果检验及结项验收，重点评估服务实施效果，以检视服务资金的使用绩效。政府购买服务合同期满须开展结果评估，合同期1年及以内的只需开展结果评估。

政府购买服务的结果评估包括但不限于以下内容：

（一）运营保障。考核评估社会工作服务组织建设、人员配备以及资源情况与服务方案的匹配度。

（二）服务开展。考核评估社会工作服务需求调研的科学性、服务计划与执行的合理性以及专业服务的规范性等。

（三）服务产出。考核评估服务产出数量与质量，检验合同约定服务完成情况；考核评估实际惠及的服务对象类型、数量以及服务区域与服务目标的合理性；考核评估宣传贯彻政府购买服务政策、理念以及社会工作服务认同情况等。

（四）服务成效。考核评估社会工作服务执行实际带来的效果，如服务目标达成情况、服务对象改善情况、利益相关主体满意度和成效评价，以及社会影响（含奖惩情况、媒体报道、研究成果等）。

（五）财务管理。考核评估资金内部管控机制建设与执行、专款专用、会计核算等。

第二十一条　过程评估采取百分制，设置优秀、良好、合格、不合格4个等次，90分及以上为优秀、76～89分为良好、60～75分为合格、60分以下为不合格。过程评估不合格的列入限期整改，未按要求完成整改的，购买主体可依据合同条款终止服务协议。

第二十二条　政府购买服务的考核评估结果以结果评估为准，采用百分制，设置优秀、良好、合格、不合格4个等次，90分及以上为优秀、76～89分为良好、60～75分为合格、60分以下为不合格。

政府购买服务的经费支付与考核评估结果挂钩。在结果评估前，购买服务经费需按合同进度支付90%，余下10%根据考核评估结果支付：评估结果为合格或以上的，余下10%全额支付；评估结果为不合格的，扣减总金额的10%。因合同规定工作任务未完成导致不合格的，购买主体应当敦促承接主体继续提供服务，直至政府购买服务合同任务完成。

第五章　承接主体评估内容与结果

第二十三条　承接主体的考核评估每年度开展1次，以全面评估组织管理、专业水平及服务绩效，为政府遴选承接主体提供依据。

承接主体的考核评估指标根据最新法律法规与政策文件要求，结合我市社会工作发展实际制定，主要内容包括以下三方面：

（一）组织管理。主要考核评估承接主体的组织机构设置与运作、党团建设、人力资源管理、财务管理、政策宣传和信息公开等情况，检验其内部建设与运作管理的合法合规性及适切性。

（二）专业水平。主要考核评估承接主体的专业人员配置、专业能力建设、专业服务管理、专业伦理守则制定与执行、专业知识与技能运用以及专业成果提炼情况，以衡量承接主体的专业水平。

（三）服务绩效。主要考核评估承接主体所承接服务的执行情况、服务目标达成情况、服务满意度和成效评价，以及行业与社会影响等，以检验承接主体的服务绩效。

第二十四条　承接主体考核评估的结果采用百分制，设置优秀、良好、合格、不合格4个等次。90分及以上为优秀、76～89分为良好、60～75分为合格、60分以下为不合格。经考核评估结果为合格及以上等次的，认定为具备承接我市政府购买服务及相关资助资格；考核评估结果为不合格的，立即要求其全面整改并取消其下一年度承接政府购买服务的资格。

第六章　评估保障与监督

第二十五条　政府购买服务考核评估经费按照不高于本级政府购买服务总额的1%编制预算，并列入本级财政预算，用于开展政府购买服务考核评估。

第二十六条　市民政局按照每家不高于 8 000 元的标准编制承接主体考核评估经费预算,所需费用纳入市级财政预算。

第二十七条　考核评估执行方存在以下情形的,立即要求其全面整改,并取消其下一年度承接政府购买服务考核评估工作资格(专家学者、行业代表和会计代表则列入我市政府购买服务考核评估黑名单),同时追缴全部考核评估费用并全市通报,如涉嫌犯罪的,移送司法机关依法追究刑事责任。

(一)未严格按照本办法规定的考核评估原则和程序实施评估,导致考核评估结果有失公允和客观,经复核,错误事实清楚的。

(二)在考核评估过程中存在徇私舞弊、利益输送、弄虚作假等情况的。

第七章　附　则

第二十八条　本办法由市民政局、市财政局负责解释。

第二十九条　本办法自 2021 年 3 月 1 日起实施,有效期至 2026 年 2 月 28 日。

拓展训练

讨论题

为推进社会工作专业化、职业化的发展,构建一支宏大的社会工作人才队伍,2008 年,我国开始了助理社会工作师、社会工作师职业水平考试,要求先在民政系统开设社会工作岗位,进行试点。刘某是某市一家社会福利机构的工作人员,工作 20 多年了,现在机构要求他去考社会工作职业资格证书,为此,刘某感到非常困惑,并担心考不过,拿不到职业资格证书,失去工作。他想知道,有了证书后,国家是否能够在福利待遇方面有所提高。此外,他还想知道,考个证就表示是社会工作者了吗?就有能力开展社会工作专业服务了吗?

【思考】

针对刘某的困惑,讨论我国社会工作职业资格水平考试制度。

附 录

附录 I 社会工作基本表格

一、服务对象基本信息表

1. 基本信息

姓名		性别		出生日期	
身份证号		民族		住址	
健康状况					
联系方式			紧急联系方式		
家庭主要成员	姓名	性别	年龄	关系	健康状况	文化程度	职业	收入	备注

案主／家庭基本问题陈述（客观陈述，不包括工作者评价——经济状况、家庭关系、人际关系、社会关系、个人状况及其他情况）：

2. 初步评估与服务方向

[初评] 问题评估（工作者根据案主基本问题的陈述来评估案主及家庭问题）

关于案主	
关于家庭	
资源评估	

[服务方向] 注：根据问题及拥有的优势来确定可行性方向

服务方式	心理辅导☐	法律咨询☐	人际交往☐	健康指导☐	其他☐
具体服务计划					
备注					
被访问者		访问日期		专职社工	

二、探访记录表

日期		社工		地点	

服务对象基本情况

姓名		年龄		性别	
职业		婚姻状况		住所	

工作目标：

工作内容：

附录Ⅱ 个案工作相关表格

一、接案记录表

服务对象姓名		社会工作者姓名	
日期	年　月　日	地点	
时段	时　分 — 时　分		

服务对象来源及接受服务意愿
来源：□主动求助　　　　□转介　　　　□外展 说明：_____ 接受服务意愿：□不愿意接受服务　　□不适用　　　　□愿意接受服务 说明：_____ （不愿意接受服务或不适用请说明）

服务对象情况
服务对象基本信息（包括但不限于姓名、性别、年龄、联系方式等基本要素）
服务对象困境及需要

社会工作者建议			
危急程度	□低　□中　□高 说明：_____		
紧急服务	□需要　说明：_____ □不需要		
社会工作者（签名）		日期	
督导者（签名）		日期	

二、个案工作预估表

服务对象姓名		个案编号		社会工作者姓名	

一、背景资料

（一）服务对象个人的生理、心理及社会等方面的资料

（二）服务对象社会环境的微观、中观、宏观系统等资料

（三）服务对象对自己及处境的感受、观念和看法

二、服务对象问题及需要分析

（一）以需求为导向，与服务对象讨论其需要、困境或问题

（二）以资源为导向，识别服务对象及其所处环境中的资源、优势与障碍

三、服务目标

四、服务内容

社会工作者（签名）		日期	
督导者（签名）		日期	

注：此表格请在个案工作首次接触后 5 个工作日内完成

三、个案服务协议

甲方（委托方）：＿＿＿＿＿＿
乙方（社会工作服务机构/社会工作者）：＿＿＿＿＿＿
在自愿、平等、协商一致的情况下，就甲方委托乙方提供社会工作个案服务事项订立本协议。
第一条　服务目的
……
第二条　服务内容
……
第三条　服务监督与评估
……
第四条　附则
……

甲方（盖章/签字）：　　　　　　　　　　　　乙方（盖章/签字）：

日期：　　　年　　月　　日　　　　　　　　日期：　　　年　　月　　日

四、个案服务计划表

服务对象姓名		个案编号		社会工作者姓名	
概述问题呈现及原因分析					
目的（与服务对象商议后制定）					
服务模式					
目标、介入策略、工作进度					
评估方法					
社会工作者（签名）			日期		
督导者（签名）			日期		

五、个案过程记录表

服务对象姓名		社会工作者姓名	
日期		地点	
次数	第____次	时段	
服务形式			

介入目标

介入过程(概述)

介入小结

下次介入计划与建议

督导者意见

社会工作者(签名)		日期	
督导者(签名)		日期	

六、个案工作评估表

服务对象姓名		个案编码		社会工作者姓名	
接案日期			结案日期		
以下内容由服务对象填写					

一、您接受了社会工作者的哪些服务?

二、接受了社会工作者的服务后,您应对困难、解决问题的能力是否获得提升?

☐是　　说明:
☐否

（续）

三、您对社会工作者的表现满意吗？（请在答案处打钩）

□非常满意　　□满意　　□一般　　□不满意　　□非常不满意

四、自接受本机构服务后，您的情况是否改善？（请在答案处打钩）

完全没有改善　　　　　　　　　　　　　　　　　　　　　　完全解决
　　　　　1　　2　　3　　4　　5　　6　　7　　8　　9　　10

五、本服务结束之时，您与社会工作者商定的目标达成情况如何？（请在答案处打钩）

完全达成（　）原因说明：＿＿＿＿＿＿＿＿＿＿＿＿＿＿＿＿＿＿＿＿＿＿＿
部分达成（　）原因说明：＿＿＿＿＿＿＿＿＿＿＿＿＿＿＿＿＿＿＿＿＿＿＿
未能达成（　）原因说明：＿＿＿＿＿＿＿＿＿＿＿＿＿＿＿＿＿＿＿＿＿＿＿

六、其他评价及建议

| 服务对象（签名） | | 日期 | |

以下内容由社会工作者填写

一、目标达成情况（重点描述服务对象转变，如情绪改善、行为改变，以及能力提升等）

二、总结与反思

| 社会工作者（签名） | | 日期 | |

以下内容由督导者填写

对服务评价

社会工作者表现评价

督导者建议

| 督导者（签名） | | 日期 | |

七、个案工作结案表

服务对象姓名		个案编码		社会工作者姓名	
接案日期			结案日期		

介入过程及现状总结

1. 服务时间跨度、服务次数、服务方式
2. 服务对象的情况变化，问题解决程度
3. 目前服务对象的意愿、情绪、期望等
4. 社会工作者观察、总结

目标达成情况

结案原因

□目标达到　　　　　　　□超出服务范围
□社会工作者认为不适合继续跟进　　说明：_____
□服务对象不愿意继续接受服务　　　说明：_____
□其他情况　　说明：_____

服务对象知道个案已结束并知道在有需要时如何得到服务　　□是　　□否

结案后回访跟进计划

社会工作者（签名）		日期	
服务对象（签名）		日期	
督导者（签名）		日期	

附录Ⅲ 小组工作相关表格

一、小组工作计划书

基本信息	小组名称		编号	
	服务对象		服务人数	
	日期/时间		地点	
	小组性质			
	人员安排（分工与职责）		单元（节）数	共____单元（节）

背景	1. 需求调查 2. 问题分析 3. 政策依据 4. 服务方向
理论依据	（阐述在小组服务中运用了什么理论，以及该理论在小组服务中是如何发挥作用的）
小组目标	
招募方法	

各单元（节）小组设计大纲	单元（节）	单元（节）名称	单元（节）目标	主要活动内容	时间配置	人力
	1					
	2					
	3					
	…					

（续）

预计困难与解决方法	
小组评估	（评估主体、评估对象、评估内容、评估方式等）

财务预算	序号	项目	单价（元）	数量	小计（元）	经费来源
	1					
	2					
	3					
	…					
	申请经费总计（元）			备注：在"经费来源"一栏请填写相应代码——A. 机构、B. 用人单位、C. 其他（请说明）		

审批签署	社会工作者（签名）		日期	
	项目督导（签名）		日期	
	中心/项目负责人（签名）		日期	

二、小组工作单元（节）计划书

基本信息	小组名称			编号	
	单元（节）数	第_____单元（节）		本单元（节）主题	
	日期/时间			地点	

目标	

流程	时长	名称	目标	内容及具体操作方式	所需物资	工作人员

预计困难与解决办法	

督导意见	

签名	社会工作者（签名）		日期	
	督导者（签名）		日期	

三、小组工作过程记录表

基本信息	小组名称		编号	
	日期/时间		地点	
	社会工作者姓名		协助人员	
	出席人数		单元(节)数	第____单元(节)
	小组性质			

过程记录	时间段及环节	目的	过程分析

小组成员反馈	(可采用问卷等多种方法)

小组分析	(包括小组沟通模式、气氛、规范、凝聚力、组员领导模式、决策、冲突等,小组活动内容、方式等,小组组员的参与程度、投入程度和其他表现等,工作人员的态度、投入程度和专业性等各种表现)

（续）

目标达成情况	
工作反思	（可从价值观、理论及技巧等方面进行专业反思）
下单元（节）跟进	[在下一单元（节）中需要发挥或利用哪些优势，注意解决或跟进哪些问题，以及在专业价值观、理论、方法、技巧、工作内容等方面做出哪些调整，在此处应予以简短说明。如果是最后一单元（节），此部分可省略]
督导意见	
签名	社会工作者（签名）		日期	
	督导者（签名）		日期	

四、小组工作评估总结报告

基本信息	小组名称					编号					
	服务对象					服务人数					
	聚会地点					工作者姓名					
	时间					单元（节）数			共 ___ 单元（节）		
	小组性质										
出席情况	单元（节）数	1	2	3	4	5	6	7	8	9	...	均值
	出席人数											
	出席率											

目标达成情况	
参加者满意度分析	（包含对活动内容/形式、时间、频次、地点、工作者态度/能力、自我参与程度等的满意程度）
小组分析	（包括小组沟通模式、气氛、规范、凝聚力、组员领导模式、决策、冲突等，小组活动内容、方式等，小组成员的参与程度、投入程度和其他表现等，工作人员态度、投入程度和专业性等各种表现，工作者（或者小组）所在机构的人、财、物的投入等各种表现）
其他建议	（如筹备策划、人员分工、资源动员与科学合理使用、专业性、本土化、知识建构、内容设计或其他方面的情况及建议等，请在此栏填写）

（续）

工作反思	（可从价值观、知识及技巧等方面进行专业反思）
跟进计划	（追踪评估计划）
财务报告	预算经费总计：　　　元 使用经费总计：　　　元 盈余/超支总计：　　　元 （附经费决算明细表）
督导意见	
结束签署	社会工作者（签名）　　　　　　　　　　日期 督导者（签名）　　　　　　　　　　　　日期 中心/项目负责人（签名）　　　　　　　日期

注：请将评估工具（如评估问卷、评估量表、访谈提纲等）附后

附录Ⅳ 社区工作相关表格

一、社区活动策划书

基本信息	活动名称		编号	
	服务对象		服务人数	
	日期/时间		地点	
	人员安排			
背景	需求调查、问题分析、服务方向、政策依据（有就写） 直接写服务对象的需求、数量、问题等基本情况，再提出服务内容的方向（有政策依据就要写）			
理论依据	（阐述在活动中运用了什么理论，以及理论在社区活动中是如何发挥作用的） 第一段写理论的核心 第二段写理论如何指导服务，即在理论指导下，如何设计社区活动内容及安排			
小组目标	直接写小组目标 1. 2. 3.			
招募方法	直接写招募方法			

（续）

预计困难与解决方法	
活动评估	（评估内容、评估方式等）

财务预算	序号	项目	单价（元）	数量	小计（元）	经费来源
	1					
	2					
	3					
	…					
	申请经费总计（元）		备注：在"经费来源"一栏请填写相应代码——A. 机构、B. 用人单位、C. 其他（请说明）			

审批签署	社会工作者（签名）		日期	
	督导者（签名）		日期	
	中心/项目负责人（签名）		日期	

二、社区活动过程记录表

基本信息	活动名称		编号	
	日期/时间		地点	
	社会工作者姓名		协助人员	
过程记录	时间段及环节	目的	过程分析	
居民反馈	（可采用问卷、访谈等多种方法）			
活动分析	（包括气氛、工作人员态度、投入程度和专业性等各种表现）			
目标达成情况				
工作反思	（可从价值观、理论及技巧等方面进行专业反思）			
督导意见				
结束签署	社会工作者（签名）		日期	
	督导者（签名）		日期	

三、社区活动总结报告

基本信息	活动名称		编号	
	服务对象		服务人数	
	活动地点		社会工作者姓名	
	时间			
目标达成情况				
参加者满意度分析	（包含对活动内容/形式、时间、频次、地点、工作者态度/能力、自我参与程度等的满意程度）			
活动分析	（包括小组气氛，小组组员的参与程度、投入程度和其他表现等，工作人员态度、投入程度和专业性等各种表现，工作者（或者小组）所在机构的人、财、物的投入等各种表现）			
其他建议	（如筹备策划、人员分工、资源动员与科学合理使用、专业性、本土化、知识建构、内容设计或其他方面的情况及建议等，请在此栏填写）			

（续）

工作反思	（可从价值观、知识及技巧等方面进行专业反思）				
跟进计划	（追踪评估计划）				
财务报告	预算经费总计：　　　元 使用经费总计：　　　元 盈余/超支总计：　　　元 （附经费决算明细表）				
督导意见					
结束签署	社会工作者（签名）		日期		
	督导者（签名）		日期		
	中心/项目负责人（签名）		日期		

注：请将评估工具（如评估问卷、评估量表、访谈提纲等）附后

参 考 文 献

[1] 王思斌. 社会工作导论 [M]. 3 版. 北京：北京大学出版社，2021.
[2] 王思斌. 社会工作概论 [M]. 3 版. 北京：高等教育出版社，2014.
[3] 何式凝. 中国社会工作案例 [M]. 上海：格致出版社，2008.
[4] 邓恩远，卞国凤. 社会工作方法与实务 [M]. 北京：北京大学出版社，2009.
[5] 聂鹏，贾维周. 社会工作方法 [M]. 北京：中国轻工业出版社，2005.
[6] 中国社会工作教育协会，许莉娅. 个案工作 [M]. 2 版. 北京：高等教育出版社，2013.
[7] 多戈夫，哈林顿，洛温伯格. 社会工作伦理：实务工作指南 第 9 版 [M]. 隋玉杰，译. 北京：中国人民大学出版社，2021.
[8] 全国社会工作者职业水平考试教材编写委员会. 社会工作综合能力：中级 [M]. 北京：中国社会出版社，2023.
[9] 林孟平. 小组辅导与心理治疗 [M]. 上海：上海教育出版社，2005.
[10] 中国社会工作教育协会，刘梦. 小组工作 [M]. 2 版. 北京：高等教育出版社，2012.
[11] 万江红. 小组工作 [M]. 北京. 中国人民大学出版社，2015.
[12] 扎斯特罗，等. 社会工作实务：应用与提高 第 7 版 [M]. 晏凤鸣，译. 北京：中国人民大学出版社，2005.
[13] 张曙. 社会工作行政 [M]. 北京：社会科学文献出版社，2002.
[14] 赵怀娟. 社会工作行政 [M]. 上海：华东理工大学出版社，2022.
[15] 时立荣. 社会工作行政 [M]. 2 版. 北京：中国人民大学出版社，2020.
[16] 曾群. 社会工作行政 [M]. 上海：上海人民出版社，2007.
[17] 范志海，阎更法. 社会工作行政 [M]. 上海：华东理工大学出版社，2004.
[18] 中国社会工作教育协会，王思斌. 社会行政 [M]. 北京：高等教育出版社，2006.
[19] 王名. 非营利组织管理概论：修订本 [M]. 北京：中国人民大学出版社，2010.